张林雨 ◎ 著

郭汉城评传

山西出版传媒集团
北岳文艺出版社
·太原

图书在版编目（CIP）数据

郭汉城评传 / 张林雨著. — 太原：北岳文艺出版社，2018.2
ISBN 978-7-5378-5578-5

Ⅰ.①郭… Ⅱ.①张… Ⅲ.①郭汉城－评传 Ⅳ.①K825.78

中国版本图书馆CIP数据核字（2018）第022507号

书名：郭汉城评传	策　划：续小强　谢　放	书籍设计：张永文
著者：张林雨	责任编辑：谢　放	责任印制：巩　璠

出版发行：山西出版传媒集团·北岳文艺出版社
地址：山西省太原市并州南路57号　邮编：030012
电话：0351-5628696（发行部）　0351-5628688（总编室）
传真：0351-5628680
网址：http://www.bywy.com
E-mail：bywycbs@163.com
经销商：新华书店
印刷装订：山西人民印刷有限责任公司

开本：720mm×1030mm　1/16
字数：318千字　印张：17.75
版次：2018年2月第1版
印次：2018年2月山西第1次印刷
书号：ISBN 978-7-5378-5578-5
定价：128.00元

本书版权为本社独家所有，未经本社同意不得转载、摘编或复制

○○ 郭汉城

○○ 2011年，在首届中华艺文奖颁奖典礼上，终身成就奖得主郭汉城发言

○○ 2009年，郭汉城被中国文联、中国剧协授予首届中国戏剧奖·终身成就奖后，在领奖台上与其他获奖者合影。左起：方掬芬、胡可、赵寻、郭汉城、李默然、马少波、刘厚生、红线女、徐晓钟、于是之

○○ 2016年，郭汉城百岁华诞，文化部原副部长、中国艺术研究院名誉院长王文章（左）致祝词

○○ 2016年，文化部副部长厉小捷（左）慰问中国艺术研究院终身研究员郭汉城（右）

○ 郭汉城先生与戏剧名家在一起。(右起)前排：徐晓钟、刘厚生、郭汉城、赵寻、胡可、何孝充；后排：朱正明、樊国宾、刘卫红、薛若琳、董伟、刘锦云、季国平

○○ 1996年5月,郭汉城接见河北梆子《美狄亚》剧组演员

○○ 郭汉城(右)、张林雨(左)师生二人谈治学

○○ 1992年，郭汉城在故乡浙江萧山留影

○○ 郭汉城与夫人韩建民（左）合影（龚和德 摄）

舊除重惱悉如何，五十鳴弦瞥已過。華發衰年兼飛渡，絲絲片片繞山河。

乙巳除夕述懷 郭漢城

百岁辞

清清小河水，潺潺日夜流
来西南北路，春夏秋冬求
八月湖水凉，桂荫坐分香
少年捨汝去，白头好还乡
绿荫静静春江月，独来峰嵘锁屋华
夜深长长百里月，扶相逢老南飞
纳識青青一晌梦，武昌骨里奇
洞庭天下好，栁畔欲南飞
泉弦映绿水，水吹迤逦
青山隐隐万里共，绿水萬里共
月白风清夜，仰山巍之峨
倚海望云遥，潤暮歡腾小河
跋涉笃云暮，欢腾小河

乙未秋日作未至期颐何作百岁恐届時之不作资预颐恐而但备忘辞仿曹短歌行辞意在一筒忧字百岁亦各有不同意相續一筒万古辞贯澈同異互參雖其世致一事也非玉義之所以與懷殊非王義之所以興懷

○○ 郭汉城自书《百岁辞》

○○ 2017年，中国五老公益工程组委会授予郭汉城"公益大使"称号

目录

缘起　/ 1

▶ 1　风雨平生郭汉城

艰辛坎坷求学路　/ 3
革命圣地受熏陶　/ 12
烽火岁月峥嵘稠　/ 17
　校园生活·17　课堂教学·19　战火中开运动会·23　社会实践·24
　入党·35　成家·36

梨园"戏改"任艰难　/ 41
　转入剧界搞"三改"·41　择定梨园度终生·46　勤于调研得瑰宝·51
　换岗赴晋搞戏改·55

人生低谷信仰在　/ 58
献策戏曲现代化　/ 61

▶ 69　戏曲史论家郭汉城

"文化大革命"前提出的戏曲理论　/ 71
　传统剧目教育意义论·72　戏曲剧本特征论·74
　剧评写作论·76　传统戏整理改编论·79

新时期以来提出的戏曲史论　/ 82
　实事求是批谬误·82　全面评价汤显祖·85
　戏曲的美学特征与时代精神·88

对郭汉城学术成就的研究　/ 93
　郭汉城学术成就研讨会·93　郭汉城从艺五十周年座谈会·97
　《郭汉城文集》专家研讨会·99　郭汉城戏曲理论研讨会·102
　"前海学派与中国戏曲：郭汉城先生对中国戏曲的贡献"学术研讨会·106

▶ **113 剧作家郭汉城**

个性鲜明的"这一个"剧作 / 115
成功的翻案戏——《刘青提》改编始末 / 118
喜剧主题的升华——由《张羽煮海》到《海陆缘》的三次重写 / 121
悲剧意蕴的深化——经典名剧《琵琶记》改编探幽 / 124

▶ **127 学者型诗人郭汉城**

"文化大革命"中创作的诗词 / 129
新时期以来的诗词成果 / 134

▶ **159 创建前海学派**

前海学派的内涵 / 163
前海学派是一个地地道道的马克思主义学派·163
前海学派有其共同的学术思想和学术理想·163
前海学派具有独特的学术特征·164
前海学派有自己的奠基人张庚、郭汉城先生,并有这一派的戏曲理论学说·167
前海学派有自己的专家学者群体,并讲究学术民主·175
前海学派尊重传统、倡导革新·177
前海学派拥有按照自己的理论学说而创作的戏曲剧本·177
前海学派为中国戏曲学的建立与发展奠定了基础·177

前海学派的形成与发展 / 178
时代背景·178　发展阶段·179

前海学派的奠基人——张庚、郭汉城 / 192
张庚、郭汉城对前海学派的主要贡献 / 206

附录 / 237
郭汉城年谱简编·239　郭汉城著作书目·242　师友书画·244

后记 / 253
写不完的郭汉城·253

缘起

2010年的一个秋日，我与挚友山西省作家协会的罗向东同志，在他的办公室商谈我的三晋戏曲研究课题，他突然问我："您不是熟识郭汉城先生吗？尽人皆知，他可是当今中国戏曲界的大家。您能不能为老先生写部书？"思索片刻后，我不无担心地说："鄙人才疏学浅，恐怕胜任不了。"他见我犹豫不决，便说："您写了那么多学术专著，怎么会挑不了这副重担？"在他的热情鼓励下，我思考再三，才终于下定决心去承担这一重任。这里面有两个缘由。

其一，郭老与我有三十多年的师生情谊。在20世纪80年代，我就已经拜读了郭老送我的《中国戏曲通史》（三卷本）。在阅读的过程中，我渐渐对戏曲史论产生了浓厚的兴趣，并萌发了撰写《山西戏剧通史》的念头。为此我专程赴京去

○○ 1999年10月，在文化部首届艺术科学优秀成果奖颁奖大会上，本书作者张林雨与郭汉城先生（右）双双领奖后于人民大会堂合影留念

当面请教郭老，得到了郭老语重心长的教诲。他说："山西是个戏曲大省……既有四大梆子，又有众多的民间小戏，花色品种多，在全国来说，首屈一指；艺人们的舞台艺术，风格独特。所以说，你若能把《山西戏剧通史》写出来，便是一件大好的事情。不过，这个课题要做起来，可实非易事。大致来讲，你首先得要有敬业吃苦的精神，做好实地搜集资料、调查研究工作，包括积累大量的向'三老'（老艺人、老票友、老班主）采访的'三亲'（亲历、亲见、亲闻）资料，以及在不断的阅读中积累的文献史料；其次，要有甘坐冷板凳的精神，要进行求因、明辨、评判的深入的科学研究；然后才是开列详细的写作提纲，进入具体的撰写过程。"

三十多年以来，我谨遵郭老教导，一直在做着向"三老"采访"三亲"的工作，共积累下五十二本采访笔记，收集到近万幅梨园图片资料，为以后的创作做好了必要的材料准备。

20世纪90年代初，因写作《山西戏剧图史》，我频繁地赴京当面请教郭老，得到了他的支持。他曾欣然为我题词：山西戏曲源远流长。

20世纪末，我再赴京去郭老红庙北里的寓所，给他送我写的，山西唯一的一部获文化部第一届文化艺术科学优秀成果奖的《晋昆考》专著时，他给我写了一幅字，使我惊喜！其内容如下：

赞林雨治学

九二翁郭汉城

勤劳著作等身
风流独步梨园
坚持调查研究
唯物史观指南

21世纪初，我专程为郭老送去我写的《山西戏剧图史》，他语重心长地对我说："要继续努力，钩沉辑

○○郭汉城书赠张林雨《赞林雨治学》

佚，拾遗补阙，写出更多的学术专著，为人民奉献出更多的科研成果。"不久，他写的《评〈山西戏剧图史〉》于2003年7月8日在《文艺报》发表。文中说："……如今，张林雨同志的书也给予我同样的启示：从山西戏曲表演艺术家丰富的表演经验中，归纳出一些艺术特点、艺术规律、艺术方法等普遍性问题，将大大提高我们的认识，推动戏曲艺术的发展。"其实，本书是我对他一向倡导的"戏曲理论一定要联系演出实际"的治学方法的实践成果。

新中国成立初期，郭老当过察哈尔省的文联主任和文化局副局长，对那一带的戏曲情况十分熟悉。在他的帮助下我撰写了山西省十二五规划项目《塞外戏曲源流及中北路梆子史》，他还为这本书作序、题词。题词如下：

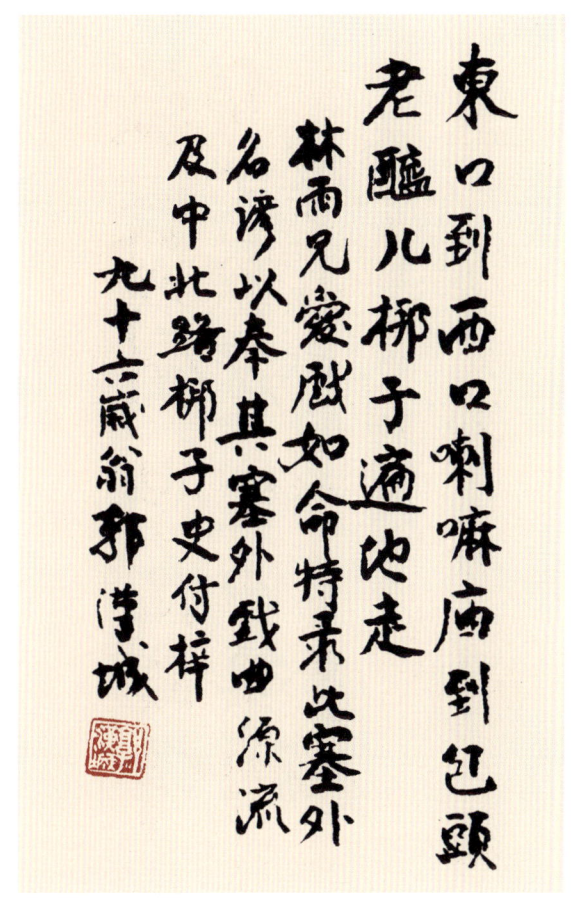

○○郭汉城为《塞外戏曲源流及中北路梆子史》题词

《塞外戏曲源流及中北路梆子史》付梓题词

九十六岁翁郭汉城

林雨兄爱戏如命，特录此塞外名谚，以奉其《塞外戏曲源流及中北路梆子史》付梓

东口到西口
喇嘛庙到包头
老醯儿梆子遍地走

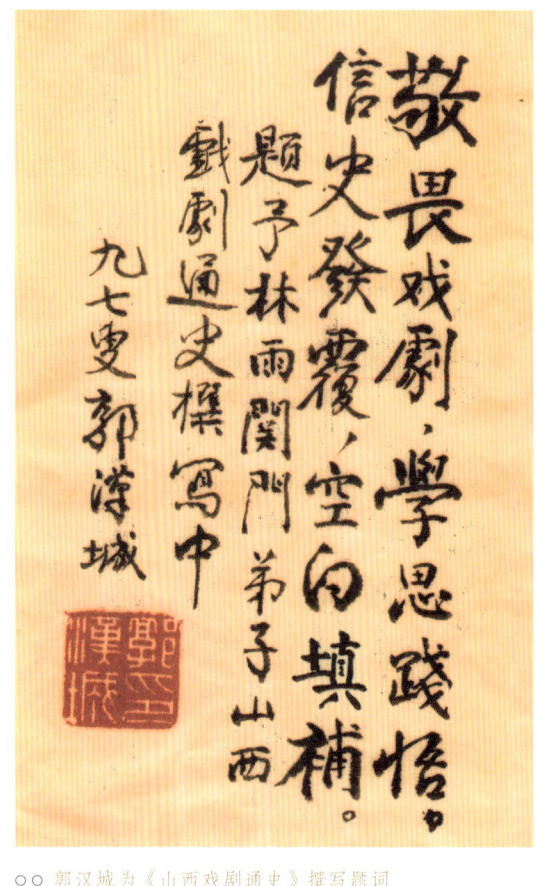

○○ 郭汉城为《山西戏剧通史》撰写题词

不久后，他又指导我写成了《山西四大梆子艺术图典》并作序。

2014年9月24日，三晋出版社发来约我撰写选入山西文华文库的《山西戏剧通史》的约稿合同。如前所述，因为我有多年来收集到的鲜为人知的丰富史料，故立即应允，举笔签约。随后，我赴京向郭老做了汇报。他很高兴，给予我热情的鼓励："功夫不负有心人，我相信你一定会以马克思主义的史观，写出一部具有历史厚重感的《山西戏剧通史》来，我急切地期待着。"说完，他起身挥毫，写了如下的题词赠我：

题予林雨关门弟子《山西戏剧通史》撰写中

九七叟郭汉城

敬畏戏剧，学思践悟。
信史发覆，空白填补。

恩师的题词醍醐灌顶，催我扬起奋进的风帆。

正在躬耕《山西戏剧通史》之际，山西省文化厅与山西省戏剧研究所应国内外文化交流的需要，约我撰写《晋戏图典》，《山西戏剧通史》的撰写只能暂时搁置起来。2015年年初，《晋戏图典》书稿完稿，我冲寒冒雪赴京，请恩师通读全书并写了热情洋溢的序言后，才又接续上《山西戏剧通史》的写作。

恩师郭汉城三十多年对我的谆谆教诲、循循善诱，使我终身受益。

然而，郭老并非只是对我一人如此。郭老一向注重提掖后辈，他甘为人梯，苦心孤诣地为戏曲事业培养人才，践行他常说的"人生的意义在于传承"的醒世妙语。出于感恩之心，难道我不该尽力彰显他这种魅力四射的崇高风范吗？

其二，作为新中国戏曲理论的重要奠基人之一，前海学派的创始人之一的郭汉城先生的评传，值得我尽全力去书写。

郭汉城，浙江省萧山戴村镇张家弄村人。他从小酷爱看戏，在私塾接受了传统文化的教育。在杭州读书时，他浏览了五四新文化运动期间《新青年》等杂志刊载的有关中国旧戏的论战文章，对旧戏加深了印象。年方弱冠，他奔赴革命圣地延安，喝过延河的水，受过红色文化的洗礼，接受了马克思主义思想，确立了人生志向。紧接着，他随华北联合大学来到革命根据地晋察冀边区，参加文化教育工作。

新中国成立后，他已到而立之年，与戏结下了不解之缘。他先在察哈尔省任文联主任、文化局副局长，创作了《蝶双飞》等脍炙人口的剧本。1953年调华北行政委员会文化局任文艺处副处长，他仍然分管戏曲文化工作，只不过范围扩大到整个华北。1954年，华北大区撤销，他来到北京中国戏曲研究院专搞戏曲学术工作。这次选择，成了他人生轨迹的一个重大拐点。

长期从事戏曲工作，使他充分认识到与古希腊戏剧、印度梵剧并称为世界三大戏剧体系之一的中国戏曲的博大精深；且中国戏曲迄今仍然充满生机，而前两者都已经衰落下去。这种认识，促使他立定志向，选择终生从事戏曲学术事业，进行戏曲改革，为中国戏曲与时俱进，永葆艺术青春，屹立于世界民族艺术之林

○○ 作为郭氏第二十五世孙的郭汉城先生为张家弄村郭氏宗祠题写"敬爱堂"匾额

而奋力践行。

进入中年，他虽遭受"文化大革命"的挫折，但他坚守信仰，没有丝毫动摇；晚岁，欣逢盛世，他的学术理念更加坚定，他一贯的理论紧密联系实际、科学理论指导实践的优良学风，令他在梨园中很自觉地摸爬滚打，终于在学术上得以硕果累累，并对戏曲改革做出了卓越的贡献，成长为前海学派的奠基人之一。

如今，在巍巍期颐之年，他仍与大家齐心协力，继续打造这个学术的伊甸园。

○○ 郭汉城为《晋戏图典》题词

确定要为郭老写传后，我又犯了愁。究竟该如何写呢？我苦思冥想，拟了几个书名，写了提纲，又冒昧地赴京征求郭老意见。他首先同意我做这项工作，然后，和我一起敲定了书名。我请他看了写作提纲，并说明，本书将以"传"为背景，"评"为筋骨，"传"中有"评"，"评"中有"传"；"评""传"互相呼应，力求与时代同步，用"戏曲研究"这条主线贯穿全书，真实、具体地展现郭老卓越的学术成就和高尚的人格风范。

在汇报中，郭老谆谆告诫我："全书在撰写中要坚持一个原则，就是尊重历史，实事求是，做到秉笔直书，不溢美，不隐恶，顺应时代的要求。可用图文并茂的形式，增强全书的可读性，力求全书兼具学术性、史料性和观赏性，使读者开卷有益。"

此后，我马不停蹄，多次往返京并两地，以录像、录音、笔录三种形式，对郭老进行了采访。在采访的过程中，当我问到他如何看待那么多的荣誉时，他非常谦虚地说："我对这种身外之物历来不放在心上。要把自己一分为二，看到自己的不足比看到自己的成就更重要；要像巴金先生那样，敢于说真话，在学术上要焚膏继晷，有所建树，为党为人民做出更大贡献。"

为了更深入了解郭老,我远赴他生活、工作过的地方——故乡浙江萧山、革命圣地延安、原晋察冀边区平山、塞外明珠张家口等地,进行了细致的调查研究,为进入写作状态做了必要的思想上和材料上的准备。

此时,郭老又颤巍巍地为我写了一幅字:

题序林雨兄

九六叟郭汉城

林雨兄嗜戏如命,著作等身,特录宋代张载名言,以奉继续黾勉躬耕,力作迭出。

为天地立心
为生民立命
为往圣继绝学
为万世开太平

2010年11月26日,郭汉城先生被中国艺术研究院聘为终身研究员。2011年12月19日,他荣获首届"中华艺文奖·终身成就奖"。其颁奖语是:"郭汉城是新中国戏剧戏曲学学科的创建者和奠基人之一。他运用理论联系实践的方法研究中国戏曲,将中国戏曲文学与戏曲舞台表演紧密结合,突破了以往戏曲研究忽视舞台表演的局限,更加立体、全面地还原了中国戏曲的发展历程。由他和张庚主持编写的《中国戏曲通史》《中国戏

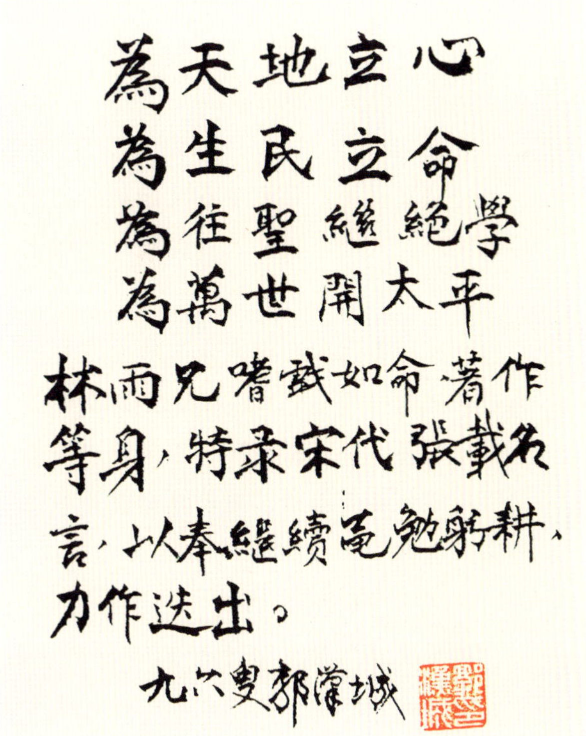

○○ 郭汉城先生为张林雨题词

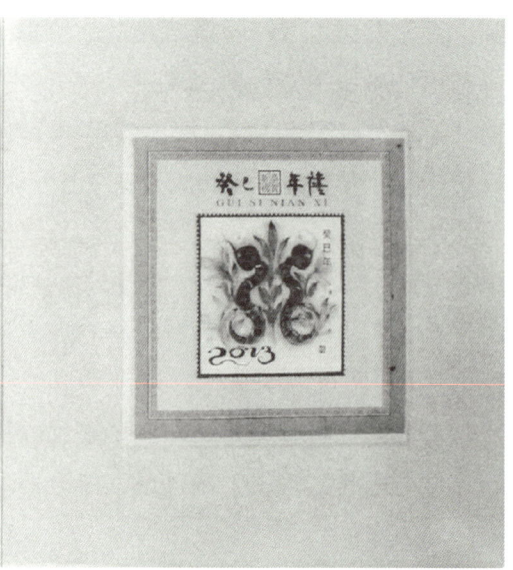

○○ 2013年2月4日，中共中央政治局委员、国务委员刘延东去家中看望郭汉城时赠予郭汉城的贺卡

曲通论》和《中国戏曲志》，不仅成为中国戏曲研究的经典文献，同时开创性地建构起中国戏曲'史''论''志'一体的研究框架，推动了中国戏曲研究的深入，为戏曲艺术的传承与发展做出了重大贡献。"

2013年2月8日，《中国文化报》头版头条刊载了《刘延东看望中国艺术研究院终身研究员郭汉城》的报道：

> 2月4日上午，中共中央政治局委员、国务委员刘延东轻车简从，踏着雪后的泥泞，来到中国艺术研究院终身研究员郭汉城先生的家中，看望这位新中国戏曲理论的重要奠基人。
>
> 刘延东首先向郭汉城先生致以新春的祝福，对他为戏曲理论研究事业做出的贡献表示充分肯定。刘延东亲切地对郭老说："您是国宝级的专家。"
>
> 得知郭汉城先生在2011年获得中国艺术研究院主办的中华艺文奖后将个人所获部分奖金捐出，用于戏曲理论事业的发展，刘延东高度赞扬了郭老这种高风亮节，称赞他对戏曲事业全身心地投入和热爱，培养青年，提携后进，使这项事业薪火相传。
>
> 刘延东递与郭老贺卡时，郭老非常高兴，对领导的关怀表示诚挚的感谢。他建议下一步"要花大力气进行戏曲表演体系的深入研究"。在场的中国艺术研究院院长王文章表示："由中国艺术研究院承担的国家重大课题'中国戏曲表演理论体系建设工程'即将在今年启动，希望邀请郭汉城先生

郭汉城是新中国戏剧戏曲学之科的创建者和奠基人之一。他运用理论联系实践的方法研究中国戏曲，将中国戏曲文学与戏曲舞台表演紧密结合，突破了以往戏曲研究忽视舞台表演的局限，更加立体、全面地还原了中国戏曲的发展历程。由他和张庚主持编写的《中国戏曲通史》《中国戏曲通论》和《中国戏曲志》，不仅成为中国戏曲研究的经典文献，同时开创性地建构起中国戏曲"史""论""志"一体的研究框架，推动了中国戏曲研究的深入，为戏曲艺术的传承和发展做出了重大贡献。

引自中国艺术研究院《首届中华艺文奖纪念册》中对首届"中华艺文奖·终身成就奖"获奖者郭汉城的评语

贰仟零拾叁年五月 苏位东 书于南京

○○ 苏位东书郭汉城荣膺首届"中华艺文奖·终身成就奖"时的颁奖语

担任顾问,进行指导。"

需要说明的是,当本书写到郭汉城先生奔赴延安,寻求革命的真理、转战晋察冀边区等情况时,我曾去找周巍峙先生进行了解,并约请他为书稿作序。周巍峙先生当年在西北战地服务团工作,后调任华北联大文工团副团长。周先生侃侃而谈,欣然答应赐序,并说明,他要写的主要内容是"论述郭汉城同志是当代中国戏曲学术大师"。当然周巍峙先生对郭汉城的了解,主要还是先生在中国戏曲研究院、中国艺术研究院这一阶段。然而,待到本书脱稿,我兴冲冲赶赴北京,想让周先生过目、提提意见并作序时,竟收到周巍峙先生与世长辞的消息。这为本书留下了深深的遗憾。

○○ 浙江萧山张家弄村全景

○○ 张家弄村内三河之一的杨家河沐浴在晚霞中

风雨平生郭汉城

郭汉城评传

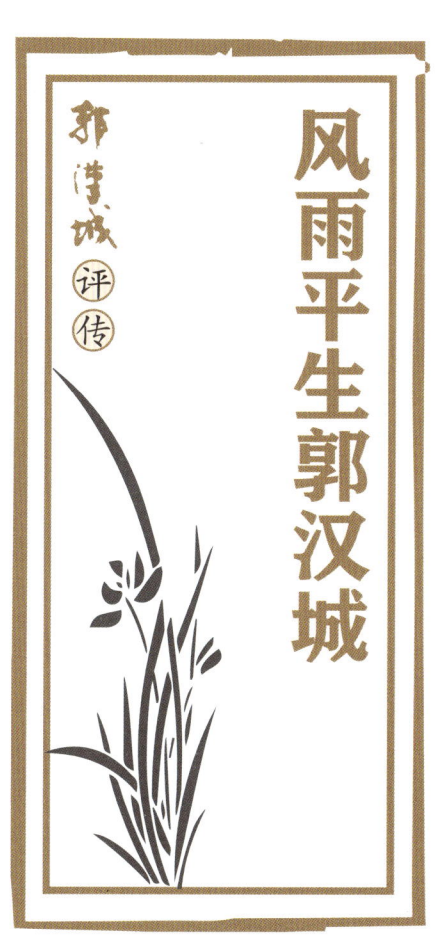

艰辛坎坷求学路

1917年9月8日,郭汉城出生于浙江省萧山戴村镇张家弄村。其父郭贵富,母董氏。郭汉城为老四,他前面有三个姐姐:大姐郭莲香、二姐郭小香、三姐郭国香,下面有一个弟弟郭汉章,一家七口人。其父在浙江绍兴一个做冥钱的锡箔手工业作坊打工,其母在家操持家务,生活非常贫困。

郭汉城在七岁时,入戴村镇私塾接受启蒙教育,念的是《三字经》《百家姓》《千字文》,这锻炼了他对平仄声的感受能力,为他后来写诗作词打下了基础。他从小受的是儒家教育,先生教的是"仁义礼智信",就是做人要诚实,不要弄虚作假;要尊敬师长,孝敬父母;要热爱社会,忠于国家;要争做好人,不

○○ 郭汉城故居

做坏人,争当忠臣,不做奸贼。

1926年,郭汉城九岁时,家庭发生了变故,父亲因多年劳累,腿部患了一种叫"瘤火"的病,腿肿得很粗,不能行走,不久便作古了。父亲的病故使得家庭经济陷入了巨大的困难中。那年私塾废除,戴村筹办了初级小学,郭汉城本应去上小学,但因家中穷得吃了上顿无下顿——光靠寡母给大户人家缝补浆洗衣服难以为继——便辍学了。在这种状况下,郭汉城的舅父出了个主意——在村上开了个"郭记"小卖部兼饭馆,以解郭家的燃眉之急。张家弄村的四周有河,这河是钱塘江的支流,从该村的码头乘船沿河而上,一夜便可到达杭州。张家弄村盛产竹笋、毛边纸等货物,附近村庄的民夫们每日要挑担把这些货物运到张家弄村的码头,然后装船发往杭州,翌日再在杭州购买当地农民们常用的东西后装船返回。一去一返,这些挑夫及船夫们往往要在"郭记"小卖部购买食品,或者就在饭馆内打尖。家里有了生活来源,郭汉城便又上了戴村初小二年级。

郭汉城在孩提时代就受到家乡的民间文化,特别是戏曲的熏陶。小时候他常在郭氏宗祠里观看绍剧与的笃班(越剧的前身)。在《龙虎斗》中有一句鲁迅先生笔下阿Q最喜爱的唱词"我手执钢鞭将你打",给他留下了深刻的印象,至今还记忆犹新。还有,每当演《翠屏山杀嫂》一剧时,一演到当场出彩的情景,他总是预先俯下头去,不忍观看。他说他是从小听着家乡戏绍剧与越剧的旋律长大的,他对这两个剧种很有感情。2013年,他还为一部文集《戏曲探索50年》欣然作序,表明了他对越剧这个源于浙江的小剧种——现已发展为全国大剧种——一直是十分关注的。他在分析草根剧目《九斤姑娘》的成功改编时,谈道:"《九

○○ 张家弄村郭氏宗祠里的戏台

斤姑娘》的探索是有价值的，符合继承发展的规律，它为越剧表演现实生活走出一条新路，提供一种可资参照的经验。这种经验又有一定的普遍意义，不仅越剧可以借鉴，对其他民间地方小戏也有一定的借鉴价值。""在这本书中，还看到当前越剧在生存竞争中所遭遇到的种种困难和问题……也提出一些解决问题的建议，"他指出，"把问题真实地摆出来，情况清，肚里明，可以更准确、有效地进行改革，推动越剧进一步向现代化道路上发展。"

1927年"大革命"失败后，一个从湘湖师范毕业，在戴村高小任教的老师见郭汉城学习不错，劝他初小毕业后，继续上学。于是，1928年，郭汉城考入戴村高级小学上学。这所学校历史悠久，老师大多是从湘湖师范学校毕业的。他们思想比较进步，其中还有地下党员。在该校，郭汉城深受进步思想的影响。

在修身课上，老师讲，中华传统文化特别强调修身。四书中的《大学》，一开始就讲格物、致知、诚意、正心、修身，"齐家、治国、平天下"，并强调"一是皆以修身为本"。修身要求，做人必须自觉追求崇高的理想境界。这种思想对郭汉城日后走上革命道路产生了一定的影响。

在国语课上，老师们把"诗教传统"换了一种形式来传授，常常带领学生去郊游。一次在郊游中，老师给郭汉城他们讲了一个"文种访范蠡"的故事：范蠡助越王勾践灭吴后，觉得勾践"长颈鸟喙，可与共患难，不可与共乐"，便辞官而去。功臣文种与范蠡有同感，就去寻找范蠡。文种走到苎萝村，碰见一人在放鸭子，就问此人："老伯，范蠡住在何处？"此人答："小小一间屋，门前一竿竹。"其实此人就是范蠡，头戴竹笠，身穿蓑衣，不是"一间屋"嘛！而"门前一竹竿"，就是此时手持的竹竿。文种未领会到，与范蠡擦肩而过。幼小的郭汉城想：要是他俩能够相见该有多么好啊！

回校后，老师布置学生每人写一篇作文，题目是《文种访范蠡》，结果郭汉城的作文被老师看中。老师将此文送到萧山儿童时报社发表了，还给了郭汉城一角钱稿费。这是他首次公开发表文章并得到稿酬。

又一次，老师领着学生们郊游后，郭汉城写了一首诗——《游大坞山》，这成了他平生作的第一首诗：

奇峰冲霄汉，怪壁立围屏。
草色侵衣绿，山光迎面青。
奔流闻虎啸，松涛作鸾声。
大坞风光好，至今魂梦萦。

老师看了后鼓励郭汉城说"写得好",并把字典送给了郭汉城。老师的循循善诱在郭汉城的心中撒下了诗文的种子。

还有一件对郭汉城影响至深的事。1931年九一八事变,日本侵略者侵占了我国的东三省,老师写了一把诗扇送给他,上写:

> 畏日如虎,爱扇如珠。
> 扇能抗日,人其何如?

惜乎,他的这把扇子在抗战中失落了。

1930年,郭汉城高小毕业后,没找到出路,就到附近村子里的小学代课,挣一点微薄的工资,聊以度日。他也就不写诗了。

1935年,郭汉城考入由浙江省教育厅开办、浙江大学农学院代办的浙江省立杭州农业职业学校。这座学校不要学费,属于半工半读的性质。这对于家庭经济困难,只是抱着"有地方去、有书读"这一单纯想法的郭汉城来说,无疑是最好的选择。

从闭塞落后的乡村来到杭州,郭汉城大大地开阔了眼界。他一如既往地爱看地方大戏,在此地他看了绍剧《散潼关》(京剧名《斩经堂》)等,还见识到许多以前从未接触过的人和事,感受到了大城市蓬勃进取的生命力。早在新文化运动时期,就有人基于"现代的一定比古代的好"的认识而反传统,这之中就包含了反对传统戏曲,即所谓旧戏。1918年,曾有过一场讨伐旧戏曲的文化"圣战"。它的"战场"主要在由北京大学文科学长陈独秀为主编,鲁迅、李大钊、胡适、钱玄同等为编委的《新青年》及其他杂志报纸上。

激进主义者如陈独秀、胡适、钱玄同、刘半农、周作人、傅斯年、周建人等,认为旧戏曲宣传的是旧道德、旧思想、旧文化,且形式落后——其立论的基础是"旧戏是旧社会的照相"[①]。他们认为反对传统戏曲,就是坚持进步、坚持科学、坚持新潮流;他们还主张以西方戏剧为标准,并对旧戏曲采取了全盘否定的虚无主义态度。

陈独秀曾说:"破坏孔教,破坏礼法,破坏国粹,破坏贞节,破坏旧伦理

---

① 傅斯年:《戏剧改良各面观》,《新青年》第五卷第四号。

（忠孝节），破坏旧艺术（中国戏），破坏旧宗教（鬼神），破坏旧文学，破坏旧政治（特权人治）……这几条罪案，本社同人当然直认不讳。"[①]又如胡适在1918年4月15日出版的《新青年》第四卷第四号上发表的《建设的文学革命论》中说："西洋的文学方法，比我们的文学，实在完备得多，高明得多，不可不取例。……更以戏剧而论，二千五百年前的希腊戏曲，一切结构的工夫，描写的工夫，高出元曲何止十倍。……所以我们说，我们如果真要研究文学的方法，不可不赶紧翻译西洋的文学名著，做我们的模范。"[②]在同年10月15日出版的《新青年》第五卷第四号上，他又发表《文学进化观念与戏剧改良》一文，进一步宣扬他的这种论点："在中国戏剧进化史上，乐曲一部分本可以渐渐废去，但也依旧存在，遂成一种'遗形物'。此外如脸谱、嗓子、台步、武把子等等，都是这一类的'遗形物'。……这种'遗形物'不扫除干净，中国戏剧永远没有完全革新的希望。……现在中国戏剧有西洋戏剧可作直接比较参考的材料，若有人虚心研究，取人之长，补我之短，扫除旧日的种种'遗形物'，采用西洋最近百年来继续发达的新观念、新方法、新形式，如此方才可使中国戏剧有改良进步的希望。"

周作人认为"中国的戏没有存在的价值"，"第一，中国戏是野蛮的，于今还唱千年老谱"，"是退化的征候"，"是病态现象"。第二，旧戏"是有害于'世道人心'"。其内容不外乎"一、'房中'，二、'武力'，三、'复辟'，四、'灵学'"这四种，"可称作儒道二派思想的结晶"。[③]由于戏曲普及到了文盲，封建思想最易传播，故应废除。

一批有识之士，如北京大学学生、"以评戏见称于时"的张豂子（即张厚载，笔名有张聊公、聊止等），北京大学教授宋春舫、冯叔鸾（以马二先生为笔名）、齐如山等，则针对否定中国传统戏曲的论调，予以驳斥。他们力主保存旧戏，保存"国粹"。

如张豂子为旧戏辩护说：

（一）"中国旧戏是假象的"，即写意性的

中国旧戏第一样好处就是把一切事情和物件都用抽象的方法表现出

---

① 余从、游默：《五四时期关于戏曲的论文》，《戏曲研究》1950年第1期。
② 刘文峰：《中国戏曲文化史》，中国戏剧出版社，2004年，第388页。
③ 周作人：《论中国旧戏之应废》，《新青年》第五卷第五号。

来。……譬如一拿马鞭子，一跨腿，就是上马。……现在上海戏馆里往往用真刀真枪真车真马真山真水。……一搬到台上，反而索然无味了。

（二）"有一定的规律"，即程式

中国旧戏无论文戏武戏，都有一定的规律。……就是皮黄戏，一切过场穿插，亦多是一定不变的。文戏里头的"台步""身段"，武戏里头的"拉起霸""打把子"，没有一件不是打"规矩准绳"里面出来的。唱工的板眼、说白的语调，也是如此，甚而至于"跑龙套"的，总是一对一对地出来……可以说是中国旧戏的习惯法。无论如何变化，这种规律，是牢不可破的。要是破坏了这种规律，那中国旧戏也就根本上不能存在了。……中国的旧戏的根本规律，看来仿佛拘束的力量很大；其实"习惯成自然"，这种拘束力，在唱戏的早已成了一种自然力。……

中国旧戏一切唱工做派，多有一定的规律，这也可算是中国旧戏的一件好处。有人说中国旧戏的规律太严，说中国旧戏不好。这是理想家极端的论调。……有人说中国旧戏的规律完全是一种笼统主义。但是笼统主义是说没有明了的界面。……旧戏的"龙套"，一定要两个人以上，代表多数，不能随便上来两三个人，就算数。仔细看来，这种一定的规律，倒很有明了的界面。可见得也并不是完全的一种笼统主义。

（三）"音乐上的感触和唱工上的感情"，即音乐是戏曲的重要组成部分，"唱工有表示感情的力量，所以可以永久存在"

中国旧戏向来是跟音乐有连带密切的关系。昆曲高腔皮黄梆子，全不能没有乐器的组织。因此唱工也是中国旧戏里头最重要的一部分。……俗语"唱戏"两个字，就是"歌""戏"两种观念联络的表示。中国旧戏拿音乐和唱工来感动人，是有两个好处：有音乐的感触，有感情的表示。

所以，要废掉唱工，那就把中国旧戏根本破坏了。

……现在中国的音乐，既不发达，但是昆曲的笛子、二黄的胡琴以及锣鼓等等，吹打起来，究竟还有许多音乐的意味。二黄场面上的吹打，差不多全是昆腔的曲牌，是很有音乐上的价值的。……而且古语说"移风易俗，莫善于乐"，可见音乐上的感触，是很有"移风易俗"的力量。……中国旧戏有音乐上的感触，这也是中国旧戏的好处。

中国旧戏是以音乐为主脑，所以它的感动的力量，也常常靠着音乐表示种种的感情。譬如《四郎探母》的杨延辉在番邦思念他的母亲，要不用唱工而用白话来表示他思母的苦情，便毫无情致。……所以拿唱工来表示感情，比拿说白来表示，是分外地有精神，分外地有意思。这也是中国旧戏的一件好处。

那么废唱用白，到底可能不可能呢？我以为拿现在戏界的情形看来，是绝对不可能的。……我的意思，以为戏的情节好，伶人的做作好，那么唱工是不很要紧。譬如《四进士》这一类戏不要唱工，也似乎未尝不可。……但是情节和做作，多不好，那唱工就断乎不可废的。譬如《二进宫》……所以废唱用白一句话，也应当分别看来，不能有绝对的主张。不过唱工有表示感情的力量，所以可以永久存在，不能废掉……

……

我以为要说中国旧戏的不好，只能说他这几种用得太过分，不能说它有这几种，就说不好。……"因噎废食"，那是极端的主张，不是公平的论调。

……我的结论，以为中国旧戏是中国历史社会的产物，也是中国文学美术的结晶，可以完全保存。社会激进派必定要如何如何改良，多是不可能，除非竭力提倡纯粹新戏和旧戏来抵抗。但是纯粹的新戏，如今很不发达。拿现在的社会情形看来，恐怕旧戏的精神，终究是不能破坏或消灭的了。①

张豂子对胡适、钱玄同、刘半农、陈独秀之答辩：

唯钱先生对于脸谱，极端反对，穷以为过矣，日前偶与姚茫父先生谈及此事。（姚先生精词曲，有《菉猗室曲话》《书宝》等著，见《庸言报》）"中国伶人之脸谱，颇有外国图案之性质，往往绘动植物于其面。如李逵之勾脸，作飞燕形。盖古时形容状貌，每曰'虎头燕颔'。脸谱之观念，殆本于此。尚有面上绘兰花形及种种植物状者。……而亦极有美术上之兴味。譬如黄润甫扮曹操，其脸谱不过多画几笔，而奸相更露。其有裨益于美术者，为何如耶？古代战斗多用假面，……因以为戏，亦入歌曲（《乐府杂录》亦云），此即打脸之始。故今人犹称花脸为'大面'也。唯当时皆用面具，厥后嬗变，日趋简学，罕用面具，尽勾花脸，而脸谱乃代假面而起。且方相氏熊皮金目，亦未尝非后世勾脸之滥觞。……至脸谱之作用，则在区别舞台上

---

① 张厚载：《我的中国旧戏观》，《新青年》第五卷第四号。

各色人物之性质。……盖舞台之脚色。亦所以形容其性格；所谓'隐寓褒贬'，即是此意，则打脸乃极有意思之一种化妆术也。"陈先生谓其暴露吾国野蛮真相。然中国旧戏，本为历史上遗传之一种艺术，因为历史上之关系，正不妨其表示野蛮。且戏剧上所演花脸，本系假象，何止遂云暴露真相耶？吾国野蛮之真相，果如戏剧上所演之花脸耶……

胡先生日前语仆，谓旧戏脸谱，往往有数人相类者。……唯细察关、李、赵（指关公、李克用、赵匡胤）等之脸谱，实各有不同。张、郑、李（指张飞、郑恩、李逵）亦可互相分别。且即使脸谱有类似处，而其扮相及一切衣饰，亦大相径庭。……

"打把子"亦中国武剧之优点。其套数之整齐，精力之壮健，身手之活动，在在有Athletic（英文，运动的）精神。且古代战争之状态，亦颇能表示一二，故颇足以鼓励尚武之精神，而兴起历史的观念。决非仅以其"从极整齐极规律的工夫中练出来"，而始重视也。……

陈先生谓仆论中国剧，根本谬点在囿之方隅，未能旷观域外。仆甚佩其言。唯仆以为先生等之论中国剧，乃适得其反，仅能旷观域外，而方隅之内，反懵然无睹……①

马二先生为张谬子辩护，对胡适、钱玄同、傅斯年等人的言论进行批判，明确指出，他们的根本错误在于"以外国剧绳中国剧"，"不思革其习，但欲废其剧"。②

上述反对旧戏曲的虚无主义者们因对中国传统戏曲未做过深入、系统的研究，所持论点又多从反封建的立场和西洋戏剧的观念出发，再加上有识之士对他们的批判，所以对戏曲界未造成大的影响。尽管如此，因陈独秀、胡适等人在新文化运动中的地位和号召力，他们对中国戏曲的偏见，或多或少地影响到一些知识分子，这也成为一些人对戏曲持轻蔑态度的历史根源。郭汉城当时正处于求学时期，也不免受到这种思想的冲击，加之他对戏曲本身不很了解，缺乏一定的判断力，便使他这个从小喜欢看戏的青年反而开始看不起所谓"封建、落后"的传统戏曲了。

---

① 张厚载：《"脸谱"——"打把子"》，《新青年》第五卷第四号。
② 马二先生：《评戏杂说》，《时文新报》1918年8月3日。

"有书念"的好景不长。1937年7月7日,震惊世界的卢沟桥事变爆发了。十天后,蒋介石发表了著名的"庐山讲话":"……地无分南北,年无分老幼,无论何人,皆有守土抗战之责,皆应抱定牺牲一切之决心。"这标志着政府层面的全面抗战开始。浙江大学农学院内迁,代办的杭州农业职业学校随迁,至严州,学校解散,郭汉城就回家了。

1937年8月13日,日寇进攻上海,"淞沪会战"打响,形势很不安稳。11月12日,上海沦陷;12月13日,南京沦陷。日本兽兵在南京城内奸淫掳掠,血腥屠城,杀害中国无辜百姓超三十万人,制造了震惊世界的南京大屠杀案件。听闻此事件,郭汉城悲愤不已,抱着"不做亡国奴"的思想,他与戴村的几个小青年一同离家,到浙江省教育厅在衢州碧湖开的战时青年训练团学习了三个月。

1938年春,郭汉城毕业后,被分配到衢州浙江省卷烟公卖处当印花税票保管。在衢州,郭汉城开始接触革命书籍,如《西行漫记》等。在与人交谈中,他第一次听到马克思的名字、国共合作的名词。当他听说浙江省在贵州成立了贵州中学,招收浙江省及全国的流亡学生时,他于4月初决意离开衢州,奔向那里,他要继续读书。他回家与母告别,母亲知儿子欲出远门,便将他的衣袜缝补一番。她一再叮嘱儿子,路上千万小心,兵荒马乱的,一定要注意安全,无论走到哪里,一定要与家里通信。母子恋恋不舍,挥泪惜别。

郭汉城走到湖南长沙,听人说贵州中学名额已满,不招了,他就待在长沙小旅馆中准备另想办法。

革命圣地受熏陶

当时,整个中华民族都沉浸在抗日救亡的氛围中,大批青年前往革命圣地延安。郭汉城听说共产党是坚决抗日的,是为老百姓办事的,他就也想到陕北去。无意间,他从旅馆糊在窗户上的一张1937年8月的《长沙日报》上看到,陕北公学是一所培养来自全国各地的革命青年干部的学校,它面向全国招生。看到这些,郭汉城就决定去陕北公学。他根据报上的信息,先到长沙的八路军办事处去报到,待对方同意后,为他开具了介绍信,介绍他到西安第十八集团军八路军办事处去。

他坐上不要钱的难民车,从长沙赶赴湖北武汉,再前往河南郑州。车经陇海路时,他站在车顶上抓住栏杆,随车进入黑黢黢的隧道。隧道内烟气腾腾,呛得人直咳嗽,于是他想了个办法,用破被把头蒙上。

○○ 1938年,陕北公学开学典礼(邓发 摄)

○○ 郭汉城（左一）与夫人韩建民（左二）同吴江（左三）、郭晴（左四）伉俪合影

哼着"到敌人后方去，把鬼子消灭净"的抗日战歌，他到达了西安。在八路军办事处办理了报到手续后三天，他就被编入一个队，由人带领徒步前往陕北。沿路国民党设了几道关卡，经过关卡的人都要接受严格的检查，有些人就被扣留下来，甚至有的要去延安的学生还被暗杀了。郭汉城陕北公学的校友吴江、冯纪汉同志，就是在咸阳被国民党扣留在关卡的，后费尽周折才一同逃跑出来的。经过三原县关卡时，郭汉城机警地通过了国民党的盘查，未被扣留。他于1938年10月顺利地到了陕甘宁边区关中分区栒邑县的陕北公学分校学习。

陕北公学成立于1937年8月，总校坐落于延安城东门外的延河之滨，校长成仿吾，副校长罗迈（李维汉），建校初有六百多名学生。名为学校，其实是专门培养抗日干部的机构。1938年3月10日，毛泽东同志为陕北公学题词："陕北公学是属于中华民族的，因为他为着抗日救亡而设，因为他收纳了全国乃至海外华侨的优秀儿子。"看了这一题词，郭汉城和同学们都颇受鼓舞。

另一激励郭汉城和同学们发愤图强、努力学习的是，天天都要映入他们眼帘的，充分体现革命根据地实事求是、理论联系实际学风的，赫然醒目的二言八字校训"忠诚、团结、紧张、活泼"。这个校训，凝结着陕北公学学员们对中国共产党、对祖国的无限忠诚和深厚感情。大家都是来自五湖四海，出于爱国主义精神，为了一个共同目标——抗日救亡，走到一起来的。大家都紧密地团结在共产党周围，亲密无间、互相帮助。这个校训，也说明了陕北公学的生活是紧张的、战斗化的。学员们到校后，都要进行严格的训练。在陕北公学，学员们的物质生活虽然十分艰苦，但精神生活却非常充实，还经常开展多种文化活动。

此时，郭汉城对政治理论学习很有兴趣，他如饥似渴地学习马列主义和毛泽东著作，除马克思著的《资本论》不好找之外，像1937年7月、8月发表的《实践论》《矛盾论》，1938年5月发表的《论持久战》，他都读过，还读了同年8月成仿吾与徐冰合译的作为《马恩丛书》第四辑的《共产党宣言》。这些著作对他思想上的成长影响很大。

当我问先生陕北公学给他印象最深的是什么时，他回忆说，当时在陕北公学这个革命的摇篮里，对他影响最深的，是该校所提倡的"实事求是"的精神，这精神一直激励和鼓舞着他，使他在学业上养成了求真务实的学风。

"实事求是"一词出于《汉书·河间献王刘德传》："修学好古，实事求是。"后来唐代学者颜师古将"实事求是"一词解释为"务得事实，每求真是也"，意为，求学必须掌握实证，求索真相，踏实为之。

1941年，郭汉城先生在学习毛泽东同志《改造我们的学习》一文中，又读到了对"实事求是"的论述："'实事'就是客观存在着的一切事物，'是'就是客观事物的内部联系，即规律性，'求'就是我们去研究。"[①]至此以后，"实事求是"的精神，就贯穿在了郭汉城一生的革命行动中。

栒邑是陕北比较富庶的地区，因而学员们的饮食尚可。校领导及教职员工对学员们都关怀备至；特别是成校长，他不但关心学员们的思想进步，还经常亲自巡夜。遇到有同学睡着后蹬开了被子，成校长只要看到就会马上为他们盖好，因此，学员们很亲切地称成校长为"妈妈校长"。

1939年1月，陕北公学延安总校与分校合并，校址设栒邑县看花宫，由成仿吾主持工作。他率全校人员开展大生产运动，开荒两千一百亩。郭汉城由此也经历了"自己动手，丰衣足食"的劳动锻炼。

1939年6月，中央决定，将陕北公学、鲁迅艺术学院、安吴堡战时青年培训班、延安工人学校四座学校合并成华北联合大学，开赴华北敌后抗日前线办学。郭汉城他们奉命从栒邑出发到达延安。7月7日，在延安召开大会，成仿吾校长宣

---

① 毛泽东：《毛泽东选集》（一卷本），人民出版社，1964年，第759页。

布华北联合大学正式成立。在会上，大家听了毛泽东主席的报告，认识到"统一战线、武装斗争、党的建设是中国共产党在中国革命中战胜敌人的三大法宝"。7月10日，大家又听了周恩来所做的题为《中国抗战形势》的报告。该校成立后，明确把"注意理论同实际相结合"作为教学方针之一。

　　同月12日，根据中央指示，赴前线的华北联合大学和抗日军政大学合编为一个纵队，抗大校长罗瑞卿任司令员兼政委，成仿吾为副司令员，从延安出发，沿着咆哮的黄河，浩浩荡荡向晋察冀边区开拔。走到山西黑峪口，过黄河，进入了山西岚县的阎锡山统治区。同月23、24日，在贺龙一二〇师七一四团武装掩护下，大家小心翼翼地穿过了敌占区日寇在同蒲铁路两侧设置的层层封锁，方长出了一口气。有些同志以为已经徒步走了一千五百公里路，好像没事了，便累得躺在地上走不动了。领导督促大家赶快起来走——不走不行啊！快进入边区时，一位首长站在那儿说："同志们辛苦了，快到自己家了。到家后，大家可以把腿伸直，好好地睡一觉了。"后来，郭汉城他们才知道，说话的原来是罗瑞卿司令员。当时，他的话还未讲完，日本鬼子就从后面追来了。为了躲避敌人，队伍改变了行走路线，向附近一座很高的大山开进。一会儿，老天下起了滂沱大雨。在这样恶劣的天气下，大家仍抱着"为了打败日寇，舍我其谁"的担当精神艰难地行走在乱石滩中。郭汉城与音乐家吕骥光着脚丫子，同大家一起走着。一晚上从上山到下山足足走了五十公里路程，大家又冷又饿又累，还有的人渴得不行，就喝马尿来解渴；有些病号没能捱下来。一些女同志，为了轻装，把背包都扔掉了。从陕甘宁边区到晋察冀边区的这趟行军，当时人称"小长征"，真是非常艰苦，但是为了抗日，大家都无怨无悔。

　　当时，八路军对国民党在军事上采取的是"人不犯我，我不犯人，人若犯我，我必犯人"的自卫原则。

　　1939年9月，八路军一二〇师某部奉命由冀中开赴晋察冀北岳区整训。返回途中，正遇日寇向冀西陈庄一线奔袭，贺龙、关向应指挥主力部队在陈庄以东设伏。29日，华北联大和抗大师生连夜赶至陈庄，以壮陈庄战斗声威。战斗打响后，在聂荣臻部晋察冀第四分区部队的配合下，战士们奋不顾身、英勇杀敌，贺龙、聂荣臻部共歼灭日军第八混成旅官兵一千五百余人，击毙敌水原少将旅团长，生俘十六人，缴获轻重机枪二十余挺，步枪五百余支，给日军以沉重的打击。这一战，使日本鬼子吓破了胆，称贺龙为"黑龙"。陈庄大捷后，郭汉城等师生参加了我军在大沙滩召开的三四万人的庆祝大会，彭德怀和贺龙、聂荣臻都在会上讲了话，真是大快人心！会后，为欢迎一二〇师，华北联大文工团在露天

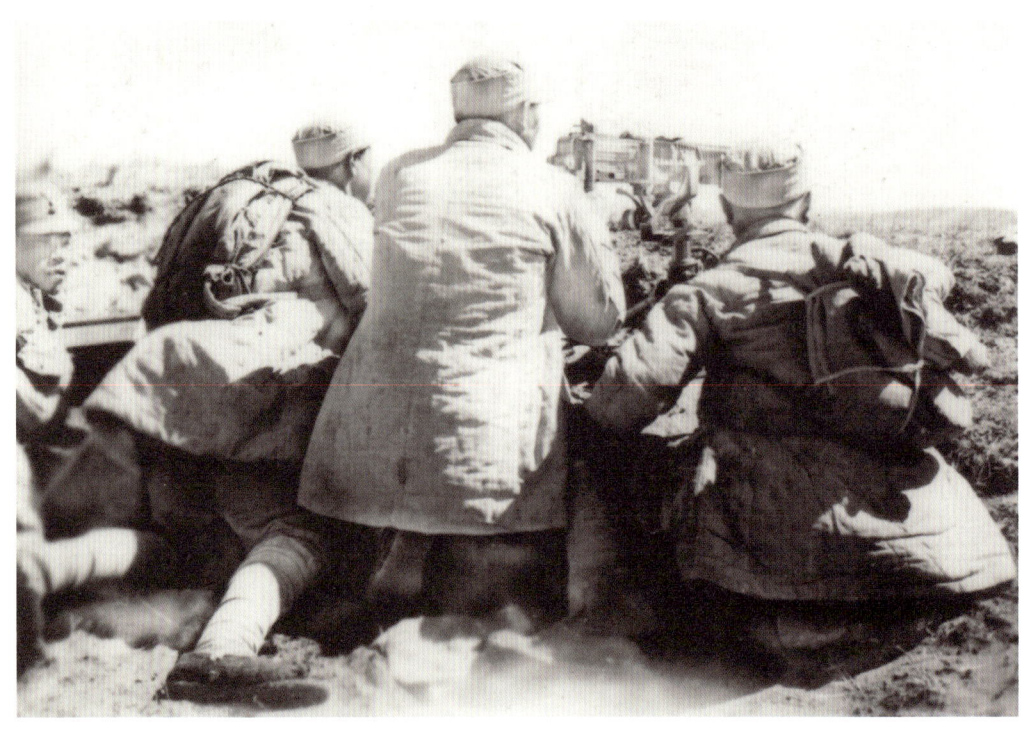

○○ 1939年9月，陈庄战斗中的八路军机枪阵地（沙飞 摄）

○○ 1939年，老百姓在参观同年9月陈庄大捷中缴获的战利品

剧场演出了胡苏创作的四幕话剧《陈庄战斗》，再现了八路军一二〇师反击日寇扫荡取得"陈庄大捷"的英勇事迹。

10月中旬，华北联大开学上课，郭汉城在社会科学部学习。

烽火岁月峥嵘稠

校园生活

在访问郭汉城先生的过程中,他曾兴致勃勃地说:"当时在晋察冀边区搞文化教育工作时,我深深地感到,戏剧和歌曲这些艺术形式对人的思想影响极大。当地青年参加革命队伍有各种原因,其中一个重要原因就是受了当年抗战文艺的影响。毛主席曾经说过,革命有两支队伍,一支是拿枪杆子的队伍,一支是拿笔杆子的队伍。他对文艺给予了很高的评价。"

1939年年底,郭汉城从华北联大毕业,被分配到驻扎在河北省平山县南庄的西柏坡第五分区第五中学从事抗战教育工作,为抗战培养干部,一直到抗战结束。当时,与他一同毕业的吴江、冯纪汉也都分配在此校任教。

尽管校园生活十分艰难困苦,但郭汉城先生遵照党中央和毛泽东主席的指示,始终坚持新民主主义教育总方针,遵循"为抗战服务"的办学方向,注重对学生进行爱国主义和民族气节的教育,在提高人民文化水平、培养革命干部、支援革命战争和发展农业生产等方面,都做出了值得一书的贡献。

郭汉城先生谨记"人民教育家陶行知"先生"千教万教教人求真,千学万学学做真人"的谆谆教诲,采取了理论联系实际的教学方法,让学生们不但读课堂上的有字之书,还经常带领他们参加社会实践活动,读无字之书。他还结合现实生活,用当地优秀青年的模范事迹对学生们进行思想政治教育。

那时,师生们的学校生活是十分艰苦的。老师们讲课不是在空地里,就是在树林里;学生们每个人带着个小马扎坐下来听课,记笔记是以双膝为课桌,上垫一块硬纸片,用一张张的小纸片来记笔记。

老师们的全部收入是每人每天折合十一两粮食,刨去柴火油盐费,一顿饭仅仅只有二两多粮食。偌大的一个青年小伙子,当然饿得慌。于是,他们想办法到山里打柴来省些柴火费。

村里老百姓的生活也很艰苦。粮食不够吃，他们就把花生壳磨成粉末来吃。到了春天，杨树发芽了就摘嫩芽来吃；长出树叶时，把叶子捋下沤在盆中当菜来吃。榆树叶、榆钱子都被他们吃光了。

有一年，遇上滹沱河发洪水，把庄稼都淹坏了，老百姓的生活就更苦了。直到现在郭汉城还清楚地记得，一日早晨起来，他看到房东的瘦得皮包骨头的小孩，把小手伸到石磨的眼里掏花生壳粉末吃，十分凄惨。他就和另外一位同志把他俩当天的口粮——窝头，都给了那个小孩。当那个孩子狼吞虎咽地把窝头吃下后，他俩的心才得到些微的安慰。

入冬，郭汉城先生与同学们每人只能穿一件棉袄、棉裤，里面都穿不起衬衣、衬裤，时间稍长，身上就长虱子了。它们钻到棉花里，你寻都寻不见，咬得人身上痒痒得很难受。大家开玩笑地说："我们穿的是'真空管'衣服！"

晚上睡下，冷得不行，他就把门上挂的草帘子摘下来盖在身上保暖。

日本鬼子丧心病狂、灭绝人性，经常发动扫荡，实行"三光"政策：烧光、杀光、抢光。这帮豺狼所到之处，"出门无所见，白骨蔽平原"，人民的哭声遍野，"千里无鸡鸣"。

1941年秋，日本鬼子把郭汉城所在学校的住处包围了。师生们必须设法逃出这包围圈，否则只有死路一条。好心的老百姓给他们做向导，老师们带着学生们绕道五台山的"无人区"，才摆脱了敌人的威胁，又回到了革命队伍中。

所谓"无人区"，并非真正没有人。在日本鬼子管不到的山沟窝

○○ 1944年，山西五台山区"无人区"农村被日寇破坏的惨景

○○ 1944年5月，我军光复日寇在五台三区制造的"无人区"后，八路军帮助老百姓重建家园

○○ 1944年5月，我军攻克日军东峪口据点后留照（蔡尚雄 摄）

铺中，住着一些与共产党有联系的老百姓。他们的房子破烂不堪，窗户很小，望上去像一对小眼睛，很不引人注目。八路军一有困难，就找他们帮忙，他们总是赤胆忠心，一站接一站地把人员送出敌人的包围圈。

1944年5月，我军彻底摧毁了日寇建在五台三区"无人区"周围的据点，号召群众重返桑梓，并帮助他们重建自己的家园。

课堂教学

在课堂上，郭汉城先生除了为学生们传授文化知识外，还特别注重就地取材，以身边所发生的典型事件，对学生们进行立德树人的革命教育。当时，他绘声绘色地为学生们讲述了白求恩同志的动人故事，号召大家学习白求恩同志的国际主义精神，为了

○○ 1944年5月，五台三区群众返回故里，重新耕耘荒芜了多年的土地。对面是被日寇烧毁的房屋（蔡尚雄 摄）

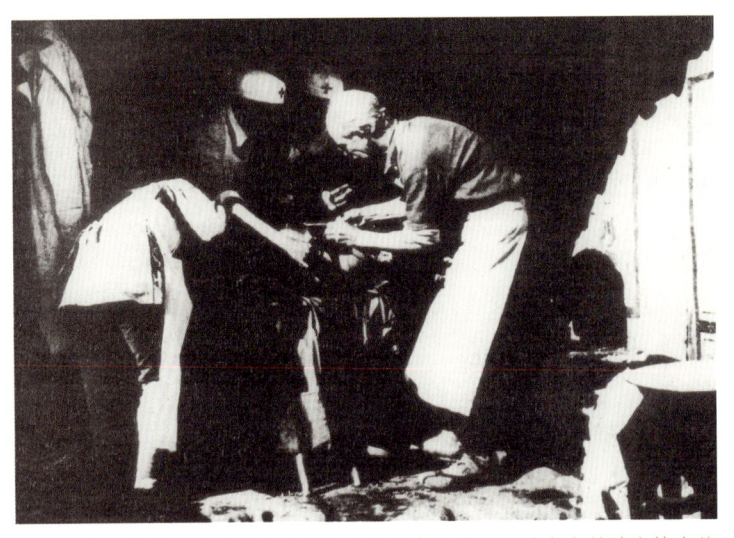

○○ 1939年10月，白求恩大夫在战火纷飞中的涞源县孙家庄村前山坡上的小庙内，为伤员做手术（吴印咸 摄）

抗战而发愤努力读书，向前迈进。

郭汉城先生最后对同学们讲，在当前来说，是一切为了抗战，大家要通过学习白求恩同志的模范事迹，发扬他崇高的国际主义精神、无私利人的共产主义精神，像毛泽东同志在《纪念白求恩》一文中所说的那样学习他"对工作的极端的负责任，对同志对人民的极端的热忱"的服务精神，"对技术精益求精"的科学精神，最终，"我们大家要学习他毫无自私自利之心的精神。从这点出发，就可以变为大有利于人民的人。一个人能力有大小，但只要有这点精神，就是一个高尚的人，一个纯粹的人，一个有道德的人，一个脱离了低级趣味的人，一个有益于人民的人"。[1]

郭汉城先生说："回想起来，在抗日根据地影响最大、普及范围最广的艺术形式，是唱抗战歌曲。那时，根据地军民高唱抗日歌曲，到处飘荡回响着嘹亮的歌声，鼓舞着抗日军民的士气。我们学校，当然也不例外。在音乐课上，我们教唱学生的都是抗日歌曲。学生们在课堂上学会后，回到家就教给村里的老百姓，使歌曲得到了广泛的传播。"

郭老还列举了当时所教过的歌曲，计有：

《抗敌歌》（韦瀚章、黄自词，黄自曲）

《长城谣》（潘子农词，刘雪庵曲）

《黄河之恋》（田汉词，冼星海曲）

《救亡进行曲》（周钢鸣词，孙慎曲）

《流亡三部曲》（张寒晖词曲）

---

[1] 毛泽东：《毛泽东选集》（一卷本），人民出版社，1964年，第620—621页。

《洪波曲》（田汉词，张曙曲）

《做棉衣》（桂涛声词，冼星海曲）

《延安颂》（莫耶词，郑律成曲）

《二月里来》（塞克词，冼星海曲）

《中国人民解放军进行曲》（公木词，郑律成曲）

《大刀进行曲》（麦新词曲）

《到敌人后方去》（赵启海词，冼星海曲）

《在太行山上》（桂涛声词，冼星海曲）

《南泥湾》（贺敬之词，马可曲）

《嘉陵江》（端木蕻良词，贺绿汀曲）

《团结就是力量》（牧虹词，卢肃曲）

《歌唱二小放牛郎》（方冰词，李劫夫曲）

《解放区的天》（佚名词，陈志昂曲）

《打狗要用棒》（陈捷词，苏风、泉水曲）

《说打就打》（谢明词，庄映曲）

《军队和老百姓》（张达观词曲）

《参加八路军》（崔嵬词，吕骥曲）

《咱们的领袖毛泽东》（陕北民歌，孙万福词）

《东方红》（陕北民歌，李有源词）

《滹沱河》（魏巍词，李劫夫曲）

《生活在晋察冀》（魏巍词，罗浪曲）

《十月革命进行曲》（林韦词，郑律成曲）

《咱们工人有力量》（马可词曲）

《三大纪律八项注意》（红军歌曲，程坦等改编）

《抗日军政大学校歌》（凯丰词，吕骥曲）

《子弟兵进行曲》（方冰词，周巍峙曲）

《游击队歌》（贺绿汀词曲）

《黄河大合唱》（光未然词，冼星海曲）

《没有共产党就没有新中国》（曹火星词曲）

这些抗日歌曲，对民众的思想影响极大，特别是对年轻人，很多人就是受这些歌曲的鼓舞，唱着这些歌曲积极投身革命队伍，从事抗战的。平时，八路军在

○○ 1943年年底，八路军向老百姓教唱《没有共产党就没有新中国》等抗日歌曲

民兵开始训练前后，总是指挥他们高唱抗日歌曲，用以鼓舞士气。

1943年，抗日战争即将进入反攻阶段，针对蒋介石在其《中国之命运》一书中宣称的"没有中国国民党，那就没有了中国"的谬论，河北平山县人曹火星，以"没有共产党就没有中国"为歌名，在霞云岭堂上村一夜间谱写出来一首歌曲进行反驳。这首歌曲先由小学生用"霸王鞭"的形式演唱，一唱便唱到了人民的心坎里，受到广大群众的热烈欢迎，男女老幼马上都跟着学唱，很快就传遍了晋察冀边区的学校与乡村。随后，就风行于抗日根据地，唱遍了祖国的大江南北，并一直流传至今。之所以如此，是由于它真正地反映了全国人民的心声。无论在战争岁月，还是在和平年代，它都起到了很好的宣传、鼓舞作用，揭示出亿万人民只有在中国共产党的领导下，才能从一个胜利走向另一个胜利这一颠扑不破的真理。

据《北京青年报》2011年6月24日刊载的《霞云岭乡山坳飞出不朽歌》一文所记："对于最早歌名为'没有共产党就没有中国'是如何最终定为'没有共产党就没有新中国'，流传着各种说法。据记载：中共中央文献研究室主任逄先知曾回忆说，是毛泽东提出并加进'新'字的。1950年，毛泽东听到女儿李讷唱这首歌时，立即纠正说：'没有共产党的时候，中国早就有了，应当改为"没有共产党就没有新中国"。'2001年6月初，李讷对这一说法予以肯定，说'确有此事'。"

战火中开运动会

当时学校的体育设施太简单了。郭汉城先生为了增强学生体质,就因陋就简,每天早晨带领学生们在南庄绕街长跑。在体育课上,他组织学生们进行队列训练;课外活动则让他们去打篮球,间或也组织他们进行拔河比赛等。

没想到,身处战火之中,学生们在学校学习的体育项目也能派上用场。1941年,郭汉城先生带领他的学生们报名参加了晋察冀边区在五四青年节举办的第一届学生运动会。

运动会场地设在华北联大校部所在地——平山县柏林村附近蜿蜒曲折的滹沱河北岸的一块平地上。此地离县城仅有四十多公里,城里驻着日本鬼子;所以开会、比赛时,晋察冀军区都派部队警戒,严防敌人骚扰。

主席台设在运动场旁的沙台上,用芦苇席搭成。参加运动会的学校有:华北联合大学(包括文艺学院、教育学院、政治学院、群众工作部)、抗大二分校、抗大附中、冀中军区随营学校和当地的一些学校。上午九时许,各校的学生们从四面八方进入会场,连同附近前来观看的群众,共有四千余人。啦啦队队员们在兴高采烈地拉唱抗战歌曲,此起彼伏,热闹非凡。十时整,主持人用铁皮做成的喇叭高声宣布开幕式正式开始。大家齐唱《华北联大校歌》。歌毕,华北联大校长成仿吾率三百名运动员,在欢乐、雄壮的锣鼓与军号声中沿着四百米长的跑道绕场一周。然后是首长、学校代表以及运动员、裁判员代表

○○ 1941年的五四青年节,郭汉城先生带领学生参加了晋察冀边区第一届学生运动会

○○ 1941年,在晋察冀边区第一届学生运动会上,女子百米赛跑比赛中,跑在最前面的是刚入华北联大进修的学生高哲

分别发言。

比赛项目主要有：篮球、排球、双杠、单杠、跳高、跳远、撑竿跳、铅球、拔河等。光赛跑项目一项就有：60米、100米、200米、500米、800米、1000米、10000米等不同类别，各分为男子、女子或少年、成年等组。当时，女子百米赛跑的冠军是在阜北县妇救会当过宣传部长、刚入华北联大进修的高哲同志。阜平人都认识她，在比赛时都竭力为她鼓掌加油。

这次运动会为期十二天，晚上还有华北联大文工团和晋察冀边区政治部抗敌剧社的联合演出，为大会助兴。郭汉城先生所带的学生运动员们和大家一样，都感受到了"友谊第一，比赛第二"的竞赛风格，增强了为抗战而练好身体的信念，进一步认识了"身体是革命的本钱"的道理。

社会实践

上街宣传《义务兵役条例》

抗敌剧社除了自己演唱宣传抗战的歌曲并在农村教老百姓演唱外，还大力推广民间喜好的打霸王鞭，田华、华江还合著了《霸王鞭初步》一书。郭汉城先生也请抗敌剧社的"小鬼们"到他所在的中学教会了学生们打霸王鞭，他还经常带着学生们上街边舞边唱地进行宣传。

1938年，武汉失守之后，抗日战争进入相持阶段。侵华日寇改变了其向中国正面进攻的战略，一方面对国民党进行劝降、

○○ 1945年，田华在打霸王鞭（白莲生、宋贝珩 摄）

○○ 1942年2月,平山县南庄的刘汉兴参军,其父母、妻子、弟弟备好毛驴与他送别(沙飞 摄)

诱降,另一方面为将华北作为太平洋战争的基地,把矛头对准了在华北敌后坚持英勇抗战的八路军。日寇集中优势兵力疯狂地对晋察冀抗日根据地进行大规模的掠夺性"清剿""扫荡",并实施了灭绝人性的烧光、杀光、抢光的"三光"政策。国民党中的"顽固派"和汪伪勾结,与日寇合流,敌伪顽三者狼狈为奸,对解放区进行了分割、封锁,企图消灭中国的抗日中坚力量。这致使敌后抗日根据地进入了最艰苦的阶段。

为尽快扭转战局,不断发展壮大八路军,经晋察冀军区司令员聂荣臻提议,边区政府决议通过,1942年3月,正式颁布了《义务兵役条例》。郭汉城先生带领学生在南庄街头进行了大张旗鼓的宣传。

值此民族存亡的生死关头,这一条例马上得到了全边区人民的热烈拥护和积极响应,并迅速掀起了贯彻执行志愿义务兵役制的高潮。尤其是冀西平山县成为贯彻新兵役条例的先进县——仅在2月28日西黄泥村举行的八区义务兵入伍大会上,就有一百六十五名优秀农村青年报名参加八路军。据统计,一个小小的平山县报名入伍的新战士,就有七千人之多,人数足足可以组建两个团。后来八路军的一二〇师三五九旅的七一八团,又被称为"平山团"——全部是平山县的子弟兵,为抗日屡建奇功,成为抗战史上一个不朽的存在。

○○ 1942年，平山县开明地主送子参军（沙飞 摄）

在这次逾万人参加的空前隆重的入伍大会上，最让人瞩目的是南庄村青年刘汉兴和夹峪村青年刘梦云。他俩都是共产党员，最先带头报名参军，起到了先锋模范作用。分别时，刘汉兴的父母、妻子、弟弟备好毛驴为其送行。这一场景也正是当时在华北抗日根据地广泛流传的由桂涛声作词、冼星海作曲的歌曲《在太行山上》所唱的情形"母亲叫儿打东洋，妻子送郎上战场"的生动写照。

郭汉城先生当时和同学生们一起亲见了刘汉兴一家人的模范行动，这使学生们深深地感受到了广大群众的爱国热忱。他们更加自觉主动地在广大群众中大力宣传这一"一人参军，全家光荣"的抗日家庭。当《晋察冀画报》创刊号发表这一生动事迹，这一事迹在边区宣传开后，产生了轰动效应。我们知道，榜样的力量是无穷的。随后，有许多有高度政治觉悟和强烈爱国之心的父母和思想进步通情达理的妻子竞相仿效，以刘汉兴一家为榜样，纷纷把自己的儿子或丈夫送往前线，去抗击日寇。

另外，晋察冀边区统一战线工作也搞得很好，可以说，动员团结了一切可以团结的力量来参加抗日。当时，郭汉城先生带领着学生们一直在进行着宣传工作。当地好多开明地主也送子参军，以此表达自己的爱国热情。

抗战戏剧大课堂

除了组织学生进行演唱抗日歌曲、打霸王鞭等文艺活动之外，郭汉城先生说，在带领学生们积极参加边区的社会实践中，他认识到："抗战戏剧也是一个大课堂。在宣传抗日、发动群众方面，戏剧是诸种文艺手段中很重要的一种。当时的晋察冀边区……文盲比例高达百分之八十以上，即使是识字的老百姓，文化程度也极低。在这种情况下，戏剧自然就成为边区老百姓喜闻乐见的宣传形式之一，因而得到了蓬勃的发展。"《中华全国戏剧界抗敌协会晋察冀边区分会成立宣言》中说："宣传工作最有力的武器，便是戏剧。我们拿它可以鼓励前线的战士，我们拿它可以粉碎敌人的欺骗，我们拿它可以反映一切血的故事，我们拿它可以动员一切新的力量……因此，戏剧在抗战里是最重要的一环呵！"该文号召边区的戏剧工作者"一切是为了抗战，一切是服务于抗战"。在众多同仁的努力下，晋察冀边区的戏剧运动搞得热火朝天，表现在剧团众多、剧目丰富、演出频繁、观众如潮上。

1940年11月7日，晋察冀军区成立三周年，司令员聂荣臻在晋察冀边区第一届艺术工作者座谈会上指出："文化生活是一个革命军队不可缺少的，它不是军队的装饰品，而是活动力量，军队需要有战斗力，就一定需要文化。"他又强调："现在更进一步需要我们解决广大人民文化食粮的问题了。"在他的大力支持和实际帮助下，晋察冀边区的文化艺术事业取得了伟大成就。

在边区这个大背景下，再加上郭汉城先生在读了马克思主义经典著作后，认识到戏剧和文学确实非常重要，古今中外的优秀戏剧作品都可以帮助人们加深对社会现实、对人生意义的认识。恩格斯曾说他从巴尔扎克的《人间喜剧》中所学到的东西，"比从当时所有专门历史学家、经济学家和统计学家的全部著作合拢起来所学到的还要多"。列宁说："托尔斯泰是俄国革命的镜子"，说这伟大的作家和思想家"把整个第一次俄国革命的历史特点、它的力量和它的弱点，非常突出地体现在自己的作品里面了"。

郭汉城先生为了激励自己与学生们的抗战热情，陶冶大家美好的心灵，他积极响应中华全国戏剧界抗敌协会的伟大号召，无论哪个抗日剧社有演出，他总是主动地带领学生们去看，去接受教育。

1940年，华北联大文工团、抗敌剧社、西北战地服务团联合演出了沙可夫、侯金镜根据高尔基小说《母亲》改编的同名大型话剧《母亲》。该剧旨在歌颂工人阶级与母亲的可贵品格，受到观众的热烈欢迎。后来该剧到部队和各机关团体进行巡回演出，每每"台下都爆发出热烈的掌声"，并高呼"工人阶级万岁""向伟大的母亲学习"等口号。西北战地服务团演出了曹禺的著名话剧《雷雨》。该剧通过周朴园、鲁贵两家两代人的爱情悲剧，反映了两个不同阶层的家庭之间的矛盾。作者以象征性的"雷雨"为题，暗示人们，在20世纪二三十年代

○○ 1940年，由华北联大文工团、抗敌剧社和西北战地服务团联合演出的《母亲》剧照

○○ 1940年，西北战地服务团演出的《雷雨》剧照

○○ 1941年年初，西北战地服务团演出的《复活》剧照

的旧中国，一场暴风骤雨般的变革正在酝酿着。

翌年初，西北战地服务团演出了根据列夫·托尔斯泰原著改编的苏联话剧《复活》。该剧通过贵族青年聂赫留朵夫诱奸姑母家女仆卡秋莎·玛斯洛娃，最终导致她沦为妓女；而当她被诬谋财害命时，他却以陪审员身份出庭。该剧对资本主义制度做了深刻的批判。抗敌剧社演出了曹禺的另一著名话剧《日出》。该剧描写交际花陈白露整日沉迷在纸醉金迷的生活中，因看不到任何希望而选择自杀。她昔日的恋人方达生前来挽救她但未获成功。后来，方达生满怀信心地迎着日出而去，预示要与黑暗势力抗争到底。同年，抗敌剧社在晋察冀边区第二届艺术节上演出集体创作、刘萧芜执笔的描写塞外地区斗争生活的多幕剧《溪涧与洪流》（又名《铁牛与黑妞》）。他们还在大街上演出了据德国作家歌德的长篇小说《威廉·迈斯特的学习时代》改编而成的《放下你的鞭子》的街头剧。该剧讲述从东北沦陷区逃出来的

○○ 1941年年初，抗敌剧社演出的《日出》剧照，吴棣饰小东西

○○ 1941年，抗敌剧社在晋察冀边区第二届艺术节上演出的《溪涧与洪流》剧照

一对父女，在抗战期间，以耍把式卖唱为生。一日，女儿香姐正要提嗓娱宾，却因饥饿难熬，晕倒在地，老父举鞭便打。观众中一名青年工人大声高呼："放下你的鞭子！"夺下了老父的鞭子，并加以指责。老父和香姐诉说了日寇侵华、家乡沦陷、被迫流亡等辛酸经历。该剧深刻地揭露并批判了蒋介石的不抵抗政策，激起了广大群众抗日救国的热情。

1942年，在华"反战同盟支部"的日本朋友面对日寇的侵略行为，异常愤慨，演出了赞美八路军、中国老百姓发扬人道主义精神救助日本伤员的戏。

1944年夏天，抗敌剧社儿童演剧队，在边区政府于阜平城召开的群众大会上，演出邢野编剧、劫夫作曲的小歌剧《问路》，华江饰小芒子，田华饰区干部。该剧以问答对唱的形

○○ 1941年，抗敌剧社郑红羽、胡朋演出《放下你的鞭子》街头剧（赵烈 摄）

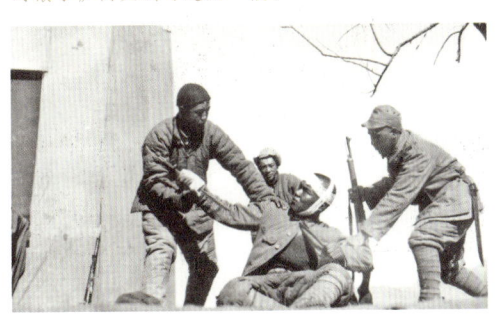

○○ 1942年，在华"反战同盟支部"的日本朋友在演戏

式，用老百姓平常耳熟能详的《小放牛》曲调，讲述了手持红缨枪在村口站岗放哨的晋察冀边区儿童团员小芒子严肃认真地盘查过往人员，没有路条一律不允许通过的事件。一位假装未带路条的区干部特意询问小芒子对当前政治形势、对边区大生产运动的意见并得到满意的回答后，区干部把路条交出，并

○○ 1939年，抗敌剧社儿童演剧队全体人员合影（最后居中者为队长郑红羽，第二排左二为田华）

邀小芒子一起去参加会议。该剧塑造了一位聪慧机智的少年英雄形象，对在村里参加站岗放哨的儿童们和学生们极具教育意义。观众看了演出后，反响巨大。

同年11月7日，为纪念苏联十月革命二十七周年，抗敌剧社演出西蒙诺夫创作的苏联话剧《俄罗斯人》，歌颂了经受战争考验的苏联人民的精神力量。

1945年8月23日，拨云见日，张家口获得第一次解放；同年9月2日，古城宣化也获得首次解放；随后，张家口周围各县也都先后获得解放。张家口遂成为边区首府，延安一大批文化艺术界名人与晋察冀文化艺术界名人大聚于此，开创了灿烂辉煌的张家口革命文化。新建立的察哈尔省人民政府设在宣化。郭汉城先生当时随军进驻宣化。

华北联大文工团和抗敌剧社，在张家口人民剧院联合演出大型歌剧《白毛女》。此剧由延安鲁迅艺术学院集体创作，贺敬之、丁毅执笔，马可、张鲁、瞿维等作曲。这部曾在延安向党的"七大"献礼的剧目，反映的是"旧社会把人逼成'鬼'，新社会把'鬼'变成人"的事实。它一经上演，就盛况空前，引得全市人民争先恐后地前来观看，引起了很大的轰动。尽管日夜两场，连续演了半个多月，一直演到1946年元旦，还未满足人民的需要。这是为什么？不仅是因为它取材于河北省唐县和阜平县交界处深山中一个"白毛仙姑"的民间传说，本地区观众看了，觉得就是演他们身

○○ 1944年11月7日，抗敌剧社演出《俄罗斯人》的剧照

边所发生的事,感到非常亲切;而且从这个活生生的事件中,通过恶霸地主黄世仁催租逼债,逼死杨白劳,抢霸民女,将纯洁无辜的喜儿摧残成似人非人、似鬼非鬼的白毛女等事件,唤起了军民的猛然觉醒和强烈反抗,揭示了作品的主题——民主革命时期中国亟须解决的土地问题:中国广大

○○ 1946年1月,华北联大文工团、抗敌剧社在张家口人民剧院联合演出的《白毛女》剧照(沙飞 摄)

农民受苦遭难,归根结底是由于没有土地和民主政权。本剧深刻地反映了当时中国农村地主与农民的尖锐冲突,展示了有压迫必有反抗的历史必然,从而使人们明确地认识到了农民要翻身求解放,只有在共产党领导下,彻底铲除封建土地私有制,建立和巩固人民民主政权才能行的道理。

1946年元旦过后不久,抗敌剧社在张家口人民剧院上演了由丁里创作,汪洋、丁里导演的三幕八场大型话剧《子弟兵和老百姓》。这部戏反映的是晋察冀革命根据地河北省阜平县秋季反扫荡的事,表现了军民在共同抗日的战火中结下了鱼水深情,赞扬了军民不屈不挠的斗争意志。

1946年,郭汉城先生在春节期间,在宣化街头观看了由张学新编写的秧歌活报剧《粉碎敌伪顽合流》。该剧讲的是国民党反动派得意忘形,利用日军,改编伪军,把汉奸封为总司令,正当他们念着"咱们共同来反共,一块镇压老百姓,日本、汉奸、顽固派,咱们就是一家人"向解放区进攻时,八路军、老百姓从天而降,痛歼敌、伪、顽,一举粉碎了敌人的阴谋。最后,群众高唱战斗之歌,锣鼓喧天,载歌载舞,欢庆胜利。演出受到当地人民的热烈欢迎。

元宵节过后,已是3月份了,抗敌剧社又排演了大型话剧《戎冠秀》。此剧是胡可根据河北省平山县拥军模范、子弟兵的母亲戎冠秀的感人事迹编写的,由杜烽导演,胡朋饰戎冠秀。

上述三个大戏,从1946年元旦前夕开始,一直连演了两个多月,场场观众满堂,深受人们的喜爱。

郭汉城先生在这期间，或者自己单独去看这几部戏，或者带上学生一同去看。每看一次，他的视觉和心灵都受到深深的冲击和震撼。他陶醉其中，真切地感受到戏剧的无穷魅力，他真切地意识到戏剧确实能铸造人的灵魂。对此，郭汉城先生还举了几个活生生的事例：

郭兰英是当时在张家口同德戏院唱晋剧的名角儿。一天晚上，她在新新剧院排演的大轴戏码是《血手印》，她饰王桂英。但当她得知当晚在解放桥的人民剧院要演出新歌剧《白毛女》时，就背着师娘偷偷地跑去观看，几乎误了自己当晚要演出的旧剧。

因为《白毛女》是反映当时的现实生活的，以至一位战士看到最后一场，群众斗争由陈强扮演的黄世仁时，恨得他咬牙切齿，端起枪要拉拴打死他，幸亏有首长眼疾手快，立即制止了他，并说明这是在演戏。当陈强在街上行走时，小孩们因从戏中认识了他，边扔石子打他，边连喊"打坏蛋！打坏蛋"！郭兰英就是因为看了此戏，觉得白毛女与自己受压迫受剥削的身世有相似之处，继而离开戏曲团加入了华北联大文工团，参加了革命工作。

看了《子弟兵和老百姓》的演出后，当时晋察冀边区到处传唱着此剧的主题曲：

○○ 1946年1月，抗敌剧社在张家口演出的《子弟兵和老百姓》剧照

子弟兵和老百姓，

咱们是一家人，

嗨哟，咱们是一家人。

打鬼子保家乡，

咱们要一条心，

嗨哟，咱们要一条心哪，

才能够打得赢哪！

此剧的演出，更拉近了军民"一家人"的关系，正是"军民团结如一人，试看天下谁能敌！"的生动诠释。该剧"是解放区戏剧创作中很有代表性的一部作品"。①

看了话剧《戎冠秀》后，很多妇女都自觉地向戎冠秀学习，既做好了子弟兵的母亲，又全力参加大生产运动。

上述"新剧运动的勃起，也给张家口的旧剧艺术带来了根本性的转机。党和边区政府从党、政、军有关部门，增调了一批革命文艺工作者到旧剧界，和广大戏曲艺人一起进行旧剧改革工作。其中就有贾克、何迟、刘流、王久晨、朱叶、羽山、古立高等同志。沙可夫、丁玲、周巍峙、张庚、郭汉城、王昆等同志，也从中给予了指导和帮助。市委宣传部设有戏剧工作委员会，在该委员会直接领导下，1945年9、10月间，建立了旧剧联合会。旧剧联合会下设五个分会，分别在庆丰戏院、裕民戏院、同德戏院以及涿鹿、张北等处演出。主要剧种有晋剧、京剧、评剧"。

令郭汉城先生至今记忆犹新的是，当时戏曲现代戏也别开生面，为旧剧艺术的新生做出了榜样。他在看了晋剧移植的由马健翎编剧的

○○ 1946年演出的《戎冠秀》剧照

---

① 胡可：《胡可论剧》，中国戏剧出版社，1985年，第267页。

秦腔现代戏《血泪仇》之后，思想触动甚大。情况是这样的：

新成立的旧剧联合会第二分会，由"九岁红"崔德旺任主任，指导干部是抗敌剧社的王久晨同志，起初地址设在张家口东山坡工人俱乐部。初次解放张家口时，艺人的思想觉悟还

○○在《翠屏山》中饰潘巧云的郭兰英（左）

不怎么高，有的人由于受日军、汉奸的奴役，满脑子封建思想，再加上北平、大同、绥远还被国民党反动派占领着，所以特务常到张家口暗地捣乱，艺人们对演出反映抗战的现代戏也有顾虑。在党的文艺干部的协助下，二分会接受了排演延安文艺座谈会后最早显现出成绩的大型剧目《血泪仇》的任务。

一日，上演《血泪仇》的消息传到郭汉城先生耳中，他不由得喜出望外。虽然他曾一度认为戏曲是落后不进步的艺术，但他在根据地看了那么多话剧等剧目，勾起了他对戏曲的回忆。此时，他仿佛又回到了儿时，内心充满了在家乡观看绍剧《散潼关》等剧时，等待看戏时的那种盼望、激动的情绪。该剧由名角"豹子黑"杨胜鹏饰区委书记，崔德旺饰王仁厚。

演出开始后，台下坐满了老百姓，大家都静悄悄地观看。此剧剧情为，抗战时河南农民王仁厚一家六口逃往陕西度荒，行到中途，儿子王东才被国民党军队抓了壮丁。王仁厚无奈，领全家夜宿龙王庙。不料夜半，国民党军队入庙寻衅，抓走儿媳并将她奸污。儿媳自尽，妻子气得撞墙而死。王仁厚只好掩埋了妻子、儿媳的尸体，携女儿王桂花、孙子王狗娃投奔陕甘宁边区，方得安居下来。这时的王东才被迫潜入解放区投毒，竟毒死亲子狗娃。这致使他愧恨交集，决意参加八路军杀敌报仇。

当剧情演到王桂花在边区的安定生活时，她唱道：

王桂花在室中正在纺线，
只觉得一阵阵好不喜欢，
来边区还不过六月半载，

  我一家三口人有了吃穿。

  ……

  此时，看戏的郭汉城先生已感动得热泪盈眶，而坐在他身旁的一位妇女也在默默掉泪。

  这是让郭汉城先生感受到戏曲现代戏艺术魅力的第一次。他开始对戏曲恢复了好感，这戏改变了他对戏曲"封建、落后"的陈腐看法，使他产生了"与现实生活紧密结合的新戏曲或许是戏曲艺术发展的一个方向"的观点。

入党

  1943年，由冯纪汉、王毅介绍，郭汉城加入了中国共产党。他在鲜红的党旗下，举起右手，庄严而神圣地宣读党在抗日战争时期的红色誓词："我志愿加入中国共产党，坚持执行党的纪律，不怕困难，不怕牺牲，为共产主义事业奋斗到底。"

  此时此刻，郭汉城心潮澎湃、豪情满怀，党吸纳了他，他的内心充满了荣誉感和使命感。他对党的信仰坚定，他认定了共产党是人民的大救星；他决心要信守诺言，把入党誓言永远牢记心间并认真践行；他要继续坚守以革命的世界观、人生观，努力为人民谋利益的强烈信念，不畏任何艰难险阻，为宏伟壮丽的共产主义事业而奋斗终生。

  此后，他如饥似渴地努力学习，认真阅读当时能找得到的各种有关马列主义的著作。在笔记本的扉页上，他以醒目的毛笔字录下了马克思的箴言"真理占有我，而不是我占有真理"以激励自己不断前行。

  1943年深秋，在用麻纸印刷的《晋察冀日报》上，郭汉城欣喜地首次读到了毛泽东同志于1942年5月2日至23日，在延安文艺界召开的文艺座谈会上的两次讲话全文《在延安文艺座谈会上的讲话》（以下简称《讲话》）。这一著名的光辉文献，使他豁然开朗，明白了很多过去自己想不通的道理。在这篇讲话中，毛泽东同志运用马列主义的放之四海而皆准的普遍原理，总结了1919年五四运动以来我国文艺运动的经验，提出了建设无产阶级文艺的基本理论，为我们党制定了一条无产阶级文艺路线。《讲话》从我们的文艺是为什么人服务这一根本问题出发，谈到了文艺与政治的关系、文艺的源和流的关系（自古以来，人民群众火热的斗争生活就是文艺取之不尽、用之不竭的源泉）、普及和提高的关系（我们的文艺是普及基础上的提高，提高指导下的普及）以及文艺批评的标准、文艺界的统一战线（目前的任务均统一在共同抗日的总目标之下，各民主党派联合起来）等许多重大问题。《讲话》将现代文学运动推向了一个新的阶段。

随后，郭汉城又从本年11月8日的《解放日报》上，读了中宣部11月7日做出的《中共中央宣传部关于执行党的文艺政策的决定》。决定说："毛泽东同志《在延安文艺座谈会上的讲话》规定了党对现阶段中国文艺运动的基本方向。全党都应该研究这个文件，以便对于文艺的理论与实际问题获得一致的正确的认识，纠正过去各种错误的认识。……使文艺更好地服务于民族与人民的解放事业，并使文艺事业本身得到更好的发展。"郭汉城下定决心，要好好地钻研、领会《讲话》的精神，好不折不扣地按照《讲话》的精神去办。

1944年7月，抗日战争时期的第一部《毛泽东选集》出版。该书由位于河北省阜平县马兰村的晋察冀日报社印刷厂印刷，编辑出版人邓拓。邓拓当时任晋察冀日报社社长、编辑。该书的出版轰动了晋察冀边区和其他根据地，一时间，此书成了革命同志间互赠的珍贵礼物。郭汉城"近水楼台"先得此书。

《毛泽东选集》编入毛泽东同志从抗日以来到当年所写的二十九篇著作，包括《湖南农民运动考察报告》《中国共产党红四军第九次代表大会决议案》，以及1937年5月在延安召开的全国代表会议的报告和结论。郭汉城夜以继日、爱不释手地研读此书。

读书使他对毛泽东思想有了进一步的认识，并将此认识化为他今后革命行动的指南。

成家

韩建民，生于1926年3月10日，河北省玉田县（原蓟县）丁字街人。她本是大户人家的幺女，原名苏莲琴，因拜认了村里教私塾的韩先生之妻为干娘，遂改姓为韩。1945年，她十九岁，出脱成了一位水灵灵的大姑娘。因在日战区，常受日本

○○ 郭汉城与夫人韩建民（右）合影

鬼子与汉奸特务的骚扰，有的汉奸特务甚至想娶她为妻，于是她毅然决然地离开家乡，投奔解放区，来到涞源的冀察中学（培养革命干部的学校）学习，走上了革命的道路。填表时改名韩建民。

1945年9月2日，河北省宣化首次解放，郭汉城与韩建民都随部队来到这里。俗话说，男大当婚，女大当嫁。郭汉城与韩建民一见钟情，二人自由恋爱，很快就结为伉俪。从此，郭汉城有了终身的革命伴侣。韩建民搞财会工作，郭汉城搞戏曲工作，二人相濡以沫、相敬如宾，在六十多年的岁月中，共同经历了各种各样的艰难困苦，始终不离不弃、相伴相依，直至韩建民于2011年6月4日寿终正寝，享年八十五岁。

郭汉城家如今已是四世同堂——二十多人的和谐大家庭。在漫长的岁月中，郭汉城与韩建民共生养了五个子女。1947年生长子郭江（2013年去世），1949年生长女郭晓苏，1951年生次子郭晓亮，1953年生三子郭晴，1954年生四子郭海。

韩建民除完成自己的本职工作外，把剩余精力都用在了支持郭汉城所钟爱的戏曲事业和支撑家庭生活，以及对世人的扶危济贫上面。因而1996年郭汉城在《浣溪沙·金婚赠》（词二首）中写道：

一

淡淡春风寂寂枝，布衣粗饰自芳姿，欲言不语惹人思。　感恨江南春草绿，黍离蓟北柳如丝，连天烽火识卿时。

二

五十征程并辔驰，关山艰阻两心知，风风雨雨赖扶持。　岁月催人人忽老，身边儿女鬓边丝，灯前缝补夜迟迟。

○○ 韩建民书郭汉城诗《浣溪沙·金婚赠》（二首）

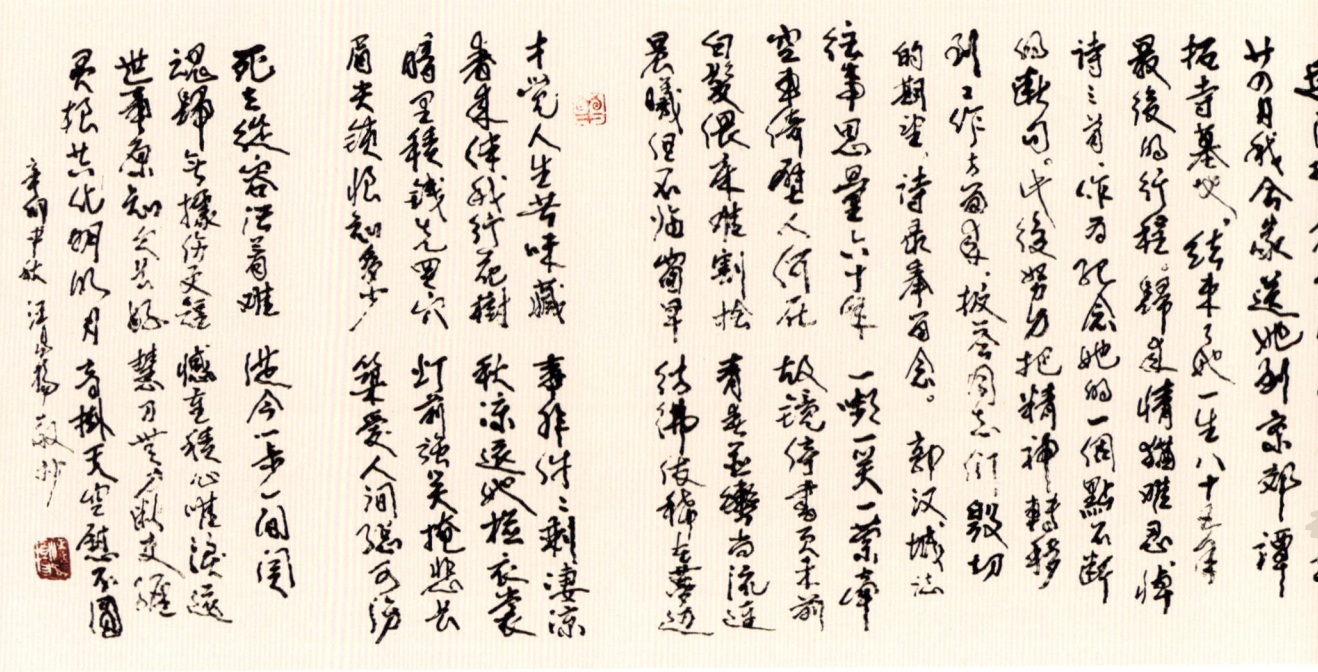

○○ 汪易扬书郭汉城《悼亡爱妻》（诗三首）

韩建民在《一别永别》的遗言中说："我们的一生，有忧患也有欢乐，有风雨也有阳光。路同行，生同心，死同穴。"充分表达了二人生死与共的革命感情。

韩建民作古后，合家无比悲痛，将她送往京郊墓地后，郭汉城先生情犹难忍，于是作悼诗三首，以寄托他的哀思。

悼亡爱妻（三首）

往事思量六十年，一颦一笑一萦牵。
空车倚壁人何在？故镜停书页未前。
白发偎床难割舍，青春并辔尚流连。
晨曦但不临窗早，仿佛依稀在梦边。

才觉人生苦味藏，事非件件剩凄凉。
春来伴我行花树，秋冷还她检衣裳。
暗里积钱先买穴，灯前强笑掩悲长。

眉间锁恨知多少，筑爱人间总可伤。

死去从容活着难，从今一步一间关。
魂归无据伤更短，憾重积心唯泪还。
世事原知欠长好，慧刀无力断交缠。
灵根共化明明水，长照天空慰不圆。

如今，培养抚育"希望工程"的重担已落在了郭汉城的肩上。他在期颐之年，子孙绕膝其乐融融之时，抚今追昔，不禁想起了与妻2010年共同培育重外孙女舒华的点滴：

拟满江红·舒华

天上掉下，一颗星、落在我家。正逢时，门里掌珍，门外娇花。童眸无尘看世界，春风著意护新芽。况老去、年来欢乐少，仗丫丫。　　纵情笑，珠沙沙。稚幻想，脸绽霞。没商量，桌上酣舞，室里飞车。琴音才落催叫好，掌声不到喊罚罚！念老夫、一生苦拘谨，由著她。

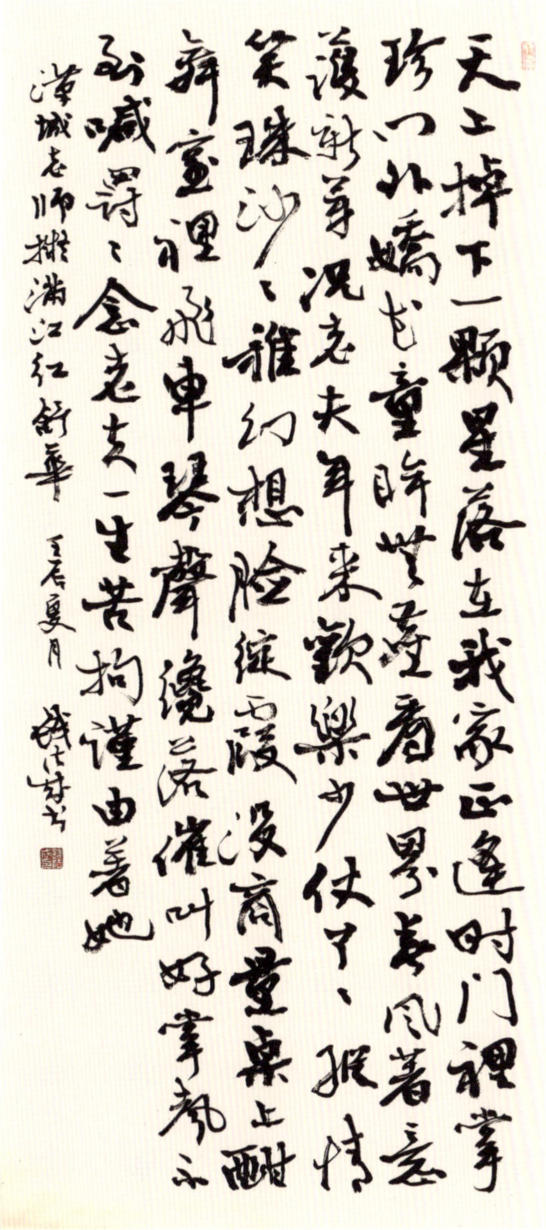

1945年10月11日，八路军实行战略转移，撤离张家口，郭汉城先生随之来到了涞源。

○○ 钱法成书郭汉城诗《拟满江红·舒华》

○○ 郭汉城为舒扬书《雨中荷》

新中国成立后，郭汉城先生步入梨园，他一方面从事戏曲改革工作，一方面进行戏曲学术研究。在"十年浩劫"中，由于众所周知的原因，上述工作受阻，他只好以诗词来言志；新时期以来，在宽松的大好环境下，他心情舒畅，重操旧业，奋力治学，为人民工作，终于硕果累累，成为前海学派的创始人之一。以上人生轨迹及所取得的学术成果，将在下文中详述。

梨园"戏改"任艰难

转入剧界搞"三改"

1948年12月24日,张家口宣告彻底解放。郭汉城先生随军进驻张家口。翌年3月,中共七届二中全会在河北省平山县的西柏坡村举行。在这中国革命即将取得全国胜利的前夜,毛泽东同志在会上及时提醒全党同志"务必使同志们继续地保持谦虚谨慎不骄不躁的作风,务必使同志们继续地保持艰苦奋斗的作风",要践行进京"赶考"的精神。郭汉城先生认真学习了这一指示。10月1日,中华人民共和国成立,开辟了中国历史的新纪元。

毛泽东文艺思想的确立

新中国成立伊始,百废待兴,在转向经济建设和文化建设的伟大实践中,党和人民政府吸取革命根据地的戏曲工作经验,进行戏曲改革,号召戏曲艺人为新中国的戏曲事业贡献才能。与此同时,被选派的带着炮火硝烟的新文艺工作者,作为戏曲改革干部,走进了戏曲团体的大门。

新文艺工作者,系指五四新文化运动以来成长起来的绝大多数经过抗日战争、解放战争锻炼,于新中国成立初期投身于革命文艺事业的青年。之所以被视

○○ 1948年12月24日,张家口第二次解放后,郭汉城(右一)与周力(右二,后任察哈尔省张家口戏剧学校校长)、高帆(右三,摄影家,后任晋冀鲁豫军区《人民画报》主编,中国摄影家协会主席)、蔡其矫(右四,抗敌剧社编剧、诗人)合影

为"新",主要在于他们思想上比较解放,追求进步,参加了革命文艺工作,经过思想改造,树立了为人民服务的人生观,明确了文艺为工农兵服务的方向。他们与艺人相结合,依靠艺人进行戏曲改革工作,为发展戏曲事业,做出了不可磨灭的贡献。

1950年11月,文化部召开了全国戏曲工作会议。这是关于开展戏曲改革工作的动员大会,也是研讨戏曲改革工作政策方针的会议,会期十余日。与会者有戏曲干部与名老艺人,会议使他们的思想进一步得到解放。

戏曲工作者进行"三改"

1951年4月3日,中国戏曲研究院成立。毛泽东主席为该院题词"百花齐放,推陈出新"。周恩来同志题词"重视与改造、团结与教育,二者不可缺一"。同年5月5日,中央人民政府政务院发布了由周恩来总理签发的《关于戏曲改革工作的指示》(习称《"五五"指示》)。这是"百花齐放,推陈出新"方针的具体化指导意见,其中心内容是所谓"三改",即"改戏、改人、改制"。

《关于戏曲改革工作的指示》指出,"戏曲应以发扬人民新的爱国主义精神,鼓舞人民在革命斗争与生产劳动中的英雄主义为首要任务。凡宣传反抗侵

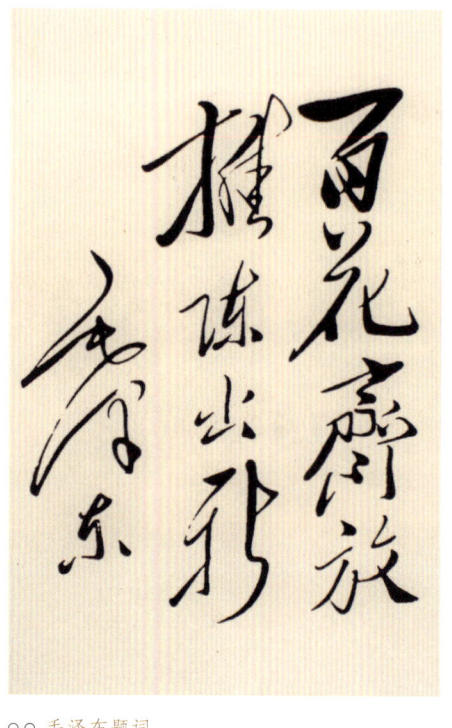

○○ 毛泽东题词

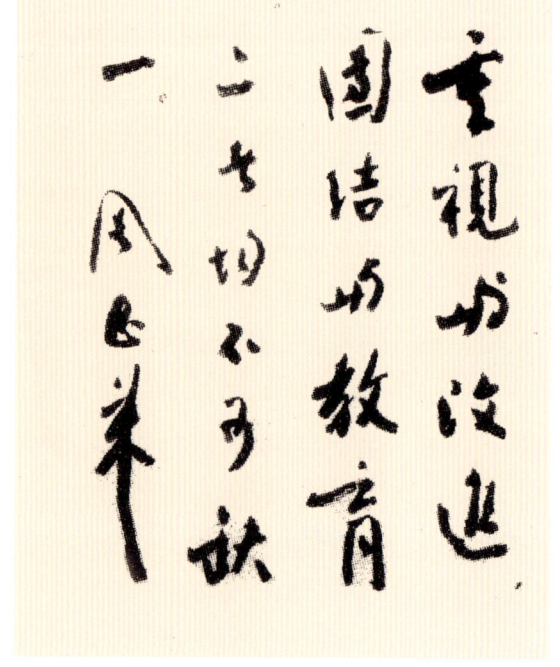

○○ 周恩来题词

略、反抗压迫、爱祖国、爱自由、爱劳动、表扬人民正义及其善良性格的戏曲应予以鼓励和推广；反之，凡鼓吹封建奴隶道德、鼓吹野蛮恐怖或猥亵淫毒行为、丑化与侮辱劳动人民的戏曲应加以反对。各地文教机关必须根据上述标准对上演剧目负责进行审查，不应放任自流，而应采取积极改革的方针"，它强调"对人民有重要毒害的戏曲必须禁演者，应由中央文化部统一处理，各地不得擅自禁演"，提出"目前戏曲改革工作应以主要力量审定流行最广的旧有剧目，对其中的不良内容和不良表演方法进行必要的和适当的修改"，"中国戏曲种类极为丰富，应普遍地加以采用、改造与发展，鼓励各种戏曲形式的自由竞赛，促成戏曲艺术的'百花齐放'"，"今后各地戏曲改进工作应以对当地群众影响最大的剧种为主要改革与发展对象"，"戏曲艺人在娱乐与教育人民的事业上负有重大责任，应在政治、文化及业务上加强学习，提高自己"，"旧戏班社中的某些不合理制度，如旧徒弟制、养女制、'经励科'制度等，严重地侵害人权与艺人福利，应有步骤地加以改革，这种改革必须主要依靠艺人群众的自觉自愿"。党对戏曲工作的方针与指导，使全国戏曲改革工作迈开了新的步伐。

"三改"内容中首先实行的是"改制"，即改革旧戏班班社的体制中极其不合理的规章制度，将戏班的班主私有制，有的改为民营公助和集体所有制，或称之为"共和制"；有的改为全民所有制。剧团内组织机构也随之按新文艺团体设置，例如，剧务股、总务股、演员队、乐队、舞美队等；旧班规当然一律取消，而代之以革命纪律与规章制度；建立导演制，废除师徒打骂制等等。

郭汉城随部队进入张家口。一进城，察哈尔省军管会就成立了由李春甫、翟翼等同志组成的文化接管小组，接管了庆丰、裕民、新新等戏院，在第一次解放期间已有的基础上，恢复组建了戏院和剧团基本在一起的五个旧剧联合会：第一分会设在庆丰戏院，第二分会设在新新戏院，第三分会设在裕民戏院，第四分会设在宣化，第五分会是由天津回来的李兴武（负责）、李素英等同志组成。

旧剧联合会的艺人们以民主的方式，统一进行各分会的经营管理，对团结艺人，改进戏曲工作，起到了很大的作用。

"改制"的典型例子是，当时张家口新新戏院的班主赵步桥，原是武行出身，后来成了戏霸，欺压艺人，思想反动，又有人命血债，经过公审，依法处决。

1949年11月旧剧联合会第一分会和第二分会合并，建立了张家口市实验京剧团。此后，在三、四、五分会的基础上，加上原宣化市的晋风剧社，相继建立了张家口市晋剧一、二、三团。这些团当时皆属集体所有制单位。

出于戏曲改革工作的需要，察哈尔省军管会文化接管组对内改称戏曲改进委员会。1950年，又成立了察哈尔省文教厅文化处，郭汉城先生任副处长。下设戏曲科，具体负责戏曲的管理工作。1951年，文教分开。郭汉城先生任察哈尔省人民政府文化局副局长兼察哈尔省文学艺术界联合会主任。张家口当时为察哈尔省省会，今张家口所辖各县区均在原察哈尔省境内。这样，在党和人民政府文化主管部门的领导下，由郭汉城先生主抓，察哈尔省的戏改工作就逐步深入了。

关于艺术教育。新中国成立初，废除了旧的科班制度，使艺术教育有了新的发展。当时，各剧团培养接班人的方法有二：一是各团扩大编制，从社会上招收学员随团培养；二是建立戏曲学校进行专门培训，或是开办青年演员进修班进行短期培训。

1952年，察哈尔省成立了少年晋剧团，实为戏校。戏曲学校设立，剧团招收学员，均革除了旧科班或旧戏班教育的弊端。一是废除了旧社会进科班犹如坐大狱的打骂制度，建立了民主制度。这是一件破天荒的大事，通过学习，使教师们认识了打骂是无能的表现，有本事则不用靠鞭子，靠启发、靠学生自觉，也能教好学生。学校和剧团旗帜鲜明地提出了要尊师爱生——学生要尊敬老师，教师则不打不骂、不损人、不讽刺、不挖苦、不体罚学生。二是学生在校、在团期间，除学习专业课外，还要学习艺德课、文化课，以成为全面发展的人才，而不是像旧社会那样，走光学业务、不学文化的老路。

地方戏专业学校的出现，结束了旧戏班子过去主要依靠艺人私授、子弟班培养的历史。后来，各戏校、剧团培养的学员，多数成了各专业表演团体的业务骨干。

"改人"，是帮助艺人改造思想，提高政治觉悟和文化水平。其指导思想是"团结、教育、改造"。共产党和人民政府既改变了艺人的社会地位，使他们由过去的"戏子"，上升为革命的文艺工作者、人类灵魂的工程师，并参与了管理国家的工作，参与了国家大事的商讨。如张家口的艺人"金铃黑"郭寿山，于1950年被聘为察哈尔省第一届各界人民代表会议代表。与此同时，也改变了艺人的待遇。艺人过去的下处一般是破庙，或破窑，如今起码要住像样的民房。又改变了艺人的服务对象。过去是为庙会、神仙服务，虽有满场观众，开戏之前，必先敬神；而今是真正为人民服务。通过开会学政治和组织戏曲讲习班——张家口于1950年就分别组织了第一期与第二期戏曲讲习班，使艺人们清楚地认识到戏曲事业是我们革命事业中一个不可缺少的环节，戏曲在人民群众中有深厚的影响，戏曲工作者在娱乐和教育人民的方面上负有的重大责任，使他们树立了主人翁思想，确立了为人民服务的观点，以逐步克服旧思想、旧习气，沿着文艺为工农兵服务的方向奋勇前进。这就涉及了尽量铲除旧社会演员恶习的问题。比如要将名角儿与小演员一视同仁,号召他们互相团结,为共同的事业而奋斗。具体来说,就是名角儿不能再欺负小演员,而小演员也不能明害不了名角儿我暗害你,一定要杜绝这种旧社会的坏现象重演。

党和人民政府还禁止赌博,提倡艺人们学文化,进行扫文盲、扫谱盲活动。另外,有些艺人还有一个特殊问题:吸毒。由于旧戏班台口赶得紧,每日三开戏,超负荷的运转,使他们的身体往往无力可支,不得已而借助鸦片提神,久吸成瘾,欲罢不能。在新团体中,一面对这些染毒艺人进行思想教育,提高他们的觉悟,适当采取强制措施;一面减轻他们的劳动量,照顾他们的生活,保证休息,这使绝大多数艺人很快戒掉了鸦片。只有极个别年老体弱或中毒较深者戒毒进度较慢。他们也很痛苦,最后拉出来的都是黑水,艺人称之为"换肚肠",后来也终于戒掉了。总之,所有吸毒艺人,由于整个社会环境好转,烟源断绝,最终都戒掉了毒品。

"改戏",是清除戏曲剧本和戏曲舞台上旧的有害因素,曾经历了一个漫长曲折的过程。察哈尔省的戏曲团体和艺人,在文化主管部门的领导下,遵循戏曲改革的方针,广泛开展了审定、修改戏曲旧有剧目的工作,澄清了上演剧目的混乱现象。在内容上删除了迷信、色情的曲词和情节;在剧目选择上,剔除了一些有害的剧目,如《大劈棺》《杀子报》《吉星台》《铁公鸡》等,而代之以大量健康的、有益于人民的剧目。

如张家口的晋剧团就演出了《刘胡兰》《钢铁战士》《拳打镇关西》等;为配合土地改革,他们排演了"旧社会把人逼成鬼,新社会把鬼变成人"的新歌剧《白毛女》以及《血泪仇》《生产度荒》等;为配合抗美援朝,他们演出了《汉

○○《木兰从军》中筱桂桃饰花木兰

○○《春香传·爱歌》中刘玉婵饰春香(左),王桂花饰李梦龙

城风雨》《葛嫩娘》以及《木兰从军》——晋剧皇后"筱桂桃"杨丹卿在剧中饰花木兰，给观众留下了尤为深刻的印象；为配合宣传婚姻法，他们演出了《刘巧儿》《蝶双飞》《白娘子》；为配合镇压反革命运动，他们演出了《七个小英雄》《害人道》；为配合扫除文盲运动，他们演出了《夫妻识字》（秧歌剧）。此外，他们还演出了反映朝鲜人民斗争生活的古典名剧《春香传》。这些剧目，都受到了观众的热烈欢迎。其中，由郭汉城先生于1952年改编的《蝶双飞》曾连演三百余场，轰动张家口一带。

在澄清上演剧目混乱现象的同时，郭汉城还领导当时的戏曲工作者，逐步净化了戏曲的舞台形象，基本上肃清了那种对人民的思想教育和身心健康有害的舞台形象和表演方法那些野蛮的、恐怖的、猥亵的、奴化的、侮辱自己民族的、反爱国主义的、丑恶的，诸如旦脚的跷工，台上的检场、饮场、凶杀、酷刑、走尸、甩垫子、打屁股、打赤膊、吐痰、擤鼻涕、厉魂恶鬼等一律清除，使戏曲舞台面貌有了显著的改观。

由此看来，郭汉城先生实不愧是个"老戏改"，虽然当时他所处的那个时代一去不复返了，但他给我们积累下了丰富的"戏改"经验。以上所举的一些事例，对我们目前搞戏曲现代化亦是颇有参考价值的。

择定梨园度终生

1952年10月6日至11月14日，中央文化部在北京举办了第一届全国戏曲观摩演出大会。这是亘古未有的戏曲界的一次盛会。参加会演的剧种二十三个，计有：京

○○ 刘光玉绘1952年第一届全国戏曲观摩演出大会情景之一

○○ 刘光玉绘1952年第一届全国戏曲观摩演出大会情景之二

剧、评剧、河北梆子、曲剧、晋剧、蒲剧、秦腔、眉户、豫剧、越剧、沪剧、淮剧、闽剧、江西采茶戏、汉剧、楚剧、粤剧、湘剧、常德汉剧、湖南花鼓戏、川剧、滇剧、桂剧；表演团体三十七个，参加演出的人员一千六百多名；共演出剧目八十二个，其中整理改编的传统戏六十三个，新编历史剧十一个，现代戏八个。

大会进行了评奖活动：梅兰芳、周信芳、程砚秋、袁雪芬、常香玉、王瑶卿、盖叫天获荣誉奖；京剧《雁荡山》、越剧《梁山伯与祝英台》、评剧《小女婿》、京剧《三岔口》获演出一等奖；沪剧《罗汉钱》等十八个剧目获演出二等奖；秦腔《一家人》等六个剧目获演出三等奖；丁是娥等三十四人获演员一等奖；王文娟等四十一人获演员二等奖；王银柱等四十五人获演员三等奖；于连泉等演员及编导、乐队、舞美工作者四十六人获奖状。

这次会演，自始至终是在党和人民政府的亲切关怀下进行的。毛泽东主席等中央领导人观看了演出。周恩来总理在闭幕典礼上做了重要讲话，指出"这次戏曲观摩演出大会很成功"，"是空前的胜利"。大会首次在全国人民面前展示了民族戏曲遗产的精华和新中国成立三年来，在贯彻"百花齐放、推陈出新"方针，进行戏曲改革方面的丰硕成果，以及思想艺术双丰收的景象，并为各剧种实现相互交流、自由竞赛、互相学习、共同提高，促进戏曲艺术的发展，搭建了一座很好的平台，同时也为日后戏剧艺术的发展提供了一种行之有效的方式。

郭汉城先生被察哈尔省派往大会观摩学习。他精心地品味了这次戏曲文化的饕餮盛宴，盛世盛会不由得使他惊叹；同时，也使他猛然觉醒。他深深地意识到，文化是一个国家民族生生不息的命脉，是人民的精神家园，而戏曲是中华民族传统文化的精髓。它博大精深、历史悠久，其人民性、丰富性、多样性和独创性，足以增强人民的民族自信心，因而深受人民的喜爱。再加他在十四年抗日战争、三年解放战争年代，亲身体验了戏剧对"抗日救亡""民族解放"的巨大作用，令他彻底地感悟到，身为一个中国人，如果连自己民族的戏曲文化都不热爱，怎么谈得上热爱自己的民族呢？不懂得自己民族的历史文化，怎么会知道前面的路该如何走呢？他经过反复思考，把自己过去轻视戏曲的思想一扫而光，认为"戏曲不是可有可无的东西，而是关系到我们民族光荣的问题"。固然，在其发展的过程中，难免会生出些弊端，然而"金无足赤，人无完人"，何苦像新文化运动时期的民族虚无主义者那样，总是贬低自己褒扬他人，主张全盘西化呢！殊不知，中国戏曲不同于西方话剧，是单独发展起来的，绝不能生搬硬套西方那一套，我们有自己的特色，有自己的"百花齐放，推陈出新"的发展道路可走嘛！于是，他把弘扬民族戏曲文化当成了自己责无旁贷的历史使命，择定了戏剧这一自己终身所从事的事业。半个多世纪以来，在这条战线上，他一直奋战至今。这是他人生道路上的又一次重大转折。多年后，他回忆说，他对戏曲的态度是由轻视到热爱的："中国戏曲艺术有这样一种魅力：当你还不认识它的时候，你会觉得它很粗俗；当你接触它、熟悉它的时候，你会喜欢它、迷恋它，一万头牛也拉不回来了。"①

"记得我第一次看彭俐侬同志的演出，是在1952年第一届全国戏曲观摩演出大会上，她演的正是'描容上路'。那有韵味的嗓音、优美的身段、细微的表情，揭开了一个普通妇女复杂、深邃、善良的心灵，使我受到强烈的震撼，原来戏曲中竟有这样的珍品！我那时年轻，读过几本书，自以为了不起，对'旧戏'有很深的偏见，抱着鄙夷的态度，只用'封建''落后'二词，就舒舒服服骂倒一切。其实自己对戏曲十分无知，唯其这种无知，才敢挺着胸脯目空一切地摆出一副'教师爷'的架势。今天回想起来实在是很可笑的。那次会演，对我来说的确是一剂良药，治了我

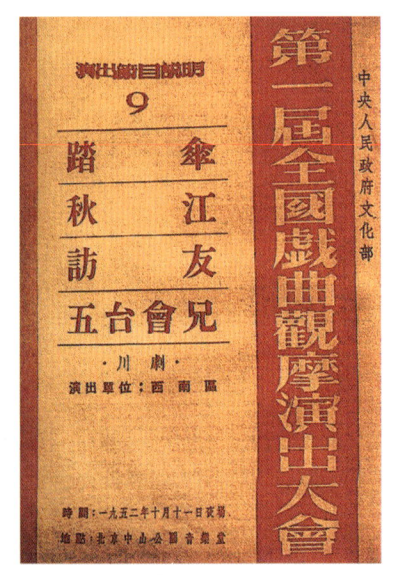

○○ 第一届全国戏曲观摩演出大会演出节目说明

---

① 郭汉城：《戏曲大师的真知——〈老两口谈戏——京昆之二〉序》，《当代戏曲发展轨迹》，文化艺术出版社，2008年，第260页。

的无知病、自大病、狂妄病。《梁山伯与祝英台》《评雪辨踪》《醉打山门》《刘海砍樵》《打金枝》《蓝桥会》《百日缘》《拾玉镯》《宇宙锋》《秋江》《思凡》《抢伞》《葛麻》和徐绍清、彭俐侬同志的《琵琶上路》等等，每一个剧目，都好像在我面前打开了一个又熟悉又新鲜的天地，使我惊奇地感受到祖国文化遗产的丰富和人民创造力的伟大。我这一生愿意为戏曲事业献身，与戏曲结下不解之缘，这是一个重要的契机或转折。至今想起，我还要衷心地感谢彭俐侬同志等优秀表演艺术家。"①

当时，郭汉城先生收集到一函中央人民政府文化部第一届全国戏曲观摩演出大会的剧本选集，内装二十九本参加会演剧本。六十多年来，他一直视若珍宝，不时地翻阅，精心地保存。在那"十年浩劫"中，害怕红卫兵抄家抄走，他将它转移到了一个安全的地方，所以至今完好无损。这些剧本及剧种、演出团体是：

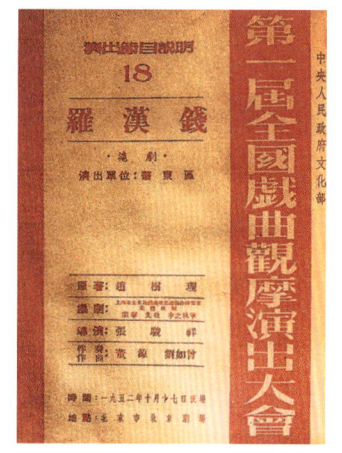

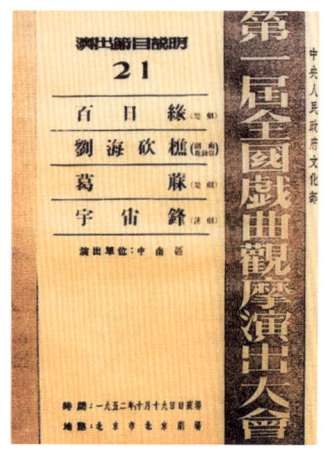

○○ 第一届全国戏曲观摩演出大会演出节目说明

《拾玉镯》，桂剧，中南代表团演出
《刘海砍樵》，湖南花鼓戏，中南代表团演出
《琵琶上路》，湘剧，中南代表团演出
《葛麻》，楚剧，中南代表团演出
《思凡》，湘剧，中南代表团演出
《宇宙锋》，汉剧，中南代表团演出
《醉打山门》，湘剧，中南代表团演出
《百日缘》，楚剧，中南代表团演出
《五台会兄》，湘剧，中南代表团演出
《表忠》，粤剧，中南代表团演出

---

① 郭汉城：《湘剧〈琵琶记〉序》，《郭汉城文集》（第二册），中国戏剧出版社，2004年，第338—339页。

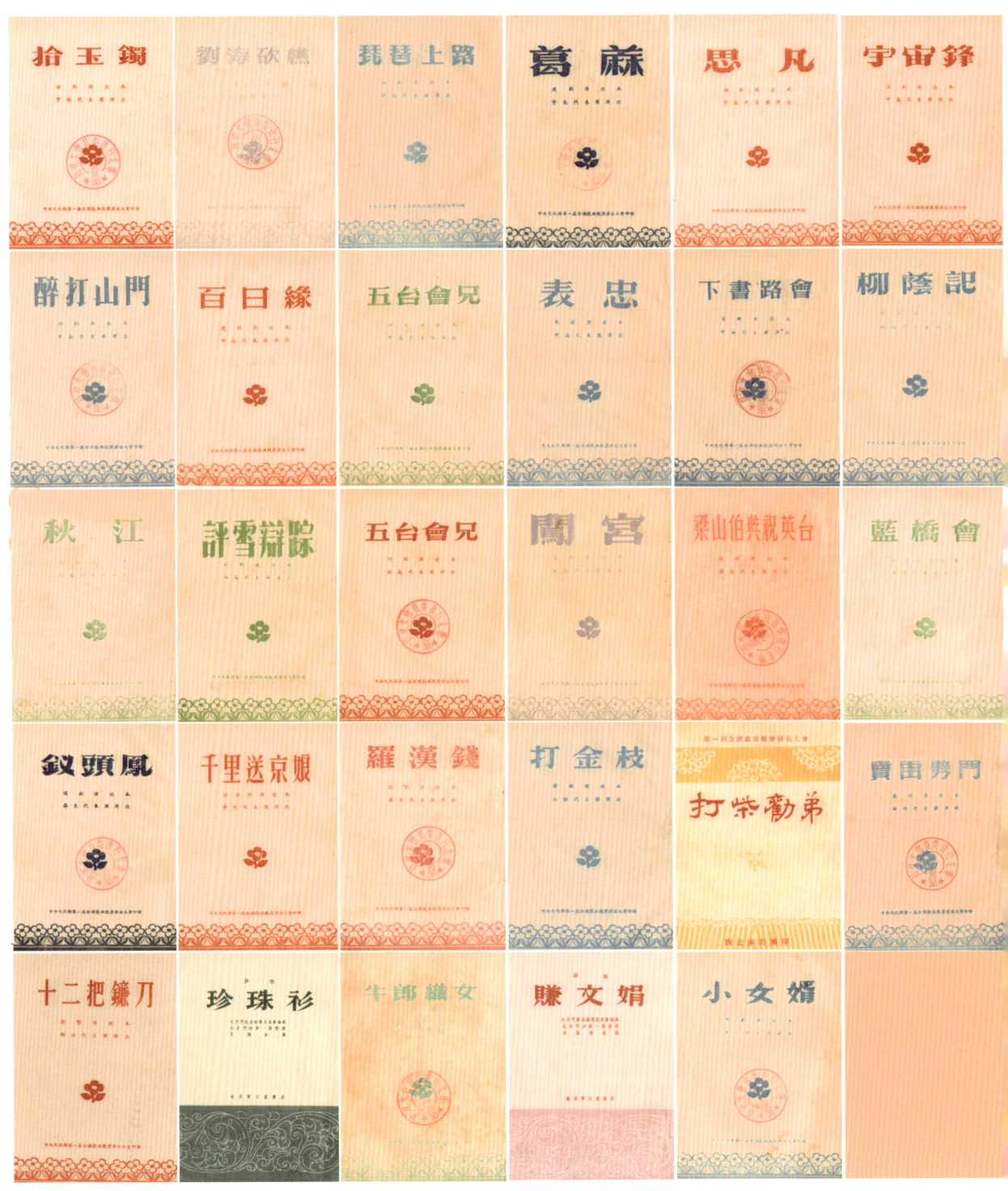

○○ 郭汉城收藏的第一届全国戏曲观摩演出大会的剧本选集中的二十九本剧本的书影

《下书路会》，汉剧，中南代表团演出

《柳荫记》，川剧，西南代表团演出

《秋江》，川剧，西南代表团演出

《评雪辨踪》，川剧，西南代表团演出

《五台会兄》，川剧，西南代表团演出

《闯宫》，滇剧，西南代表团演出

《梁山伯与祝英台》，越剧，华东代表团演出

《蓝桥会》，江淮剧，华东代表团演出

《钗头凤》，闽剧，华东代表团演出

《千里送京娘》，江淮剧，华东代表团演出

《罗汉钱》，沪剧，华东代表团演出

《打金枝》，晋剧，山西代表团演出

《打柴劝弟》，秦腔，西北代表团演出

《卖画劈门》，秦腔，西北代表团演出

《十二把镰刀》，眉户，西北代表团演出

《珍珠衫》，评剧，北京代表团演出

《牛郎织女》，评剧，北京代表团演出

《赚文娟》，评剧，北京代表团演出

《小女婿》，评剧，东北代表团演出

勤于调研得瑰宝

现代人常说："金杯银杯不如群众的口碑。"可见口碑是多么重要！在"三改"的过程中，郭汉城先生礼贤下士，深入剧团，和艺人们打成一片，促膝谈心，为日后的戏曲研究积累了不少珍贵的第一手资料。其中最珍贵的要数"五月鲜"刘明山对郭汉城先生讲述的鲜为人知的"晋剧四大名旦及其流派"的史实。

○○ 1935年，晋剧三大名旦李子健（中）、刘明山（左）、王玉山（中）在包头会晤

迄今，郭汉城先生还很清楚地记得。当时，刘明山家住张家口市小营房六号院的东房。一段时间，郭汉城像着了迷似的，一下班就到刘明山家去采访。刘明山作为当事人之一，见他如此爱听，索性就把他所知道的有关"晋剧四大名旦"的情况，像口袋里倒西瓜似的，一股脑儿给说了个一清二楚。

一打开话匣子，刘明山就开门见山地对郭汉城说："1927年，京剧选出了梅兰芳、程砚秋、尚小云、荀慧生四大名旦，六年后，到1933年，我们晋剧也选出了四大名旦——'红牡丹'李子健、'五月鲜'刘明山、'筱吉仙'张宝魁、'水上漂'王玉山。可惜这重大事件，当代的年轻人都不知道了……"

○○"红牡丹"李子健

○○李子健（右）及其妻李翠芬（左，河北梆子名角）、子李世芳（京剧"四小名旦"之首）

○○《樊江关》（《姑嫂英雄》）中李祖荫饰薛金莲

○○《二堂舍子》中刘明山饰三圣母（左）、"十二红"刘宝山饰刘彦昌

○○《劈山救母》中刘明山饰三圣母（左二）、刘宝山饰刘彦昌（左三）

○○ "筱吉仙" 张宝魁

○○《白蛇传》中张宝魁饰白素贞（左），"奴子生"温兆林饰许仙

○○《凤台关·巡营》中张宝魁饰张秀英

○○ "水上漂" 王玉山

○○《四郎探母》中王玉山饰铁镜公主

○○《百花点将·赠剑》中王玉山饰百花公主

筱派艺术嫡传人小筱桂
桃筱桂琴主工青衣兼簧
生唱做开窍交待清

癸未孟夏 郭汉城

○○ 郭汉城为筱（吉仙）派弟子筱桂琴题词

听完刘明山的讲述,郭汉城先生兴奋不已,随后命笔:

采访偶感

> 晋剧信史大事件,
> 流派纷呈促发展。
> 四大名旦系主力,
> 出自民国廿二年。

这里插一句,根据这一难得的线索以及郭汉城先生滔滔不绝的讲述,我萌生了写《晋剧四大名旦》书稿的想法。听闻我的想法后,郭汉城先生十分高兴,他叮嘱我要进行深入的调查研究,拓宽时空,将四大名旦的风采完全展现出来,并一直写到他们谢世为止,以再现他们各自的辉煌历史。我想,追根溯源,这一当今鲜为人知的史实,虽然基本上来自于老艺人刘明山之口,但却被先生精彩复述。若将这一口述历史载入史册,公之于世,其意义甚大。首先,它是一个填补空白的重要学术课题;其次,让后人了解晋剧的这段辉煌历史,可使他们以古鉴今,从中受到启迪,以更好地搞好戏曲继承、改革与创新工作;再次,通过这一举动,可以彰显郭汉城先生作为一个戏曲工作的领导者身体力行,时刻倾听从业者的声音,对戏曲史上的重大问题充满了责任心和使命感,同时也可以使读者明白,先生由新中国成立初采访晋剧四大名旦以了解其流派为发端,到新时期以来与张庚先生主编出版《中国戏曲通史》《中国戏曲通论》,这个是一脉相承的戏史研究发展轨迹,从而说明先生对戏曲史的重视是一以贯之的。

当我问先生对这个问题为什么如此重视时,先生胸有成竹地娓娓道来:"马克思主义经典作家的一贯立场,就是把历史作为认识现实的最好的老师。恩格斯认为马克思的历史理论是任何坚定不移和始终一贯的革命策略的基本条件。历史—现实—未来表现为一种内在的规律性的联系,而非外在的偶然性的联系。我们研究历史的任务是探求历史的谜底,揭示历史信息中所蕴含的本质性内容,以指导现实。所以说,历史是过去的现实,现实是未来的历史,瞻往可以察来。这就需要我们坚持以唯物史观为指导,以时代问题为导向,自觉弘扬史学的时代精神,深刻把握历史—现实—未来的内在关系,'通古今之变',以更好地完成戏曲改革的任务。"

于是,我在先生的指导下,写出了本书的副产品——《晋剧四大名旦》的书稿。

○○ 1953年8月10日，华北人民晋剧团成立，全体成员于太原海子边人民大礼堂前合影

换岗赴晋搞戏改

1953年，郭汉城先生调往天津华北行政委员会文化局，任文艺处副处长，后被派到山西，协助地方继续进行戏曲改革工作。

受华北文化局领导，其前身为太原新化晋剧团的华北人民晋剧团，驻扎在太原，其团长周力是郭汉城先生的老部下。建团伊始，郭汉城先生就给予帮助。该团组建了党支部，建立了正规的排练、演出制度，逐步克服了过去民营班社自由

○○晋昆《嫁妹》剧照。乔国瑞饰钟馗（左四）、冀萍饰钟馗妹（左二）、刘文才饰杜平（左五）

散漫的作风,加工整理了传统剧目,恢复上演了该团濒于失传的晋昆剧目《嫁妹》《草坡》《功宴》,使剧团的面貌焕然一新,转变成了新型的文艺团体。1953年10月,以该团为主组成中国人民第三次赴朝慰问团华北分团晋剧团,赴朝鲜元山、金城前线向中国人民志愿军官兵慰问演出近三个月,受到热烈欢迎。返晋后,于翌年先后排出《白蛇传》《柳毅传书》和现代戏《一个志愿军的未婚妻》,在北京、天津、石家庄及太原演出,获得领导和群众的好评。

○○《一个志愿军的未婚妻》剧照。华北人民晋剧团演出,冀萍饰赵淑华(右)、胡国安饰郑永刚

"戏改"是郭汉城先生亲身参与戏曲改革的主要活动之一。当时的具体情况是,对"戏改"工作者来说,虽有了"百花齐放,推陈出新"的科学思想来指导,但做起来却很不容易。郭汉城先生的切身体会是,有三种思想明显地妨碍"戏改"工作的正常进行。

第一种思想是,由于受新文化运动以来对传统戏曲全盘否定的民族虚无主义思想的消极负面的影响,有些知识分子认为我们民族的戏曲低级。具体体现在,当时山西把文工团改成晋剧团,一些新文艺工作者认为是把他们当成了"旧艺人"来看待;所以思想上抵触情绪很大,经过较长时间的开导,才慢慢转过弯来。

第二种思想是,由于"戏改"工作者主要是来自20世纪40年代革命根据地的新文化工作者,由农村进入城市,从"一切为了抗战"的政治思想转入和平建设时期的思想,很不适应;再加上从文工团进入戏曲剧团,对戏曲艺术不大懂行,工作方式简单粗暴,又处于领导地位,引起了剧团人员的不满,使他们之间产生了尖锐的冲突,因而伤害了部分老艺人。更为荒唐的是,由于有的领导在"戏改"中过度强调"戏曲为政治服务",在改编《苏三起解》时,竟出现了"苏三离了洪洞县,急急忙忙去生产"的笑话。

第三种思想是，新中国成立之初，不但在政治上向苏联倾倒，而且在艺术上也要以苏联为标准。于是，拿斯坦尼斯拉夫斯基体系的现实主义来套中国戏曲，觉得中国戏曲这也不行，那也不行，就来了个大砍大杀，结果把戏曲的表演程式也弄得没有了。本来程式是表演形式，而夸张性、虚拟性、程式性是中国戏曲的特点，它并不违反现实主义生活是第一的原则，你把程式砍掉了，还成什么戏曲！

还有，新文艺工作者从现实主义的观念出发，认为传统戏的脸谱、髯口、服装、动作等不符合现实生活的真实，便"改掉"了这些传统戏曲的艺术精华，结果是根本得不到观众的认可。其中，比较典型的有，一是认为演员挂"吊髯"，是"胡子长在空气里"，便勒令把它取消了；二是把戏曲原有的挂胡子改成了粘胡子。其原因是戏改干部认为挂胡子与现实生活脱节。这样，就把凝聚在作为道具的胡须上的许多戏曲表演给抹掉了，观众当然不会买账。当时，郭汉城先生对此曾提出过疑义，但未能制止。这种现象，一直到1955年东北长春电影制片厂拍摄晋剧戏曲艺术片《打金枝》时在饰唐代宗的丁果仙的装扮中还存在。再有，就是把写意布景变成了写实布景，框死了演员的表演；引进了写实化的表演，使传统戏的核心——程式和虚拟表演丧失殆尽。这些都招致了观众的极度不满。

之后，在慢慢接触传统戏曲艺术的过程中，新文艺工作者的专业水平才得以逐步提高，使他们从不懂传统戏曲艺术，到逐渐了解了戏曲艺术的特点和规律，才最终成为戏曲改革的中坚力量。

○○ 晋剧戏曲艺术片《打金枝》中丁果仙饰唐代宗，其胡子是粘在嘴上的

人生低谷信仰在

时光荏苒，风云突变。1966年，一场狂风暴雨铺天盖地而来，每个中国人都被卷入了"文化大革命"。霎时，文化部被称作"帝王将相部""才子佳人部"，造反派声称对文化部乃至整个文化系统，要"犁庭扫穴"。郭汉城先生作为文化系统的一分子，自然在劫难逃。

当时，他正在江苏扬州瓜东大队范家庄参加中国农村社会主义教育运动。一日，他接到中国戏曲研究院党委的一封信，说院里决定提拔他当副院长，要他即刻回京。他当然遵命，马上回到了北京。然而，他万万没有料到，未过几天，形势突变，他被以莫须有的"资产阶级反动学术权威"之类的罪名，送进了北京东四八条中国戏曲研究院大楼内所设的"牛棚"里，进行隔离审查。命运之神把他抛到了最惨的人生低谷。一时之间，无一人敢理他，无一人敢看他，就连他的同事与学生，也都不得不与他昧心地划清了界限，以免受到无辜的株连。

譬如，郭汉城先生在1960年，时任中国戏曲学院戏曲研究所所长兼文学系主任期间入学的学生洪毅，于1968年赴京观摩"样板戏"，正好住在母校招待所，他欲探望暌违多年的师长郭汉城，苦不得见。一天，他进食堂就餐，正好目睹郭汉城师与张庚师，还有吴祖光师都被监督劳动，在为"革命群众"洗碗、抹桌子。见状，他不禁潸然泪下，唯能做的是向师长微微点头表示慰藉。但他抑制不住自己心中的怒火，愤然跑到楼上的"造反派司令部"去申辩："郭汉城等三位先生根本就不是反革命，你们为什么要让他们劳改？"造反派不由分说，将他赶出了母校招待所，他也就再未进那令人伤心的餐厅就餐了。

在那"黑云压城城欲摧"的"文化大革命"年代，郭汉城先生虽然被扣上了"黑帮"的帽子关了起来，但他自己心里却坦然自若。他主观上觉得，平日自己是"认认真真地工作，清清白白地做人"，工作做得并不坏，不说有功劳，起码是有苦劳的，根本就不是什么反革命。因为自己是主动参加革命的，而不是抱着什么不可告人的目的——争名利、争地位、争官职——混进革命队伍中来的。他认为,从人性上来讲,自己工作中若有什么缺点,可以批评,也可以教育;但不可以用不公正的待遇来惩罚,更不可以打倒。基于这种思想认识,当1968年长子郭江、长女郭晓苏响应党的知识青年"上山下乡"的伟大号召,要去东北建设兵团锻炼,临行时去"牛棚"看望父亲时,父亲坦荡荡地告诉儿女:"你们放心地去吧!我的问题自己最清楚。我始终相信党和组织,既不会放过一个坏人,更不会冤枉一个好人。"这些诚实的表白,充分体现了一名老共产党员对党对人民的坚定信念与稳定立场。

郭汉城先生爱憎分明,在受隔离审查期间,静观事态的发展。1967年的一天,他下到中国戏曲研究院一楼,见过道墙上赫然贴着"打倒反革命、小爬虫戚本禹"的大字报,且在名字上打了红叉,并有"伟大旗手亲自从中央文革小组端出"的字样。郭汉城先生觉得真是大快人心。

他匆匆上楼拔笔,《向隅》一诗的灵感喷涌而出:

飘风飞雨日,委泥落花多。
幽女怜同命,骚人嗟奈何。
亭午皓阳出,驷马驾轻车。
扬鞭阔道远,腾蹄鸾铃和。
须臾驰天外,大地舞婆娑。
一任向隅泣,飞鞍不淹留。

他在附记中曰:"曾几何时,这个手操生杀大权、威风不可一世的'文化大革命'急先锋,一下子变成'小爬虫'……"

○○ 郭汉城在中央文化部"五七干校"时留影

1969年9月,郭汉城先生被"解放",可以回到群众中来了。他随同中国戏曲研究院全体人员被下放到了中央文化部"五七干校"进行劳动,出任三连指导员。该校的校舍曾经三迁,先在河北省怀来县的官厅水库边,后移往河北省宝坻县的泥洼里,最后迁驻至天津静海县的团泊洼。

○○ 郭汉城在河北省怀来县官厅水库留影

○○ 郭汉城（左二）被下放中央文化部"五七干校"时，手持《毛主席语录》和同学留影

这一阶段的生活，郭汉城先生认为，是让"五七"战士们通过参加劳动，改造思想，提高认识，亲身体验"悯农诗人"李绅的《锄禾》："锄禾日当午，汗滴禾下土。谁知盘中餐，粒粒皆辛苦。"通过感受劳动的艰辛，体会劳动人民的伟大，加深对劳动创造世界的重大意义的认识。所以，他总是主动地争取多参加劳动，以实际行动来表明自己愿意接受教育。

○○ 郭汉城（前排左一）与"五七干校"学员们在官厅水库留影

在官厅水库边时，"五七"战士们的住处比较高，上下坡离水库足有半里路。郭汉城先生就每天主动地挑上两只空水桶，下到坡底，担上两桶八十多斤重的水，再往回挑。起初挑到中途得歇一歇，才能把水挑上来，慢慢锻炼得一点也不歇就能把水挑上来了。

雪还未化之时，地面挺硬，需要犁地，却没有牲畜；郭汉城虽然身体不太好，可还是主动地驾辕拉犁来耕地。

之所以这样做，是因为他觉得这是通过劳动提高自己思想觉悟的好机会。这绝不是弄虚作假，专门做给别人来看的，对此他没有任何个人的功利思想。

献策戏曲现代化

新时期以来，郭汉城先生在《戏曲现代戏趋于成熟》《戏曲现代化要与时俱进——在纪念毛泽东同志〈在延安文艺座谈会上的讲话〉发表60周年暨江泽民总书记为〈中国京剧〉杂志创刊题词10周年座谈会上的发言》《战略转移：戏曲的改革与建设——在"中国戏曲现代戏优秀保留剧目学术研讨会"上的发言》等专题论述中，多次谈了戏曲的战略转移论——由改革到建设。

郭汉城先生说，实现戏曲现代化，是时代的要求，也是戏曲艺术自身发展的要求，而戏曲改革的最终目的就是实现戏曲现代化。戏曲现代化的内容包括三方面：传统剧目整理改编、创作新编古代戏、创编现代戏。其中，创编现代戏是戏曲现代化的主要标志和试金石。

对于这一判断，他是以如下三条标准来表述的：一是戏曲现代戏解决了古老民族戏曲艺术形式与现代生活之间的矛盾；二是戏曲现代戏积累了一批相当数量的、形式与内容和谐的、现代性与民族性统一的优秀剧目，其中不少还成了长期保留剧目；三是现代戏已经被广大人民群众接受和欢迎，在戏曲舞台上站稳了脚跟。他后来又说，戏曲现代戏还有一个成熟的标准，是现今很多剧种、剧团涌现出了一批非常好的现代戏演员。

对现代戏，郭汉城先生一向是热情支持与中肯分析的。在现代戏的曲折发展过程中，曾出现过"戏曲艺术表现形式和现代生活之间的矛盾"的问题。为解决这个问题，郭汉城先生曾多次在文章中、发言与讲话中提出过"现代戏四个坚持"的办法：一是坚持从生活出发解决内容和形式上的矛盾；二是要保持和发扬戏曲艺术的特点；三是坚持从本剧种出发，在本剧种的基础上搞现代戏；四是坚持韧性战斗精神，扎扎实实一步一个脚印地向前走。现代戏的质量是生命。戏曲从业人员应回归到戏曲艺术的本体中来，排除种种浮躁心理。

2001年，郭汉城先生拨冗观赏了山西临汾蒲剧院于北京演出的现代戏《土炕上的女人》后，首次提出了现代戏已经成熟的令人信服的观点。

他把现代戏的发展历程大致分为三个阶段：

第一阶段是新中国成立初期，为现代戏的探索阶段。其代表剧目是沪剧《罗汉钱》。它的特点是："总的看来，这个时期演现代戏的热情很高，但经验不足，剧种和题材范围都比较窄，尤其是一些大剧种，演现代戏困难比较大。"①

○○ 沪剧《罗汉钱》，丁是娥饰小飞娥

第二阶段是20世纪五六十年代，为现代戏的发展阶段。其代表剧目是豫剧《朝阳沟》（1958年的作品）和京剧《红灯记》（1964年的作品）。它们的特点是："这个阶段的现代戏，无论是思想上还是艺术上都比第一阶段成熟，演现代戏的剧种多了，反映生活的领域扩大了，像京剧、豫剧这类古老的大剧种都能演现代戏，大大地提高了戏曲表现现代生活的信心。古老的大剧种演现代戏困难多，但是，一旦克服了这些困难，它们的优势反而显现出来。它们的表演手段、表演方法比较丰富，表现现代生活的能力比一些年轻剧种和小剧种更强。这是现代戏从探索到进一步发展的过程中获得的一个重要经验。"

○○ 京剧《红灯记·痛说革命家史》，高玉倩饰李奶奶（右）、刘长瑜饰李铁梅

第三阶段是在改革开放以后的时期，为现代戏趋于成熟的阶段。

○○ 豫剧《朝阳沟》，常香玉饰拴宝娘（左）、魏云饰银环

---

① 郭汉城：《戏曲现代戏趋于成熟》，《当代戏曲发展轨迹》，文化艺术出版社，2008年，第70页。

○○ 京剧《骆驼祥子》，陈霖苍饰祥子

其代表剧目不胜枚举，如《四姑娘》《风流寡妇》《奇婚记》《山杠爷》《榨油坊风情》《死水微澜》《骆驼祥子》《乡里警察》《苦菜花》《石龙湾》《金子》《土炕上的女人》等。"这一时期作品的最大特点是现实主义（最本质的特征是自由与规范相结合，其外在形式是程式）的回归和深化，简单化和政治说教的倾向逐渐克服了，作品的生活基础丰厚，真实感和时代性强。像《山杠爷》《榨油坊风情》《风流寡妇》《土炕上的女人》都代表了新的时代的先进思想。在舞台艺术方面，一个显著的特点是能够比较自然地运用程式表现现代生活。比如《土炕上的女人》，演员的表演与生活好像没有太大的距离，但实际上这种表演是有程式的，不过在程式运用上达到了得心应手、不露痕迹的地步。"①

2002年，郭汉城先生扩大回顾范围，对于五十年来的戏曲改革工作进行了总结。他指出，"我有一个基本看法，戏曲改革已经胜利完成"，其主要标志是下面三点：

一、"对戏曲遗产进行了调查、研究、搜集、整理，出版了大量的戏曲图书，如各类剧种史料、传统剧目汇编、艺术家传记、名老艺人表演经验记录以及各种戏曲文物、文献资料等，数量之大，目前还无法统计。"②这个工

○○ 蒲剧《土炕上的女人》，任跟心饰杨三妞（前）、郭泽民饰木墩

---

① 郭汉城：《戏曲现代戏趋于成熟》，《当代戏曲发展轨迹》，文化艺术出版社，2008年，第270—271页。

② 同上，第274—275页。

作是在全国范围内进行的,可以说史无前例。它使我们对中国戏曲的历史、艺术规律、民族特点、审美价值等有了一个丰富的感性认识,为戏曲现代化工作打下了扎实的基础。

二、"戏曲艺术得到了空前的发展,最突出的成就是戏曲表演现代生活趋向成熟,现代戏在舞台上立住了脚跟。"经过半个世纪的努力,积累了一大批现代戏优秀剧目,其中不少已经成为长演不衰的保留剧目;观众的审美需求也出现了变化。对现代戏由不喜欢到喜欢,一个好的现代戏在农村要演出超百场,甚至超千场。这种转变来之不易,差不多经历了百多年的艰苦探索过程,从靠某种政治气氛赢得观众到靠艺术创造力量吸引观众,是它趋于成熟最重要的标志。现代戏是戏曲现代化的最后一块试金石,它预示着完成戏曲现代化任务必将成为现实。

三、"戏曲理论初步建立,理论研究队伍初步形成。"五十多年来产生了大量史、论著作,在许多方面超越了前人。研究范围扩大了,研究问题深入了,研究方向改进了。科学性也大大提高了,这是由于大量新发现资料的掌握和"辩证唯物主义和历史唯物主义"方法的运用。从长远来看,戏曲理论虽处于初步阶段,但对戏曲现代化已起到了不可估量的重大作用。因为它是在戏曲改革过程中结合实际问题发展起来的,具有很强的实践性和指导性。

上述戏曲改革取得的举世瞩目的巨大成就,是与党和人民政府所制定的一系列戏曲方针、政策——"二为"方向:文艺为社会主义服务,为人民服务;"双百"方针:百花齐放,百家争鸣;"三并举"政策:传统戏、新编历史戏与现代戏三者并举;"古为今用,洋为中用""推陈出新"等的正确贯彻和执行有着密切关系的。实践证明,这些方针、政策是我们成功地进行戏曲改革的指路明灯。

在回顾过去的基础上,郭汉城先生联系戏曲发展现状做了前瞻性的独立思考,提出了戏曲发展"两个阶段"说。他指出,"如果说,戏曲改革是戏曲现代化的第一阶段,那么戏曲建设是戏曲现代化的第二阶段。第一阶段是第二阶段的基础,第二阶段是第一阶段的延续和深化,二者不能截然分开。什么叫建设?并不是以前没有建设,而是要把工作的重点转移到基本建设方面来"。[①]由此,他鉴于第一阶段的工作已经基本完成,目前戏曲在经济全球化和市场经济的冲击下,面临种种困难和挑战,必须以与时俱进的精神,通过戏曲建设,提高自身的生存能力,改善自身的生存条件,提出了要把今后的戏曲现代化工作重点转移到第二

---

① 郭汉城:《戏曲现代化要与时俱进》,《当代戏曲发展轨迹》,文化艺术出版社,2008年,第276页。

阶段，即建设方面。至此，他的戏曲现代化战略思想已基本形成。于是，他向戏曲界发出了"战略转移"的动员令。

在谈到如何进行战略转移之前，为了实现向戏曲现代化建设阶段的顺利转移，郭汉城先生提出要解决好对戏曲的态度问题，因为它是实现战略转移的思想基础。如"戏曲落后论"思想就是最大的障碍。

针对某些人因戏曲近几年上座率下降幅度较大而持悲观态度，断言戏曲已没有前途的所谓"消亡论""夕阳论""振兴戏曲不现实论"等甚嚣尘上的言论，郭汉城先生进行了强有力的驳斥。他认为，虽然这些说法不一，但都是"戏曲落后论"这个百年话题的翻版，如果不彻底清除这种论调，它会像个幽灵一样不时冒出来，干扰戏曲的正常发展，更会毁掉戏曲战略转移的基石。他们之所以会有这样的说法，或是出于对戏曲艺术特性和独有功能的无知，或是有意贬低。他在谈论战略转移的文章中指出："我们戏曲艺术到底有些什么长处、什么特点呢？作为戏剧艺术，中、外戏剧有着共同的特点，但不同国家的戏剧又有各自的民族特点。我以为中国戏曲与外国戏剧的不同，主要表现在表演艺术方面，其最主要的特征是两个结合——体验与表现的结合、自由与规范的结合。中国戏曲不仅十分重视人物的内心，同时又十分重视人物内心的外在表现，有一整套唱、念、做、舞的表演程式和相应的技术规范，作为实现两个结合的具体手段。这是我国虚实相生、形神兼备、多点散视、时空流动等传统美学思想在戏曲艺术上的体现，是一种特殊的、全面的、完整的现实主义艺术，具有更强大的人民性。中国戏曲之所以历年而不衰，至今仍活在舞台上，有种种历史的、社会的原因，它本身这种两个结合的表演方法，能使千千万万的人民群众（包括有文化的、没有文化的）看得清，看得懂，也是一个重要的原因。"①

中国戏曲艺术产生于人民，以它独有的"歌舞演故事"（王国维语）、"戏在舞中演，情自歌中出"（郭汉城语），以它的综合性、虚拟性和程式性，源于生活而高于生活，形成了完整的中国戏曲演剧体系，在世界上独树一帜。在近千年的历史发展长河中，它保持了旺盛的生命力，是对世界文化的特殊贡献。

关于戏曲的命运，郭汉城先生回答说："戏曲的命运如何，从根本上说，取决于与人民的关系。我国戏曲……在这千来年中，从来没有割断与人民的精神

---

① 郭汉城：《战略转移：戏曲的改革与建设》，《当代戏曲发展轨迹》，文化艺术出版社，2008年，第282页。

○○ 郭汉城与同仁在一起。前排右起：冯其庸、马彦祥、郭汉城、苏一平、王朝闻、阿甲

关系，这就是它能够生存发展的最根本的原因。其间虽也遭遇过无数的困难、挫折，但并没从整体上被压倒、摧垮，而终于超越了它们继续前进，其力量也在于此。""戏曲落后论"者们"恰恰看不到体现在戏曲里面，历史形成的，与今天人民仍然息息相通的那根坚韧的精神纽带。有人说，在当今的世界，三颗卫星可以覆盖全球，谁还爱看低级的、粗糙的、只供文盲半文盲看的戏曲呢"。[1]他们也看不到，"戏曲中体现的我国美学思想和道德理想，就是这种精神联系的支柱。爱国主义、反抗压迫、舍己为人、见义勇为、忠贞不渝、尊老爱幼、乐观进取的精神以及艺术中的唯物辩证因素等，则是构成这座巨大建筑的一块块基石。它们之所以仍然被今天的人民接受，不仅因为它们在历史上原是历代人民的思想、感情的结晶，而且从现实、从社会实践意义上看，它们也有利于人民，有利于社会主义，因而为人民所需要，受人民之喜爱"。

由此看来，端正人们对戏曲的不正确态度，以热爱它、保护它、发展它的态度来正确对待它，在人民群众中，特别是青少年中，广泛而持久地开展对戏曲

---

[1] 郭汉城：《当前戏曲发展的形势》，《当代戏曲发展轨迹》，文化艺术出版社，2008年，第220、221页。

这朵民族奇葩的社会教育,增强人们对戏曲艺术特性和独有功能的认识,加大培养人们尊重并热爱戏曲艺术思想感情的力度,是我们进行戏曲战略转移的当务之急,应尽力践行。

如何来进行战略转移呢?郭汉城先生指出,在建设阶段,戏曲现代化要从四个方面加强基本建设:一是人才建设,二是剧目建设,三是理论建设,四是民间职业剧团建设。这四项建议,具有方针性、政策性、方向性和长期性,是做战略转移的重点。

对于人才建设,郭汉城先生指出:"戏曲人才是戏曲现代化的纲,纲举目张。抓住这个要领,多种矛盾才能迎刃而解。"[1]目前,戏曲整体水平不高,缺乏高、精、尖人才,必须加强人才建设,全面地培养出一支有文化、有志气、懂得和了解中外的戏曲队伍,才是完成戏曲现代化的根本保证。

作为教育家,郭汉城先生一贯十分重视立德树人的教学根本,他一直坚守的培育人才的宗旨是:"国家需要,不拘一格选人才;有教无类,是人才就不能放过。"早在抗日战争时期的晋察冀边区,他就奋战在教育战线上,为祖国培养了不少的抗日将士。新中国成立后,他转入戏曲战线,从1955年开始,分别在四届戏曲演员讲习班、1960年的中国戏曲学院文学系、1983年的戏曲理论研究班授课。经他直接培育、教诲的学生数以百计,其中不乏硕士、博士等高级研究人才。那些通过通信和谈心等方式,受他扶植、指导的编剧、导演和演员以及戏曲研究人才,更是遍

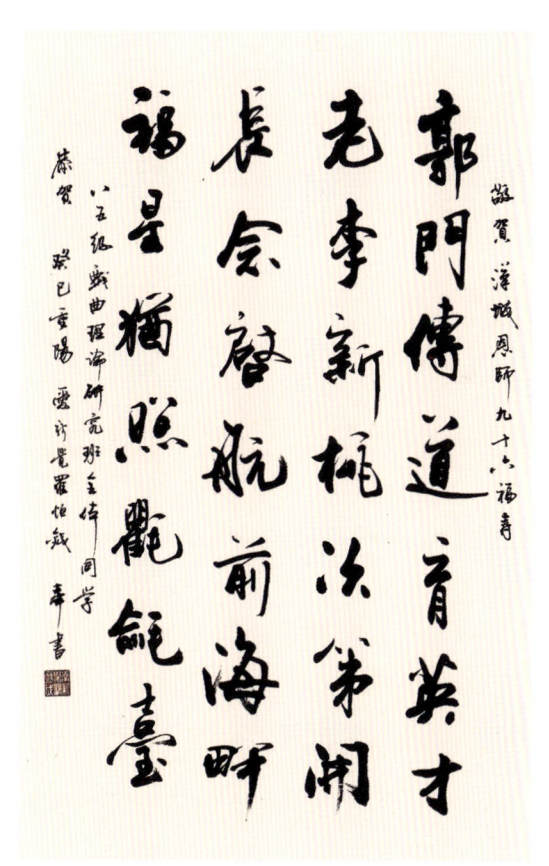

○○ 爱新觉罗·恒钱书,一九八五级戏曲理论研究班全体同学敬贺郭汉城恩师九十六福寿

---

[1] 郭汉城:《戏曲现代化要与时俱进》,《郭汉城文集》(第1册),中国戏剧出版社,2004年,第485页。

布祖国各地,郭汉城先生可谓桃李满天下。

对于剧目建设,他认为其根本任务是加强精品意识,建立剧目保留制度,对现代戏给予更多的提倡、扶植和支持,继续贯彻"三并举"的剧目政策。

对于理论建设,他认为"没有理论的指导,戏曲现代化的任务就不能顺利完成。戏曲走向世界也不能顺利实现"。① 然而,当今的戏曲理论研究仍十分薄弱,最需加强,以最终完成以"中国戏曲艺术体系"为代表的具有民族特色的、科学的中国戏曲理论体系。

对于民间职业剧团建设,他认为民间职业剧团是一支有活跃生命力的队伍,它轻便灵活,流动性强,与广大群众联系密切,为他们所喜闻乐见。办好这类剧团,戏曲现代化便立于了不败之地。郭汉城先生对此寄予厚望。

他还指出,除此之外,"其他如体制改革、剧团建设、经营管理、市场运作等,都要与戏曲现代化的总任务、总目的相适应"。②

郭汉城先生曾热忱地勉励戏曲从业人员,要具有"中国人的硬骨头精神",继承前辈们发展戏曲艺术的优秀传统,及他们对戏曲事业无比热爱、执着、敬业的高尚精神品德,把戏曲战略转移的各项建设工作做好,以实现戏曲的现代化。

---

① 郭汉城:《戏曲现代化要与时俱进》,《郭汉城文集》(第1册),中国戏剧出版社,2004年,第486页。

② 郭汉城:《战略转移:戏曲的政策与建设》,《当代戏曲发展轨迹》,文化艺术出版社,2008年,第285—286页。

戏曲史论家郭汉城

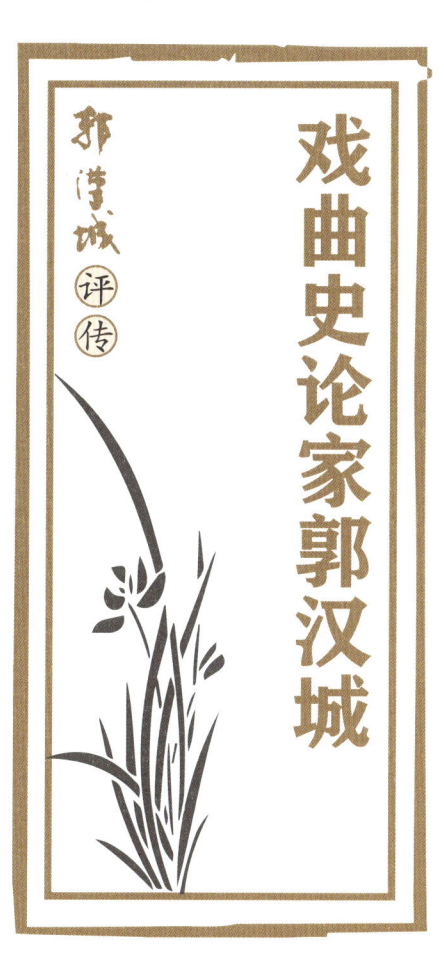

"文化大革命"前提出的戏曲理论

1954年7月,华北行政区建制撤销前夕,组织上考虑了郭汉城先生的工作分配问题,有两条路可走:一条是回原省做文化行政工作,另一条是调中国戏曲研究院做研究工作。其实,这个问题郭汉城先生早已确定,于是,在组织上征求本人意见时,他毫不犹豫地首选了他所钟爱的走戏曲研究的道路——荣调中国戏曲研究院。事实证明,他的选择是十分适宜的。

中国戏曲研究院成立于1951年4月3日。建院之初,是一个兼有理论研究、创作演出和培养教育戏曲人才三重任务的综合性戏曲工作机构。这里人才济济,专业性强。1955年1月,经文化部批准,成为专门进行戏曲理论研究的艺术单位。研究室主任由副院长张庚兼,副主任是郭汉城、李刚。下面设戏曲剧目研究组、戏曲表演研究组、戏曲音乐研究组、戏曲美术研究组、戏曲史研究组、图书资料组等。郭汉城兼任戏曲剧目研究组领导。1958年10月1日中国戏曲学院成立,1961年撤销中国戏曲研究院建制,并入中国戏曲学院。1964年1月1日,中国戏曲学院撤销,恢复中国戏曲研究院建制。

在此期间,郭汉城先生一边工作,一边学习,他坚持了理论与实践密切结合的学风,"联系实际,不搞学院式关门研究",与同志们一道,参加了文化部委托中国戏曲研究院举办的三届戏曲演员讲习会,观摩各地戏曲会演。参加剧目审定等工作。在开办戏曲演员讲习会中,领导指示要"帮助演员学会运用马克思主义的观点观察、处理戏曲改革中所碰到的问题,促进戏曲事业的发展"。那么,如何让戏曲演员掌握马克思主义理论呢?他的"战友"张庚先生告诉大家:把马克思主义教给演员,并不是讲道理,是要理论联系实际,对剧团进行调查研究,了解在戏曲改革中存在的问题和演员们的想法,把原理融会到实际情况中,具体问题具体分析,具体解决。

郭汉城先生以实际行动,紧紧抓住戏曲理论的中心思想——推陈出新,对戏曲改革的内容——继承发展传统戏曲精华而去其糟粕——做了不懈的努力,在"文化大革命"之前，发表了许多戏曲理论，以下将逐一加以说明。

传统剧目教育意义论

1956年，在文化部举办的第二届戏曲演员讲习会上，针对当时有些人轻视戏曲遗产、轻视传统，拿"反封建""反映历史矛盾的本质""暴露统治阶级罪恶"等"空洞名词当尺子"，粗暴地对待传统戏曲；针对诸如对民间生活小戏的教育意义认识模糊，给许多观众喜爱的生活小戏"外加思想性"，把正面人物性格简单化，搞不清"大团圆"与"不团圆"哪个有教育意义等思想问题，郭汉城先生讲了《有关传统剧目教育意义的几个问题》的专题。

关于如何认识生活小戏的教育意义与"外加思想性"的问题，郭汉城先生特别选择了教育意义不怎么明显的小戏进行了剖析。譬如滇剧《打瓜招亲》，他从观众喜欢这个戏切入，说明观众在欣赏戏的过程中，被剧中所塑造的郑子明、陶三春这两个典型形象所感染，得到了美的享受，因而不能在这个戏里"外加思想性"。假若在这个戏里设置"在野"的一批人与统治阶级的对立的主题，便徒劳无益了。

再如湖南花鼓戏《打鸟》的教育意义，也是通过引导观众反思毛姑娘的妈妈不理解毛姑娘与三毛箭这对恋人的剧情而实现的。有的改编者给该剧"外加思想性"，将母女的关系改变为类似《西厢记》的封建思想与反封建的对抗关系，结果就把剧本的喜剧情节全部破坏了，剧本也随之失败了。因为"一件艺术作品中，思想性与艺术性密切结合着，谁也少不了谁，不能截然分开。外加思想性却正违反了艺术的这个特点，把作品的思想性和艺术性生硬地割裂开来"[①]，所以就行不通了。

对于生活小戏的教育意义，郭汉城先生根据戏曲艺术的本体功能，提出了"美感享受"说。他指出，"美感享受，实际上也包括启发人们认识生活和用高尚的情感对待生活的作用"。他说观众看了《打瓜招亲》，可以得到"陶冶性情、潜移默化的作用"，"这就是教育意义"。他还指出，要防止以生活小戏"没有那些主题思想大的戏教育意义大"，而"引申开去，得出不要生活小戏的结论"。果真这样就不对了，因为"戏无大小，只要能给人以美感享受，就有教

[①] 郭汉城：《有关传统剧目教育意义的几个问题》，上海文化出版社，1957年。

育意义"。"山珍海味固然鲜美可口、营养丰富,值得我们宝贵。但也别因此就特别去卑视青菜豆腐,更别把它们倒在路上。"实践证明,这种保护传统小戏的立论是非常正确的,是一种高瞻远瞩的做法。不然的话,我们在今天的戏曲舞台上,就看不到那么多丰富多彩的传统剧目了。

关于把剧中的正面人物简单化,郭汉城先生举例说,在《辕门斩子》里,有人以为杨六郎"见了穆桂英害怕,有伤英雄人物性格",索性把杨六郎害怕改为假的,结果把杨六郎"变成了一个愚蠢地玩弄手腕的人了"。还有在河北梆子戏《调寇》中,本来寇准在当时的条件下,对审理潘、杨一案有顾虑,在八贤王面前有些小狡猾的行为是合理的,有的改编者却去掉了他的"胆小害怕""升官思想",使这个形象变得简单化而不可理解了。这种脱离人物性格和具体环境,"外加思想性"的概念做法是绝不可取的。

关于剧中"大团圆"与"不团圆"哪个有教育意义的问题,郭汉城先生告诉我们:"衡量传统剧目的意义,应当提倡实事求是,对具体剧目进行具体的分析。""必须尊重民族心理的传统","某些外国戏剧的规律,我们可以借鉴学习,不能硬套在某个戏曲剧目的头上"。他分析《琵琶记》后指出:"蔡伯喈与赵五娘、牛氏团圆,是人物性格发展的必然结果,对剧本暴露统治阶级自私虚伪

○○ 1956年,梅兰芳表演讲习班学员聆听郭汉城先生讲授《有关传统剧目教育意义的几个问题》后合影。(左起)前排:王秀兰、彭俐侬、红线女、袁雪芬;中排:徐慕云、梅兰芳、马师前;后排:陈伯华、常香玉、俞振飞

和歌颂人民善良信义的总的倾向是有益的。""这是检验作品的唯一标准,绝不能离开具体作品来谈'团圆'比'不团圆'教育意义大或小的问题。"

在同年的梅兰芳表演讲习班上,郭汉城先生再次为学员们讲授了《有关传统剧目教育意义的几个问题》,使更多的人对传统剧目的教育意义有了深刻的认识。

戏曲剧本特征论

1958年,戏曲现代戏层出不穷,全国各地都在举行观摩演出和会演,郭汉城先生十分关注现代戏的创作和演出。同年1月,山西省晋南专署在临汾举办第二届时装剧(晋南人民对当时现代戏的流行称呼)观摩演出大会,郭汉城先生到临汾观摩,并在业务干部座谈会上,做了《谈戏曲剧本的特点》的学术报告。

在报告中,他结合对这次演出的《刘巧儿》《刘胡兰》《农家瑷》《家》和《红都儿女》现代戏的点评,重点谈了在现代戏创作方面普遍存在的"如何适合戏曲特点的问题"。

他谈到,戏曲剧本的第一个特点是:"戏曲形式不同于话剧、歌剧,它是有歌、有舞、有道白、有美术的,因而人们叫它是综合性的艺术。它所有的东西,为其他形式所没有,这种综合性,就是它自己的特点。"他说:"用戏曲形式表现现代生活,必须接受传统。""在剧本的创作上,也应该接受戏曲传统剧目的

○○ 1958年1月,中国戏曲研究院戏剧家张庚(前排左三)、郭汉城(前排左四)、鲁煤(前排左五)与山西临汾蒲剧艺术干部在一起

传统。"

戏曲剧本的第二个特点是："剧本必须集中、洗练。""戏曲要歌要舞要念，那么剧中的人物在什么情况下才歌舞呢？必须是把人物处理在矛盾中，这样人物的喜、怒、哀、乐等情感就会表现出来。它需要剧本、表演必须集中在矛盾上去，不能在琐碎平淡的生活状态中表现。而歌舞的节奏比语言慢，这就需要时间；有的时候写到矛盾尖锐时，人物的感情用歌、舞表现得淋漓尽致。因此就要求剧本集中洗练，只写戏剧矛盾必不可少的东西，取消一切可有可无的东西。话剧也要求集中的……但话剧在程度上没有戏曲集中得那么厉害。上述这些特点，都是客观的东西……所谓客观，是指它本身存在着的一种规律，我们不能随便抛弃它或改变它。"

他批评一些人说："有些人不按照戏曲的特点和规律，而是用话剧和歌剧的特点搞戏曲，这叫作硬扭，结果创作出来的剧本不能上演，勉强演出来，效果也不好，容易失败。反过来，也不能认为戏曲形式是不变的，因此不按照规律办事是不对的，不让戏曲发展和变化，同样也是错误的。"

在谈到戏曲剧本结构时，他说："一个好的戏曲剧本，必须是非常集中的。当我们在处理一个戏剧题材的时候，首先必须有矛盾，集中也正是要在矛盾突出的地方加以细致的描写，把琐碎而无关紧要的情节舍弃掉，这样就便于突出主要的。""其次，要正面地、直接地表现矛盾。戏剧中的矛盾是要表现在舞台上，使观众看到它的发展和解决。戏曲成功地塑造了许多历史英雄人物，就是由于直接描写矛盾的。当然，坏人的典型也是不可少的。""在戏曲剧本中……也有把矛盾写断和写转了的，因而群众就看不出劲了……而戏也就随着松了。"

他还顺便谈了歌与舞、白与唱结合的问题。他说："演员在唱时，必须有感情准备，要用动作、道白或音乐叫板，也就是把歌与舞结合起来。""京剧中有一句惯用语'肩膀'，意思是'唱''白'与'做'的衔接搞得很好。""戏曲根据歌和舞的要求，舞台上的时间和空间一般说来是便于表现人物的。话剧在一幕中的空间是固定的，戏曲则不同，它可以根据刻画人物的需要变换时间和空间，在一个舞台上它可以表现两三个空间。"

"总之，不管作家褒贬一个人物或批判一个人物，都必须考虑到它的表现形式，要考虑场次能歌能舞能念白。我们现在创作的一些剧本，只注意了唱，但没有注意到演员的做和给予它以做的'肩膀'，也就是没有注意到使歌、舞相结合，因而形成说光、唱光，演员在台上没戏可做。"这就是剧本在创作时未给演员留下做戏的余地，因而他们的创造才能得不到发挥。据此，郭汉城先生在编剧理论上提出了"空白论"和"动作论",主张戏曲剧本学习传统写法,不要写得太满,要给演员留下做戏的余地,以便用表演来表现人物的内心世界和精神面貌。

剧评写作论

郭汉城先生是我国戏曲评论的一流专家。在"文化大革命"前,他已写了很多脍炙人口、令人赞许的美文。其中,尤以《蒲剧〈薛刚反朝〉的人物、风格与技巧》《〈团圆之后〉的出色成就》《绍剧〈斩经堂〉的历史真实与思想意义》为人们所津津乐道。如中国艺术研究院研究员傅晓航在《郭汉城先生对戏曲史论科学的贡献》一文中称:"《蒲剧〈薛刚反朝〉的人物、风格和技巧》一文,其笔锋的磅礴气势、逻辑的严密、理论的高度、如剥茧抽丝的细致,这篇文章都达到了极致。有人认为可与俄国杜勃罗留波夫的《大雷雨——黑暗王国里的一线光明》一文相媲美,我很赞同这一说法,但我认为郭文比之杜文深刻、精练,更有中国气派,可以称得上是戏剧评论的范文。"①

下面我们就以该文为例,来看郭汉城先生是如何写戏曲评论的。

1958年,文化部要求中国戏曲学院派人分赴四个省调查研究中国戏曲的现状,郭汉城先生被派往山西临汾做调研。他看了由山西省晋南专区蒲剧团改编,蒲州梆子名角阎逢春饰徐策、杨虎山饰薛刚、张庆奎饰薛猛、王秀兰饰纪鸾英演出的传统戏《薛刚反朝》(原名《归宗图》,系《徐策跑城》的本戏)后,感慨良多。当时山西的实际情况是,由于受大跃进极"左"路线、抓阶级斗争的影响,戏曲界基本上把传统的东西都弄下去了。郭汉城先生看到这个戏,非常喜欢,回去给上级领导汇报,领导不想

○○在《薛刚反朝》中王秀兰饰纪鸾英

---

① 傅晓航:《郭汉城先生对戏曲史论科学的贡献》,赵化勇主编:《盛世中华脊梁风采——戏剧家风采》,中国广播电视出版社,2010年,第138页。

○○《薛刚反朝》中闫逢青饰徐策

○○《薛刚反朝·弟兄路遇》中杨虎山饰薛刚（右）、张庆奎饰薛猛

听，他就专门写了篇文章来顶着干，以点赞传统戏，认为传统戏里有好东西，决不能让传统体系给倒了。他认为，这是一个民族的戏曲风格问题，有的人拿外国的戏剧理论来看我们中国戏曲的老传统，是绝对套不进去的。外国的悲剧都要死人，那是他们国家的情况，这不符合中华民族的特点，中国戏曲与外国戏剧是两码事。于是，他就敢于讲真话，写了《蒲剧〈薛刚反朝〉的人物、风格和技巧》一文，发表了自己的观点。自此以后，《薛刚反朝》成了蒲剧的长期保留剧目，历演不衰。

○○《薛刚反朝·城下相会》中曹锁元（左一）饰薛葵

郭汉城先生在剧评中始终坚持了在美学范畴内评价戏曲创作的批评原则，强调戏曲作品与人物形象要给观众以"美感享受"。他说："戏曲艺术不但要真，而且要美，不能引起观众美感的，

○○《薛刚反朝·韩山相会》中崔彩彩饰纪鸾英（右）、宋北北饰薛葵（左）

就不是艺术。"①

对《薛刚反朝》，郭汉城先生认定它是中国戏曲特有的悲喜剧，它是"一悲一喜交递发展，像两根缠绞在一起的藤子，迂回曲折却又各自向自己的方向发展，形成了一种有趣的对比：有悲剧的悲壮激烈，又有喜剧的轻松愉快，两者起着交相辉映的作用"。它的美学内涵是高于单纯的悲剧或喜剧的。该剧的美是从何而来的呢？是从薛猛的悲剧性格与薛刚的喜剧性格的对比中显现出来的。当阴险的马文渊来到阳河要摘掉薛猛的印信时，薛猛面对着一家三百余口已被奸臣张台杀掉的噩耗，其态度是既"不反"，也不"不反"，他成了"又想为父母报仇，又想替皇帝尽忠"的充满矛盾的"两重性"人物，最终，妻子马氏与中军宋廉的反抗都未对薛猛起作用，还是以交出印信而告终。与薛猛相对应的薛刚的性格却是"粗中带有真挚的成分，'浑气'里面又有合情合理的东西"，具有一种"粗野不羁的反抗力量"，结果是"韩山相聚"，杀向朝廷，正义得申，坏人被除。

在该文中，郭汉城先生批驳了那些拿西方悲剧、喜剧观念来解释中国戏曲悲喜剧的根本行不通的做法。他说："悲剧也是有理想的，它的理想寓于人们对那些被毁灭的好人之赞叹、同情和向往中。好人虽然失败了、死亡了，但在人们的感受中他们却是胜利了、复活了。悲喜剧和悲剧不同的地方，在于观众从悲剧感受中应得到的积极的东西，直接在剧本里具象化了；所以悲喜剧必须创造出比那些悲剧主人公们更有力、更理想的人物，带有更多的结合现实主义的浪漫主义成分。我们应该肯定，悲喜剧是一个独特的风格、独特的形式，表现着人民的独特的美学理想。"他阐明了这是有生活依据的。他说："生活中的事情原来就不是绝对的，好坏、凶吉、祝福、悲喜，都可以转化，福中有祸，祸中有福，悲中有喜，喜中有悲。悲剧中透露出喜剧的因素，喜剧中透露出悲剧的萌芽，悲剧和喜剧也可以相互转化，《梁祝》由喜转悲，从喜剧到悲剧；《薛刚反朝》由悲转喜，从悲剧到喜剧，就是很好的例子。"

郭汉城先生剧评的重要特点是：随着评论随着总结创作经验，在分析任何一个问题时，总是随时将它升华为理论。比如细节描写是戏曲剧本刻画人物方法的特点之一，他说："戏曲剧本要求简练，并不排斥细节描写，相反，没有细节，就没有形象，没有性格，等于取消文艺的基本特征，所谓集中简练，是要求紧紧围绕着戏

---

① 郭汉城：《蒲剧〈薛刚反朝〉的人物、风格和技巧》，《戏曲研究》1959年第5期。

剧冲突展开细节描写,而不是专描写那些无关紧要、可有可无的细节。"这是一种繁简相兼的写作技巧。例如张台杀了薛猛夫妇之后,从舞台上观众看到的只是杀了一个婴儿,但通过想象,观众便会相信已杀过三百多口了,这正是"杀一而知百,这是形象内在的力量,性格的力量"。剧作家们读了该文,肯定是会受益的。

传统戏整理改编论

"文化大革命"前,郭汉城先生发表了《衡量、改编传统喜剧剧目》、《从〈牡丹亭〉看传统剧目的主题思想》(1957年文化部第三届戏曲演员讲习会(广州)讲稿)、《坚决继承、大胆创造——现代戏编剧继承与发展传统的几个问题》、《略谈十年来戏曲传统剧目的整理改编》、《传统剧目整理改编的几个问题》、《戏曲艺术推陈出新的成就和经验》、《戏曲艺术要反映时代精神》等一系列有关传统剧目整理改编的文章,构成了他对传统剧目整理改编理论的一部分。1963年,由文化部主办、中国戏曲学院承办的戏曲编剧讲习会上,他作为主课教师,主讲了传统剧目推陈出新的问题。

根据新中国成立以来在戏曲改革工作中,不断碰到的一些问题,如"有人从'左'的方面来反对革新和创造,他们把艺术形式与生活内容的矛盾绝对化,认为戏曲不能表现现代生活和新的人物,要求脱离传统,另起炉灶,来'创造'一种新的戏曲","有的人从右的方面来反对这种革新创造,他们要求保留封建时代的戏曲的原样,认为戏曲遗产中的一切都是好的,一切都不能动"。[①]郭汉城先生甘冒说真话的风险,力图用历史唯物主义的观点对待戏曲文化遗产,总结戏曲推陈出新的经验,以推进戏曲改革工作的健康发展。这充分显示了他理论结合实际的科学精神和坚守真理的勇气。

在新中国成立十周年的1959年,郭汉城先生在《略谈十年来戏曲传统剧目的整理改编》[②]一文中,称赞了传统戏的整理改编,是戏曲改革工作在党的"百花齐放,推陈出新"的方针指引下所获得的巨大成就的一个重要方面,"它对于挖掘和继承戏曲艺术遗产,扩大上演剧目,实现戏曲艺术的革新与发展,丰富人民的精神文化生活,都有很大的贡献"。在该文中,他提出了传统戏"推陈出新"的

---

① 郭汉城:《戏曲艺术推陈出新的成就和经验》,《文艺报》1959年第19、20期。
② 郭汉城、俞琳:《略谈十年来传统剧目的整理改编》,《剧本》1959年10月号。

○○ 1960年，田汉邀请历史学家和戏剧家讨论历史剧问题。前排左起：黄芝冈、侯外庐、田汉、吕振羽；中排左起：马彦祥、周贻白、郭汉城、张庚、李超

切实可行的四个办法：

第一，坚决保留传统戏曲剧目的精华部分。在原基础上加工发展，不重起炉灶，另搞一套。批驳了给传统剧目"外加思想性"的错误。

第二，要站在当代先进思想的高度，来进行分析、观察、整理、改编，使传统戏曲剧目更适合今天我国劳动人民的情感、要求和需要，以达到"古为今用"的目的。还指出了"我们说今天人民的思想感情，是指今天人民对传统剧目中的历史事件、历史生活的看法，而不是改变历史的真实面貌，让古人有今天的思想感情"。向反历史主义的错误倾向进行斗争，正确地坚持"推陈出新"的原则。因为"推陈"是手段，"出新"是目的，"推陈出新是一切事物发展的总规律"。

第三，戏曲是要在舞台上演出的，因此，戏曲传统剧本的整理改编，不仅要从文学方面下功夫，还必须在舞台艺术方面下功夫，全面地提高舞台艺术质量，这是十分重要的，这也是"推陈出新"的一个重要方面。他指出"因为戏曲艺术有它自己的规律，各种艺术手段（唱、念、做、打、舞台美术、音乐伴奏）都有内在的联系，每一个传统剧目都是在自己的规律的约束下体现着这种联系的，牵一发而动全身……所以问题还是要在它原有的基础上来革新提高，要顺着它的规律，才能发展它的规律，简单地照搬话剧或歌剧的一套，是一定要失败的"。

第四，整理改编戏曲传统剧目必须结合舞台，若想做好这一点，关键在于与艺人密切合作。艺人是前辈表演艺术家的艺术经验的继承者，也是发展者，又常是剧本改编后剧中角色的重新体现者；同时，他们又最熟悉戏曲艺术形式，有了与他们的合作，可以少走弯路，事半功倍。可以说，凡是整理改编成功的剧目没有一个不是与艺人合作的。他指出"通过挖掘表演艺术，恢复失传剧目、失传行当，培养新的演员，是一个很好的办法"。"与艺人合作，还有一个问题也值得注意，就是整理改编传统剧目的时候，除了注意挖掘和继承舞台表演艺术，发挥本剧种的特长和风格以外，更应具体照顾到发挥演员特长和发展演员艺术流派问题。"

在另一篇文章[①]中，郭汉城先生又给我们概括地总结出了整理、改编传统剧的六种模式，作为我们在改编同类剧目时的参考经验：

一、点铁成金式。如京剧《贵妃醉酒》；

二、削繁就简式。如昆剧《十五贯》；

三、珍珠连线或者冰糖葫芦式。如有些剧院改编上演的《牡丹亭》；

四、补缀成裘式。新本已接近于创作了；

五、泼污存婴式。如梆子戏的《蝴蝶杯》；

六、脱胎换骨式。实际上已不是改编，而是创作了。

[①] 指郭汉城《传统剧目整理、改编的几个问题》一文。

新时期以来提出的戏曲史论

实事求是批谬误

新时期以来,在改革开放的大好形势下,广大戏曲界工作者迎来了戏曲的春天。1980年7月12日至31日,中国戏剧家协会、文化部艺术局和文学艺术研究院戏曲研究所在北京西苑大饭店联合召开戏曲剧目工作座谈会。与会者有全国二十九个省、市、自治区和文化部直属单位主管戏曲工作的负责同志、戏曲作家与理论家共二百余人。这是继1956年、1957年两次全国戏曲剧目工作会议和1963年首都戏曲"推陈出新"座谈会后,戏曲界的又一次重要集会。

然而,在这次座谈会上,出现了一场轩然大波。著名历史学家黎澍同志在发言中指责旧剧"内容和形式都已陈旧和僵化",是"继续传播封建意识的渠道","从整体说来,就是属于封建文化这个范围";并说"我觉得戏剧改革在新中国成立以后的一段时间里主要是强调抢救、发掘,好像没有真正做到推陈出新"。他认为,五四运动时期戏曲的推陈出新,"是真正的推陈出新";还谈到"今后怎样改革","一是要以五四以来发展话剧和新歌剧的精神,鼓励创新,创作新戏;二是旧剧的优良品种要作为古典艺术形式由国家特别加以保护"。[①]他的这种言论一出,四座皆惊,也引起了大家的反驳。郭汉城先生经过冷静思考,逐条进行了反驳。会后写成《坚持戏曲"推陈出新"的方针》予以发表。[②]

郭汉城先生指出,黎澍同志发言中对遗产的看法、估价以及由此而产生的如何对待的态度等方面,有值得商榷的地方,需要进一步讨论。因为"在看到遗

---

① 黎澍:《封建残余影响与旧剧》,中国戏剧家协会研究室编:《戏曲剧目工作座谈会文集》,中国戏剧出版社,1982年。

② 郭汉城:《坚持戏曲"推陈出新"的方针》,《郭汉城诗文戏曲集》,中国戏剧出版社,1993年。

产这种时代的、阶级的局限的时候，也要看到它具有的人民性和民主性"，这是"古代劳动人民的思想感性的反映。抹杀遗产中的精华，我们就不可能对它有个正确的态度，也不可能对人民在创造祖国文化中的地位和作用，给予正确的估价"。评价文化遗产中的文艺作品，不能因"它们不可能认识封建社会的各种阶级、社会矛盾的最终原因在于社会制度而否定它们反封建的意义和作用"。虽然它们存在某些时代局限性和阶级局限性，但它们的反世俗仕途、反封建门阀和封建礼教、反封建道学、反封建迫害、反官僚主义的基本倾向是不容抹杀的。这些作品在历史上起过积极作用，有许多史料记载可以为证。"四人帮"在评水浒的时候，因它"不反皇帝而予以全盘否定，是文艺批评中反历史主义的一个典型例子"。"我们必须引以为戒"。"从理论上说，我看不能定出这么一条：只有达到反封建制度的传统剧目，才对今人有教育作用。如果说用它作为衡量剧目的标准，全部文艺遗产包括传统剧目在内，都没有存在的价值了"。"黎澍同志这种批评方法，不从作品整体上分析它的主题思想，只凭个别情节或个别人物的片言只语进行判断，就不可能得出正确的看法，也不可能真正认识传统剧目古为今用的意义"。

针对黎澍同志所说"我觉得戏剧改革在新中国成立以后的一段时间里主要是抢救、发掘，好像没有真正做到推陈出新"，郭汉城先生说，新中国成立以来的十七年中，"总的来看，还是贯彻执行了'百花齐放，推陈出新'的方针的。所以戏曲事业得到了空前的发展，出现了前所未有的新面貌。无论是传统剧目的整理、改编，新编历史剧和现代戏的创作，还是舞台艺术的革新发展，其成绩之巨大，都是我国戏曲发展历史上任何时期所没有的。事实摆在面前，大家都看得到，这里无须多说"。

郭汉城认为黎澍同志的"从五四运动到新中国成立，这三十年，是真正推陈出新的时代"的结论下得十分轻率。郭汉城先生说，五四文化革命在思想上的形而上学的片面性，表现在对待戏曲遗产上是很突出的。不是采取分析批判的态度，而是主张一概打倒。当时胡适等人对戏曲的看法，可以概括为以下四点：一是否定中国戏曲的文学、美学价值。说中国戏曲'在文学上的价值不值几个铜子'，是色情、迷信、奴隶、强盗、黑幕、才子佳人的'思想和结晶'。'两千五百年前的希腊戏剧，一切结构功夫，描写功夫，高出元曲何止十倍'。二是否定戏曲艺术形式，认为戏曲的唱、做、念、打以及服装、化装、脸谱等多种表现手段，各种程式，各种表演方法都是落后的、野蛮的，人不像人形，话不像人话，是历史的'遗形物'。三是认为中国戏曲所以这样'拙劣恶滥'，是因为'编自市井无知之年，文人学士不屑过问焉'的缘故。四是上面看法得出的结论：戏曲必须彻底废除，由西洋的话剧、歌剧代替。很明显，这种对我国戏曲遗产的看法，是不尊重人民、不尊重历史、不尊重自己民族文化遗产的彻头彻尾的民族虚无主义思想。这种思想，实践早已证明是十分荒谬的。

写到这里，我联想到，郭汉城先生在浙江杭州上学时就已接触过当时文人对于胡适等人对戏曲遗产的民族虚无主义的批判，而今这错误思想又沉渣泛起，说明我们对这种思想还没有彻底肃清，必须继续肃清。这种思想若不迅速铲除，对戏曲的生存是会贻害无穷的！

黎澍同志关于旧剧是"继续传播封建思想的渠道"的说法，也要加以分析。"如果不分具体情况，加以区别对待，笼统以'传播封建思想的渠道'一概否定，对戏曲进一步推陈出新是很不利的。剧目（包括其中的表演艺术）都没有了，还谈什么推陈出新呢？"现在传统剧目有两类：一类是经过整理、改编的剧目，一般都做了去其糟粕、取其精华的工作。另一类是未经整理、改编的剧目，对于其中极小部分诲淫诲盗的坏戏，应采取措施；大部分则是精华和糟粕搅杂在一起的剧目，不少经过整理、改编，有可能成为好的或较好的剧目，我们必须要坚持进行整理、改编这一条。

针对黎澍同志认为戏曲的"内容和形式都已僵化"，根本无法推陈出新，只要选择几个"优良品种"作为古典艺术形式由国家保护起来"不使绝灭"就算了。郭汉城先生说："把一种艺术形式送进历史博物馆陈列起来，割断它与人民群众的联系，再不让它向前发展，实在不是一种好办法，也不是一种新办法，不少资本主义国家的古老的民族戏剧艺术，走的不正是这条道路吗？中国的戏曲艺术没有走这条路……它证明了党的'百花齐放、推陈出新'方针的正确。"

黎澍同志也说到要"创新"，并无人反对，问题是如何创新？是尊重戏曲艺术的规律和特点，在原有的基础上创新呢，还是撇开原来的基础，另来一套创新呢？郭汉城认为黎澍同志指的是后一种。黎澍同志说戏曲从内容到形式都已僵化，只有进博物馆的资格，那原来的基础还有什么用呢？离开戏曲艺术的基础，创造出来的只能是新话剧、新歌剧，绝不是戏曲，这是毫无疑义的。

戏曲艺术是否已经僵化？还能不能继续发展？这是一个认识上的关键问题。郭汉城先生认为，我国三百多个戏曲剧种，凝固程度有大有小，但没有绝对的凝固；革新的困难多少不同，但不是绝对不能革新。新中国成立以来戏曲推陈出新的经验证明，现代戏花鼓、采茶等小戏可以演，地方大戏也可以演，甚至像京剧这样古老的剧种不是也演了吗？这说明戏曲还可以古为今用，还具有继续发展的生命力。历史上有些剧种消失了，这不错；"但那不是因为艺术形式僵化了，而是人的思想僵化了，对它采取了不正确的态度，或保守，或粗暴，导致了它们的灭亡。这种历史的教训，是值得我们今天认真总结的"。

郭汉城先生以上这种以理服人的学者风度，是十分值得我们学习的。

全面评价汤显祖

1982年10月，在江西南昌召开的纪念汤显祖逝世三百六十六周年学术研讨会上，因与会者对汤显祖所著的"临川四梦"中的《邯郸梦》和《南柯梦》做出了两种相反的评价——有的同志指责汤显祖的局限性与"四梦"的不足，使会场气氛顿时紧张起来。江西同志立即予以还击，有的江西同志在发言中还尖锐地批评了中国社会科学院文学研究所编撰的《中国文学史》过低评价《南柯梦》《邯郸梦》的情况。在这种氛围中，大家期待着郭汉城先生的发言。待到最后一天，面对全国许多研究汤显祖的专家、学者、教授及戏剧工作者，郭汉城未拿讲稿，做了题为《汤显祖和他的"四梦"论略》①的近两个小时的报告。他那精辟全面的学术见地，使得对汤显祖本人及其"玉茗堂四梦"有片面认识的同志，也不得不钦佩他。

郭汉城先生把对汤显祖及其"四梦"的研究评价，放到了整个晚明时代中，先做到"知人论世"，再正确认识他的作品。他说："汤显祖不仅是我国历史上一个伟大的戏剧家、诗人、思想家，也是一个勇敢的反对封建黑暗的斗士。"

汤显祖生活的明代，作为封建末世的一个历史特点，封建制度内部的

○○明代戏曲家汤显祖画像（陈作霖　摹本）

---

① 郭汉城：《汤显祖和他的"四梦"论略》，《郭汉城文集》（第1册），中国戏剧出版社，2004年，第354页。

○○ 明万历刊《南柯梦》插图　　○○ 明天启闵光瑜刊朱墨套印本《邯郸梦》插图　　○○ 明代刊朱墨本《牡丹亭》插图

阶级矛盾、民族矛盾，封建统治阶级内部的矛盾，都一齐爆发出来。明朝末年，还出现了一种新的矛盾，随着资本主义生产关系的萌芽，又产生了城市市民、工商业者与明王朝的矛盾，造成了明王朝严重的政治危机。

汤显祖还是一个哲学家——明代在中国哲学史上是一个思考的时代——他与一般作家的不同之处在于，他是以哲学思想来指导他的戏曲创作的，因而他的作品具有深刻的哲理性。

汤显祖在其作品中提出的"情"的观念，在明末是一种社会思潮，正好与明末的资本主义萌芽要求相适应，与当时统治阶级的反动、腐朽的统治思想及封建道学相对立。封建道学家认为"性"是天生的，是终极真理的，"道"在人性上的体现，把封建伦理关系提高到亘古不变的绝对真理的地位，他们主张把体现人的欲望的"情"，从人的内心世界排除出去。汤显祖则与道学家针锋相对，认为性无善恶而情有善恶。并说出了区别，"情"的善恶的标准，即"人要温饱、要生存、要发展，凡是符合这个标准的'情'就是善的。反之，妨碍了人生存和发展的'情'就是恶的。这种'情与理的斗争'，实质是那个时代阶级斗争在意识形态领域里的反映。汤显祖为老百姓说话，这是他的进步与伟大的所在"。

根据汤显祖哲学思想和政治理论，我们来统一地看他的"四梦"。郭汉城先生说，"前二梦——《紫钗记》和《牡丹亭》，作者做的是正面文章，它是讲善情战胜恶情，从正面歌颂善情，反对恶情。《邯郸梦》做的是反面文章，批判人生中的恶情。《南柯记》比较复杂，是写善情终被恶情所战胜。歌颂善情的前二梦更多地表现了汤显祖的理想，批判恶情的后两梦则主要是在对现实的批判。把'四梦'须连贯起来，才能勾画出它们的全部轮廓"，也才能构成一幅明末社会的现实图景。

形象性是郭汉城先生戏曲评论所坚守的第一原则。他说，汤显祖通过典型形象的塑造，先由《紫钗记》试作，以卢太尉扼杀"真情"，将李益远调边地，造成了与霍小玉的爱情波折，寓意明朝的政治投影，产生他以后作品的萌芽。到代表作《牡丹亭》的问世，写柳梦梅、杜丽娘的爱情，体现了人间真情，它深切地呼唤着精神领域的理想世界，致使"《牡丹亭》梦一出家传户诵，几令《西厢》减价"。①再到《邯郸梦》的批判卢生，《南柯记》通过淳于梦这个典型，客观上宣告了明王朝的死亡——一场暴风雨把蚂蚁国都冲掉了。汤显祖死后二十年，那场真正的暴风雨来了——爆发了李自成农民起义，把明王朝推翻了。

对于汤显祖"四梦"的局限性，郭汉城先生说："'四梦'很伟大，当然也像所有古典作品一样存在着局限，这是一个客观存在，其根子在汤显祖的思想里面。汤显祖把情分成善恶的理论，在当时是很有进步性、现实性和战斗性的。本身就包含着唯物主义的思想成分。这是他相较前人而言所做出的新的贡献。但是善、恶之情从何而来呢？一触及这个问题，必然会转到唯心主义方面去了。他不可能将生产关系、阶级关系等社会环境联系起来，解释人的感情的善恶，而只能从人的主观认识上去解释。……因为历史还没有向汤显祖提出

○○ 周育德书郭汉城为纪念汤显祖逝世四百周年题诗

---

① 沈德符：《顾曲杂言》，中国戏曲研究院编：《中国古典戏曲论著集成》（四），中国戏剧出版社，1959年，第206页。

超过'人性论'的高度去看待和解决社会问题的条件。""这种局限性的深刻的根源在于作家所处的历史时代，反映在作品中就是历史具体和历史真实性，它们与进步性同处一体……并不因此而妨碍它们的伟大。"因此，我们不能按今天的标准要求古人做他们做不到的事。

接着，郭汉城先生批评了新中国成立以来评价古典作品的倾向，这就是重视作品里面作者的态度，而不太重视作家在这个作品里所反映的生活及其客观意义。他说："用这种简单的办法去对待古典作品，那就没有一个古典作品是好的。也因此往往忽视对作品进行全面的、艺术的具体分析。我认为在评价古典作品的时候，必须坚持马克思主义的辩证唯物主义和历史唯物主义，这是真理，但不要简单化，庸俗化了。简单化、庸俗化了，真理也就成了谬误。我们一定要克服这种毛病，要把每个作品、每个作家放到历史地位上去理解，对每个作品都要具体作品具体分析，千万不能类推。"

最后，郭汉城先生肯定了这次学术研讨会，必将会"对继承优秀民族文化遗产带来积极的作用"。同时，他又说："中国古典作品很多，我们研究得很不够，继承也不多。西方人有一个偏见，他们认为西方戏剧是世界戏剧文化的主流。我觉得除了偏见之外，主要也在于我们没有对戏曲进行充分的继承和发扬。莎士比亚成了一种世界性现象，但我们的汤显祖在世界上有多少人知道呢？所以我们今天举行这个汤显祖纪念会，不但在江西有意义，也具有全国意义，具有世界意义。"

戏曲的美学特征与时代精神

1998年2月11日，郭汉城先生为他担任总主编的《中国戏曲经典》（五卷）、《中国戏曲精品》（五卷）撰写了总前言——《戏曲的美学特征和时代精神》，此文具有很高的学术价值，也成为他晚年的力作。

在世界上独树一帜的中国戏曲的美学特征，郭汉城先生概括为以下四点：

第一点，中国戏曲具有丰富的辩证思想和主动精神，是对世界戏剧的一个贡献。中国戏曲辩证思想"渗透在戏曲的审美原理、艺术创造、观众欣赏等各个方面。处处体现了中国古代哲学重整体协同、在对立中求统一的辩证观念。虚实相生、形神兼备、情景交融、悲喜互待等一组组在相反中相成的美学概念，使主体与客体在审美活动中处于一种独特的、微妙的关系之中。客体不是消极的被反映者，主体也不是冷静的描摹者，而是主体融入客体、掌握客体、改变客体。经过这种审美关系，包括时间、空间在内，呈现在舞台上的一切都已经变形，都具有了灵活性,为解决舞台时空的有限性和生活时空的无限性这一根本性矛盾,提供了可能性"。①他举元杂剧《西游记》、我国现存最早的南戏剧本《张协状元》第十折的舞台处理,以及越剧《梁山伯与祝英台》中"十八相送"的实例,具体地阐明了这些戏是如何体现上述表达手段的,加深了人们对中国戏曲艺术审美形态美学特征的理解,更有益于人们对它的把握。

关于戏曲的辩证思想,郭汉城先生在1983年1月18日《中国戏曲通论》的一次编写组会议上说过,"这种特点的形成,与中国戏曲形成的历史条件有关。中国戏曲形成在封建社会后期,不像西欧戏剧形成在奴隶社会。每个不同历史阶段形成的戏剧,以及它们的特点形成,与当时我们的知识水平,对自然和社会的看法有关。如希腊的悲剧是命运悲剧,我们的悲剧就不是如此;古希腊的悲剧和喜剧分得很清楚,我们的悲剧和喜剧都是悲喜交集的,因为生活本身就是这样。这就体现了当时人们对生活的认识水平。也与中国古代哲学富有辩证法有关。中国戏曲形成的时候,也是一些非戏曲艺术(诸如歌、舞、百戏等)发展得最充分的时候,由于我们具有辩证法的思想,就把它们都统一综合了进来。也与中国戏曲观众的群众性有关。希腊戏剧也有民间戏,但未充分发展起来;而中国戏曲的民间戏始终未变,得到了充分发展。中国戏曲的'百花齐放',那么多剧种,那么多风格,与戏曲广泛的群众性有关"。

在这次讲话中,郭汉城先生通过社会环境、哲学思想、观众土壤等诸方面进行分析,一是为我们十分清晰地阐述了中国戏曲兼收并蓄的艺术辩证法;二是为我们说明了中外悲剧、喜剧的不同;三是从戏曲的形成之初,为我们道出了中国戏曲区别于其他戏剧种类的个性特征,即在于人物行动方式的歌舞性。这是它区别于其他戏剧基本特征的关键所在。因为戏曲包括在戏剧之中,而在戏剧基本特征的三要素(舞台演员、性格化动作、社会性冲突)中,唯有性格化动作是载歌载舞的,才可称为戏曲,否则的话,戏曲就不存在了。

第二点,中国古代戏曲受儒家思想影响很深,产生了积极的和消极的两个方面的作用。对于儒家重视社会整体利益、重视个人的社会责任感的思想,在今天来说,可以批判地继承其中合理的因素,为社会主义所用。但在肯定儒家思想对戏曲的这种积极影响的同时,也必须清醒地看到它的消极影响。儒家的伦理道

---

① 郭汉城:《戏曲的美学特征和时代精神——写在〈中国戏曲经典〉和〈中国戏曲精品〉前面》,《郭汉城文集》(第1册),中国戏剧出版社,2004年,第427页。

德，其实质是封建宗法等级制度，代表封建统治阶级的利益。它以全社会普遍性形态出现，作为官方的意识形态统治了两千多年。那种被封建文人精心制造出来的，用来宣扬封建教化，以道德批判代替审美评价和历史评价的东西不在少数，精华与糟粕交杂的作品大量存在，即使是那些最有人民性、民主性的剧目，也难以避免某些封建因素的存在。所以对于大量的古代剧目，必须善于鉴别、细心爱护，取其精华、去其糟粕。

第三点，"中国戏曲具有积极的乐观主义精神"。[1]郭汉城先生列举剧目，说明乐观主义精神，表现为正义终将战胜邪恶，好人终于得到好报。即使悲剧主人公已经死亡，他们的正义事业或美好理想，或在后继的斗争中实现，或在幻想中曲折实现。当这种胜利结局在舞台上直接呈现在观众面前时，观众才满足。这是民族精神和历史经验在审美形态中的表现。

有人对此认识不足，按照西方悲剧观念的标尺，来衡量中国的悲剧，认为正义战胜邪恶的结局是"光明尾巴""粉饰现实"，会降低心灵净化的力量和麻痹人们的战斗意志。这种指责是十分荒谬的，是有过沉痛教训的。郭汉城先生举例说，湘剧《白兔记》曾循着西方的悲剧观念而改编为"李三娘见刘智远再婚岳氏，走进尼庵削发为尼。给予经历千磨百难没有泯灭生存意志、生活希望的主人公这样一个结局"，[2]剧团在乡下演出时，"激起了群众的反感和抗议，以致剧团被围出不了村"！群众纷纷谴责这场演出说：你们还嫌李三娘不苦啊！

这是因为中国戏曲往往是悲喜交集的，没有决然可以分开的悲剧、喜剧或正剧（悲喜剧）。即使悲剧成分多的戏，也可以演成喜剧结尾，如梁祝化蝶、青儿焚塔、窦娥的三桩誓愿和李慧娘的幽媾、放裴等等，这是民族心理、民族精神的体现。它与西方戏剧的审美特征不同，西方的戏剧，如希腊悲剧、莎士比亚悲剧和喜剧是截然分开的，悲剧人物最终大部分要死亡，喜剧则从头到尾欢笑，这是他们的社会需要和民族的审美特征。对于审美效应，我们应加分析，固然美好事物的毁灭能产生崇高的美，激发起人们的同情和怜悯，但美好事物的胜利，美好理想的实现，同样也能产生另一种崇高的美——力量的美、意志的美，鼓舞起人

---

[1] 郭汉城：《戏曲的美学特征和时代精神——写在〈中国戏曲经典〉和〈中国戏曲精品〉前面》，《郭汉城文集》（第1册），中国戏剧出版社，2004年，第431页。

[2] 郭汉城：《加深对传统价值的认识——〈湘剧高腔十大记〉序》，《当代戏曲发展轨迹》，文化艺术出版社，2008年，第255页。

们的斗志与豪情。这一论点是非常正确的。

第四点,"中国戏曲具有广泛的群众性,也是它的重要的民族特征之一。因为一个民族的民族精神的最深根源,就在群众之中,最广泛的群众性,也就体现着最大的民族性。中国戏曲就其本源和生存环境而言,是一种民间艺术"。①戏曲"都是在民间生长、繁衍、发展起来的,并且长期在民间活动","戏曲是人民的知心朋友,想人民所想的事,说人民想说的话。在世界各民族的戏剧中,中国戏曲是对各种重大的政治、社会问题最具敏感性的戏剧,其根源就在它的群众性"。群众是由作为"一切社会关系的总和"(马克思语)的每个人组成的,也就是说,每个人都是社会的;而戏曲是写人的冲突的,所以就是写的社会冲突。这正好又是戏曲基本特征的另一个要素,再加上由实实在在的人在舞台上演出的艺术形式,也是群众所喜闻乐见的,所以说,注意保护戏曲与人民群众的知心朋友的地位,是我们完成推进当今戏曲改革、逐步使之现代化这一历史任务的关键。

关于时代精神,郭汉城先生说:"我们讲的时代精神,是指作家站在无产阶级的立场上用历史唯物主义的观点,正确真实地反映历史,提炼出与今天人民思想、愿望、要求相通的东西,借以激动观众、鼓舞观众,达到以古鉴今、古为今用的目的。"②

古代每个朝代都有自己的时代精神和代表人物,因而古代戏曲便创作出了不同时代、不同典型人物反映不同时代精神的剧目。在《中国戏曲经典》和《中国戏曲精品》的总前言中,列举的隋唐两朝及其后南戏的"婚变戏"《张协状元》和"反婚变戏"《琵琶记》《紫钗记》;元杂剧中的"反征服戏""反压迫戏",如《窦娥冤》《蝴蝶梦》《赵氏孤儿》《单刀会》《李逵负荆》;明清传奇中的"爱情戏",如汤显祖的《牡丹亭》等,都是不同时代精神在不同典型形象中的反映。汤显祖的伟大之处,在于既继承了元杂剧的优秀遗产,又根据时代的变化发展了它们,他把追求婚姻自由、反对封建礼教提到人性本然的个性解放的认识高度。明末清初经过大动荡,爱情题材又发生新变化,如《桃花扇》《长生殿》《雷峰塔传奇》等剧目中的主人公的不同形象,反映出明中叶以来资本主义萌芽及明末清初大规模农民战争中产生的新观念、新时代精神。到了清代的地

---

① 郭汉城:《戏曲的美学特征和时代精神——写在〈中国戏曲经典〉和〈中国戏曲精品〉前面》,《郭汉城文集》(第1册),中国戏剧出版社,2004年,第433、434页。
② 郭汉城:《戏曲推陈出新的三个问题——在全国戏曲剧目工作座谈会上的发言》,《戏曲剧目论集》,上海文艺出版社,1981年,第90页。

方戏，京剧出现了大量的"三国戏""水浒戏"和"杨家将戏"等军事题材的代表性剧目。剧目《群英会》《空城计》《辕门斩子》《三请樊梨花》等所塑造的典型形象，如诸葛亮、穆桂英、薛刚、樊梨花等，反映出明清两代连绵不断的农民战争和在战争中产生的英雄以及农民群众的自豪感和乐观主义精神。这些戏曲中塑造的人物形象和他们的精神，都属民族性精华，可供后人演唱或改编为更符合当代人审美要求的新编历史剧。

新中国成立至今的当代戏曲之时代精神，寓于勇立时代潮头之先进人物的思想观念和行动中。特别是在改革开放时期，具有反映人民进行四个现代化建设丰富社会实践的深刻内涵，更显现出民族复兴、安定团结的时代精神，这属于社会主义核心价值观思想体系，剧目应该体现这种时代精神。

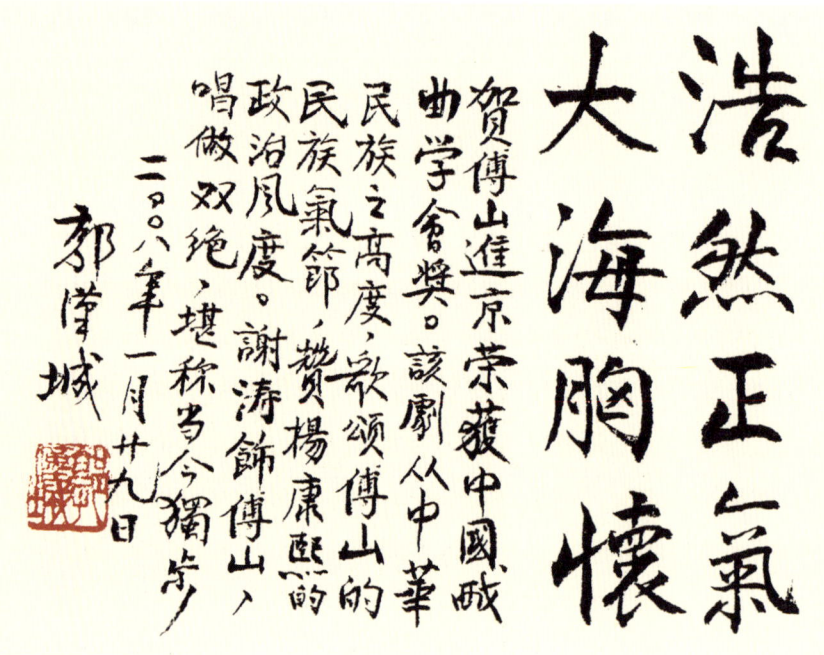

○○ 郭汉城为《傅山进京》演出成功题词

对郭汉城学术成就的研究

郭汉城学术成就研讨会

新时期以来,随着戏曲理论研究的深入,对戏曲理论家的研究也重视起来。1992年4月10日至11日,由中国艺术研究院暨戏曲研究所、中国戏剧家协会、中国戏曲学会及中国京剧杂志社五个单位联合举办的"郭汉城学术成就研讨会",在中国艺术研究院副院长薛若琳和中国艺术研究院戏曲研究所所长余从的主持下,在北京东四八条中国剧协(原中国戏曲研究院所在地)礼堂召开。

这是继张庚、阿甲先生的学术研讨会,马少波先生的剧作研讨会等几次重要学术活动之后的又一次盛会。从到会人员之踊跃、发言之热烈、会议之实效来看,是近年来所罕见的。到会的有中宣部、文化部、中国文联、中国艺术研究院

○○ 1992年4月,"郭汉城学术成就研讨会"现场。中国艺术研究院戏曲研究所所长余从(右)主持会议。左为郭汉城

○○ 骆恒光书，钱法成等十同志敬贺郭汉城先生学术研讨会"功成于道"

及有关方面的领导，还有来自北京、浙江、江苏、河北、山西等地的老中青专家学者和艺术家共两百余人。连平时很少参加活动的阿甲、吴江、晏甬、吴祖光等也都来了。大家欢聚一堂，倾吐衷肠，由陈昌本、曲润海、马少波、刘厚生、齐致翔、徐晓钟、吕瑞明、寒声、冯其庸、李希凡、薛若琳、梁冰、胡小孩、沈祖安、沈达人、朱文相、余从、颜长珂、马也、苏国荣、吴乾浩、王安葵、华迦、萧晴、钮骠、胡芝风和章诒和等三十余人先后发言，对郭汉城先生的学术成就、理论建树及人品进行了中肯的评价。

文化部副部长陈昌本在讲话中希望艺术界人士，学习郭汉城同志的奉献精神和谦虚的品格以及严谨的治学作风。他指出："郭老在理论和实践两方面都做出了巨大的努力。他的写作实践为他的理论服务，理论又为创作实践服务，二者紧密结合。""他评戏，从20世纪50年代开始，在他的笔下，几乎新中国出现的重要作品都评论过。正因为他有自己的创作实践，他研究过这么多戏，所以，他的理论是扎实的，是符合中国实际的。"

久负盛名的老艺术家阿甲先生在大会上口赠郭汉城先生对联一副：

承继前辈兴后辈，不薄古人爱今人。

中国京剧杂志社的吕瑞明在发言中说道："汉城同志几十年来辛勤笔耕，他与张庚同志一起，以中国艺术研究院戏曲研究所以及它的前身中国戏曲研究院为基地，培养了几代戏曲研究工作者的队伍，并形成一个卓有成效的戏曲理论群体。实际上是建立了一个社会主义的戏曲理论学派。这个学派，一开始就运用马列主义和毛泽东文艺思想为武器，在继承我国传统戏曲理论遗产的基础上，把中国戏曲艺术置于我国社会的政治、经济、文化发展的大背景之下，进行了全方位

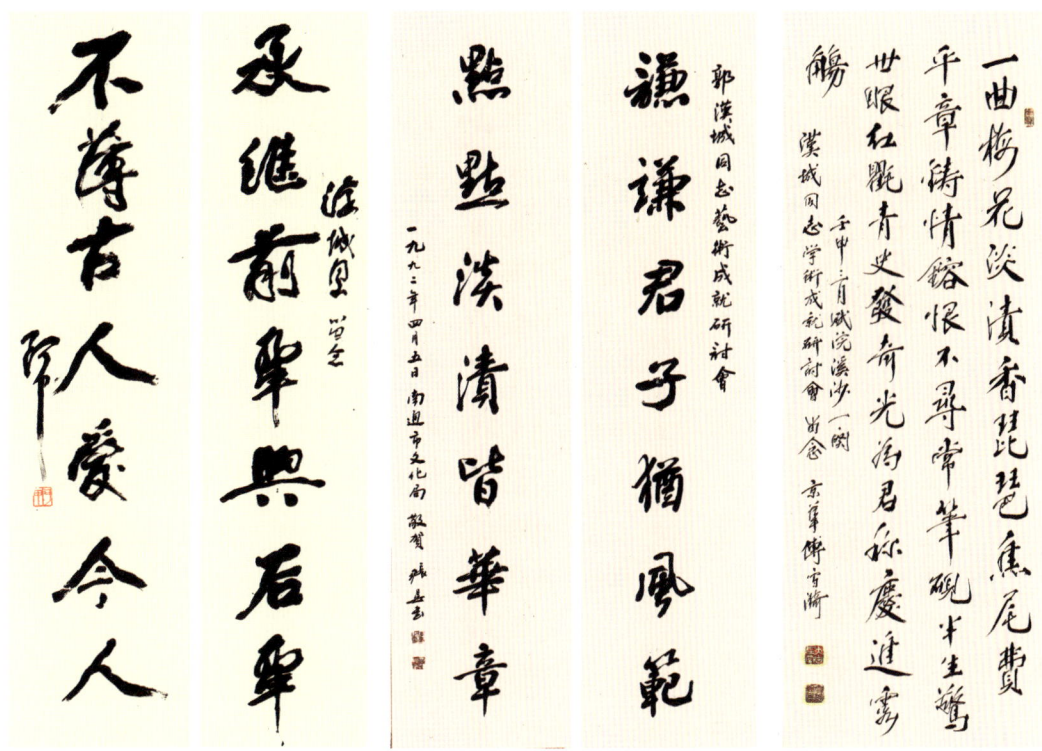

○○ 阿甲书赠郭汉城同志对联　　○○ 张晏书，南通市文化局赠郭汉城对联　　○○ 傅雪漪赠郭汉城同志诗书

的考察和研究。并从弘扬民族优秀文化的高度，密切注视我国当代戏曲发展的走向及其发展趋势，不断研究戏曲实践中出现的问题和状况，对当代戏曲艺术的发展起到了极其重要的理论指导作用和深远的影响。"

张庚先生情真意切地说："我和汉城同志有四十年的工作关系。过去我们互不认识，是党把我们凑到一起来搞戏改的。我受到批判时，汉城同志一直和我站在一起。我们无论在理性上、在感情上，友谊都很深厚。我和汉城同志真心称得上为'战友'。"

李希凡先生在发言中说："郭汉城同志是最早运用马克思主义观点，按照毛主席的指示，对戏曲进行研究、改造，推陈出新的学者之一。"的确如此，他与张庚先生主编的洋洋洒洒百余万字的《中国戏曲通史》和《中国戏曲通论》两部巨著一经问世，举世瞩目。

会上，研究员苏国荣不无欣喜地告诉大家："在汉城先生的积极倡议下，戏曲研究所对史、论的研究已由母系统转向子系统。分史、论两套丛书将包括戏曲文学、戏曲音乐、戏曲表导演、戏曲舞台美术等学科分支。"并说，"汉城先生的'人民性'学说，甚至可以与张庚先生的'剧诗说'具有同等重要的位置。"

研究员沈达人说："因为他（指郭汉城）的理论抓住了文艺创作与艺术发展中一些常规性的问题来进行论述，所以，他的理论是常青的。""这次我重新学习这本书（指《戏曲剧目论集》）中收入的文章，仍然感到这本书的理论力量，感到其重大的理论价值和鲜明的实践性。"

中国戏曲学会副会长马少波说："他（指郭汉城）是一位卓越的诗人。他的诗词歌赋造诣很深，意境深邃，诗情浓郁，而且格律严格。他的剧作也有很高的思想性和文学性，有很深的功力。"

○○ 刘乃崇、蒋建兰夫妇赠郭汉城同志诗书（早年曾见写仙锅，写到琵琶幽怨多。剧诗新成费切磋，鬓虽皤、笔走龙蛇掀巨波）

○○ 郭瑛书，山西临汾蒲剧院同仁赠郭汉城《浪淘沙》一阕

研究员章诒和说："汉城老师是分析鉴定中国剧目的一流专家。他独具慧眼，也极见功力，显示出他深刻的学术见解和思想特性。"

作为学生，马也说道："汉城先生的天生的人文主义素质，他的敦厚宽容的人格修养，以及他的善良、热情和耐心，吸引、影响和团结了全国各地的无可计数的戏曲艺术家、作家、学者和各级戏曲事业的领导者。"

与汉城先生在中国艺术研究院同事多年的晓星深情地谈道："汉城同志不趋时，不附势，不违心，不媚俗，有明确的是非，有热烈的爱憎。"

研究员颜长珂发言说："'文革'后复刊的《戏曲研究》由汉城同志任主编。他指出这是一本学术性的理论研究刊物，同样，指导思想是强调理论联系实际。他要求在编辑工作中要注意研究现实中的各种问题。耳目要灵，多看多听，

○○ 华迦贺郭汉城从艺五十周年所赠画作

多参加各种学术活动。文章要有重点，解决实际问题，又要多样化。并不在于比例的多少，主要抓质量。如果真一辑里有一两篇从实际中来，又能从理论上加以认识分析的文章，就不错了。他强调刊物要联系实际，不要搞成经院式的。对于基础知识的传播，对于基本理论的研究，也是很重要的，不可绝对化，文献、资料，即使有些暂时应用性不大的也都需要。刊物内容要广泛多样，要争取尽可能地多见读者面。也要注意大专院校的教师、同学，和他们的教学、研究结合起来，也是一种联系实际。"

为期两天的研讨会开得热烈圆满，别开生面，使几代学者受到了鞭策和鼓舞。会议期间，大家还兴致盎然地观摩了由郭汉城和谭志湘改编、北方昆曲剧院演出的《琵琶记》中的《吃糠吃秕》《难描难别》两折戏。

郭汉城从艺五十周年座谈会

1996年9月20日，文化部艺术局、中国艺术研究院、中国戏剧家协会等单位，在北京举办了"郭汉城从事文艺、戏剧活动五十周年座谈会"。与会者有来自文艺界、戏剧界的代表一百余人。张庚、王安葵、谭志湘、刘彦君等在会上发言。大家在发言中充分肯定了郭汉城先生在长达

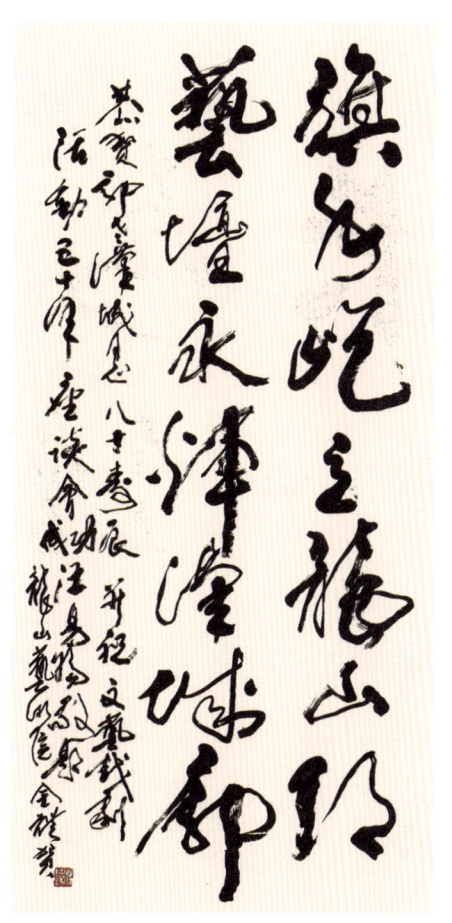

○○ 汪易扬书，龙山艺术院全体贺郭汉城同志从艺五十周年座谈会成功

○○ 沈祖安书赠郭汉城七律

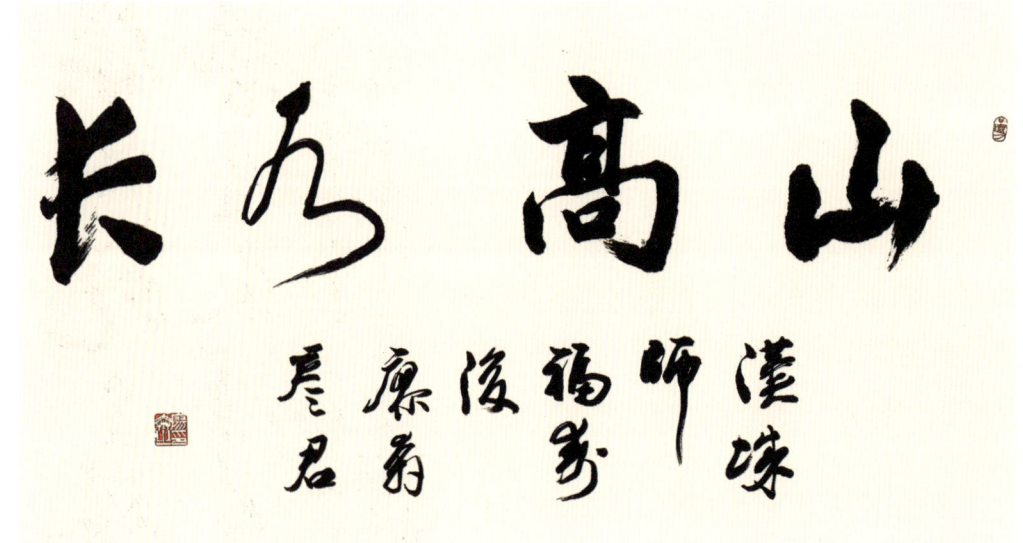

○○ 廖奔、刘彦君书赠郭汉城《山高水长》

五十年的文化艺术、戏剧活动中所取得的学术理论成就，并高度赞扬了他实事求是、理论联系实际的学风，以及高尚的人品，如把无儿无女的家中保姆王嫂养老送终等。

○○ 汪易扬赠郭汉城《牛颂》画作

《郭汉城文集》专家研讨会

《郭汉城文集》分为四册：戏曲研究论文集、戏剧批评集、诗集、剧作以及"对郭汉城及其作品的评论"等，由中国戏剧出版社出版后，反响强烈。2005年6月7日，中国艺术研究院本着"研究郭汉城先生半个世纪以来的戏曲理论研究和艺术创作，以期提供戏曲研究、艺术创造上的启示和教益"的目的，在本院举行了"《郭汉城文集》专家研讨会"。文化部教科司司长韩永进，中国艺术研究院院长王文章以及副院长胡世安、刘茜、张庆善、高显莉和来自全国各地的五十多位戏曲界专家学者出席了会议。研讨会由戏曲研究所副所长刘祯主持。

会议上，大家发言踊跃，气氛热烈，一致认为，《郭汉城文集》的出版正当时。

王文章说："汉城先生是我国当代著名的戏曲理论家、戏曲史学家、教育家、剧作家和诗人，是我们中国艺术研究院前任的老领导，是戏剧界德高望重的忠厚长者。汉城先生是传统戏曲现代化历程中一位重要的承上启下的开拓者之一，是现代中国戏曲理论科学化体系的创建者之一，是新中国成立后第一批以马克思主义理论为指导的戏曲理论研究的一位领导人物。他担任艺术行政领导职务，不计较个人得失，为戏曲理论体系的奠基工程奉献出自己的组织才干和学术智慧。作为戏曲批评家，汉城先生把自己的戏曲理论研究方法应用于他的戏曲批评之中，为现代戏曲史研究开辟了新路，为当代戏曲艺术的健康发展做出了贡献，也为后来者树立了典范。他是分析鉴定中国戏曲剧目的一流专家，无论是对古代经典之作的剖析，还是对当代新剧目的评析，都能以独到、准确、深刻的学术分析，得出令人信服的结论，其戏剧批评闪烁出不同一般的学术光芒。"

韩永进在发言中说："在我们当前文化发展的大势之下，在当前文化体制改革之际，在当前戏曲发展之时，我们需要这样的'大家'的文集。虽然郭老在自己书里说'虽说不上有多少理论意义，却有一定的资料价值'；但是我们觉得这套文集不仅具有理论意义，而且具有资料价值，也对于我们当前进行的戏曲改革有很重要的参考价值。"

郭汉城先生在会上非常谦逊地表明了自己的文品是说真话。他说："只有真实的历史才有借鉴的意义。我觉得我这些文章虽然没多好，没多少价值，但是经过大家一批评，也许就有一点价值了。我文章虽然写得不好，但是我有个宗旨就是说真话，怎么想怎么说，说错了也没关系，说出来也是自己的真实想法，写文章就是需要这样……我希望同志们对于我的文章采用说真话的态度，好的、不好的都提出来批评，这对于我自己的学术研究是有好处的。"

李小菊在《〈郭汉城文集〉专家座谈会综述》一文中写道："中国戏剧家协会顾问刘厚生指出，文集全面体现了郭汉城先生理论工作的特点。由于郭老中文底蕴深厚，20世纪50年代中期投入戏曲研究队伍后，就立刻显出他理论思想和理论见解的深刻。他的许多文章，包括50年代的文章，虽然有时代局限性，但其文章仍然非常有分量、有价值。直到现在，他的理论工作仍然反对保守，反对粗暴，反对公式化、概念化。他反右，也反'左'，这一点非常不容易。理论联系实际也是郭老特别突出的一点。粉碎'四人帮'以后，郭老与时俱进地提出'推陈出新也要解放思想'的观点。郭老的许多评论、作品都有非常明确的是非观念。当年有报纸批评张庚同志，是他站出来讲话、写文章，而一般人都不敢这样做。"

中国艺术研究院戏曲研究所研究员龚和德说："我追随郭老半个多世纪，从1954年一直到2005年，郭老跟自己一直都是老师与学生、领导与被领导的关系。这半个多世纪里体会最深的是关于'学风'的问题。张庚、郭汉城二老在学术上可参考的理论不多，主要是通过马克思主义理论结合戏曲实践，与党的方针政策相结合的产物。他们的第一个学风是'理论联系实际'。第二个学风是他们培养后代的方法，是通过平等讨论、各抒己见，用他们的真知灼见来丰富学生、教育学生。第三个学风是他对实际作品评价时的学者风度，又有原则性又非常谦和。"

中国戏剧家协会分党组副书记季国平说:"读郭老的文集有三点感受。第一,郭老是传统戏曲现代化的奠基人之一。传统戏在20世纪这一百年间发生了深刻的变化,其现代化是在张庚、郭汉城二位先生的辛勤耕耘下建立起来的,其中最重要的是戏曲改革问题。他们不仅是理论家,也是实践者。实践性是'前海学派'最大的特点,其中他们功不可没。第二,郭老是理论与创作并重的戏剧家,这是前海学派与学院派的一大区别。正因为有创作的体会,理论见解才更深刻。郭老的剧作现在还在上演。第三,郭老是有大家风范的辛勤园丁。"

中国艺术研究院戏曲研究所研究员傅晓航高度评价了郭汉城先生在戏曲改革问题和对戏曲史论科学所做出的贡献。他结合《郭汉城文集》中的具体文章,比较详细地介绍了郭汉城先生对戏曲改革的不同时期、不同问题的重要论述。

中国艺术研究院研究员曲润海说:"郭汉城先生是'山高不显',这是他根基深厚之故。郭老对山西戏情有独钟。从20世纪50年代起,郭老多次到山西看戏、调查研究,对山西的剧种、演员、创作人员、戏剧工作者都十分熟悉。山西成了他的重要艺术根据地,写起文章来也得心应手。《郭汉城文集》中有许多他给山西戏曲写的评论文章以及他为山西老中青三代戏曲艺术家写的文章。"

中国艺术研究院研究员薛若琳说:"郭老理论上有三个特点:其一是其理论全面辩证,正反两面都顾及,不偏颇。其二是其理论的深刻性,他的论述往往一针见血,绝不隐瞒己见。其三是其理论的坚定性。虽然新中国成立后政治上经历了风风雨雨,但他的见解始终不动摇。他与张庚老主编的《中国戏曲通史》和《中国戏曲通论》,培养了许多戏曲文学、戏曲理论方面的学生。《郭汉城文集》全面展现了郭老的才华,显示了一位理论家的勇气和骨气。"

座谈会上,分别发言的专家学者还有:文化部教科司社科处处长陈迎宪,中国文联研究室副主任李春熹,中国戏曲学院戏文系主任梁燕,湖北省戏剧家协会的陈先祥,中国艺术研究院副院长刘茜,中国艺术研究院戏曲研究所研究员王安葵、吴乾浩、胡芝凤,中国艺术研究院戏曲研究所副所长刘文峰,北京市艺术研究所所长秦华生,北京联合大学教授周传家,中国戏剧杂志社副主编黎继德,河南省戏剧家协会副会长郭光宇等。

郭汉城戏曲理论研讨会

2010年3月30日,由中国戏剧家协会主办,中国戏剧杂志社和中国五老(老干部、老战士、老教师、老模范、老专家)公益工程组委会承办,中国剧协党组

○○ 郭汉城与胡芝风（左）、田桂兰（右）合影

书记、秘书长季国平和中国戏剧杂志社副主编赓续华主持，在北京举办了"郭汉城戏曲理论研讨会"。有"前海学派"之称的理论家、学者及专家济济一堂，共同探讨了郭汉城先生戏曲理论的成就与特点。会后，与会者的部分发言、文章摘要发表于中国广播电视出版社2010年8月出版的《盛世中华脊梁风采——戏剧家风采》（郭汉城专集）中。

在会上，中国戏剧家协会顾问刘厚生着重谈了对郭老一篇文章《有关传统剧目教育意义的几个问题》的评价，认为"这篇论文到现在还有深刻的指导价值"。

中国艺术研究院研究员颜长珂谈了汉城先生是如何全力指导、关注《中国戏曲通史》《中国大百科全书·戏曲曲艺》的写作的，并说："他对《团圆之后》以及《薛刚反朝》《斩经堂》等剧的评论，使我们看到，原来剧评也可以这样写的。"

中国艺术研究院研究员龚和德说：

○○《盛世中华脊梁风采——戏剧家风采》封面。本书系对郭汉城的评论专集

"张庚同志和郭汉城同志都是新中国戏曲理论界的代表人物。我在他们的领导下工作有半个多世纪,体会到他们的理论工作有了'主旋律',就是既要保护戏曲,又要推动戏曲发展,建设民族的新戏曲。"

中国戏曲学会会长薛若琳说:"郭汉城先生最近出版了《淡渍诗词钞》,我时时捧读。汉城老是著名的戏曲史论家、剧作家,又是才华横溢的诗人。"

中国艺术研究院研究员吴乾浩说:"汉城老在戏曲理论领域除了重视戏曲史论基础建设,还十分关注当代戏曲现状研究。他最近一本专著,书名是《当代戏曲发展轨迹》,表明了他关心戏曲的现实生存状态,一心促进中国戏曲发展进步,热爱戏曲艺术,捍卫戏曲艺术,共进退、谋发展的拳拳之心。他是与中华人民共和国建国六十年艰辛同步、奋发进取的戏曲理论事业的重要开拓者之一。"

中国艺术研究院研究员谭志湘说:"汉城先生的理论特色与形成他的理论基础的原因是什么?第一,重视艺术实践是汉城先生戏曲理论基础最显著的特色。第二,寻求、探讨戏曲发展中带有规律性的普遍问题,为戏曲创作的繁荣发展指明方向。……对史的研究又不是钻在故纸堆中,就史论史,只见历史,不见现状,书斋式的研究,而是以史为鉴,从对戏曲发展的轨迹中,寻求带规律性的问题,指导当代舞台艺术实践。对戏曲审美价值的认定与提倡……郭汉城旗帜鲜明地提出:'不能引起观众美感的,严格地说不是艺术。'第四,提出符合戏曲规律的'空白论'与'动作论'。主张戏曲剧本不能写得太满,要给演员留下做戏的余地,用表演表现人物的内心世界和精神面貌。"

"在汉城先生的朋友中,有相当多的一部分是戏曲演员,红线女、陈伯华、王秀兰、袁玉堃、袁雪芬、常香玉、傅全香、牛桂英,还有年轻的石小梅、蔡瑶铣、王振义……数不胜数,他们到京拜访汉城先生,汉城先生到外地出差,也会看望他们。他深知表演艺术在戏曲中的地位、作用。他重视表演,尊重表演艺术家,尊重他们的劳动,常常向他们请教。"

中国艺术研究院副研究员李小菊说:"郭汉城先生是我国现代戏曲理论的重要奠基人之一,是以马克思主义文艺理论研究传统戏曲的代表性学者,是前海学派的重要领军人物之一。他的戏曲研究经历鲜明地代表了新中国成立以来现代戏曲研究的发展历程和特点:一是毕生以戏曲为革命事业,体现了一代戏曲人深挚的爱国情怀。二是在曲折复杂的戏曲改革中坚守独立自由的学术人格。三是注重理论与实践相结合的戏曲史论研究。四是充满诗人情怀的咏剧诗创作。"

武汉市文化局原副局长李志高说:"2000年,郭老观看了汉剧'百出工程'初步实验成果——两台挖掘整理剧目的汉剧演出专场,共同商讨理论问题,并在

○○ 郭汉城先生与石小梅谈昆曲

'汉剧百出工程座谈会'上发表了热情洋溢的讲话:'"汉剧百出工程",这是一个创举。据我了解,全国很多剧种,还没有谁这么有系统、有计划、有步骤地来搞一个"工程",武汉汉剧这么做是第一次,这对我们振兴戏曲来说,是一个非常重要的事情,是一个很有意义和有启示性的重要课题。'"

○○ 郭汉城诗马得画《观石小梅演〈拾画叫画〉》

中国五老公益工程组委会秘书长陈太平说:"在郭老专著《当代戏曲发展轨迹》以及回溯20世纪80年代关于'戏曲现代化和现代戏戏曲化'的争论,我们能较深刻地体味到张庚、郭汉城二老,如何在党的戏曲政策指引下,运用唯物辩证法观念来看待和解释诸如继承与发展、改革与创新等文化演变的规律性问题,这些都是极其复杂又必须面对的问题。"

"在举国上下热烈进行的科学发展学习实践活动中,我们看到这位年逾九旬、离休已有二十一年的戏曲理论家如何把'发展是第一要义''核心是以人为本''全面协调可持续发展'等科学思维方式与戏曲当前遇到的严峻挑战'挂钩'。比如他领悟到近两年党中央提出的加强解决'三农'问题的力度,使中国农民、农村、农业所发生的变革,'是一场巨大的社会变革','是以前任何一场革命变革所不能比拟的'。紧接着他断言:'这场变革与戏曲的命运有着密切的关联,这不仅表明在农村潜藏着广泛的戏曲市场,更重要的,随着这场变革的进程,将不断出现新事物、新人物、新思想,成为戏曲表现生活的新源泉,并推动整个戏曲改革的进程。'抚今追昔,郭老戏曲理论的显著特征是与时俱进,为时而著。因而在半个多世纪风风雨雨、坎坎坷坷的进程中,展示了他红色戏曲理论的独特风采及旺盛的生命活力。而这种风采与活力的终极支撑,是他对伟大的共产党的热爱,对伟大祖国和人民的热爱,对戏曲理论的敬业精神和坚持唯物史观,坚持唯物辩证的满腔热血。"

综上所述,我们追寻郭汉城先生的人生轨迹,发现他始终秉持时代变迁中永远不变的核心价值,即大爱不变,千方百计为人民服务,他为中国人民的戏曲事业做出了巨大奉献。"有一篇文章说,中国科学院院士——老一代著名科学家都具备下列两条中的一条:一、创建中国新兴科研机构,为学术带头人;二、本人学术成就辉煌,是创建科学学派的开拓者。"[①]郭汉城先生在戏曲学方面,是具备以上两个特征的。第一,他的学术成就博大精深,厚积薄发,是世人所公认的。他的"人民性"学说、戏曲美学观点,在海内外影响深广,真正起到了学术带头人的作用。第二,他与张庚先生共同创建了举世闻名的"前海学派",他们集思广益,创造了集当代戏曲学术大成的成果。

在当代中国戏曲史的每一个历史阶段,我们都可以看到郭汉城先生为戏曲的改革发展而奔波的矫健身影。如今,他已至期颐之年,但作为中国艺术研究院的终身研究员,仍在戏曲研究领域执着无悔地燃烧着生命的光和热,仍在密切关注中国戏曲的发展进程,仍在践行着他"即使晚年也绝不虚度年华"的意愿。他仍一如既往,经常兴致勃勃地出入于剧场,看戏评戏。如在2013年1月7日,《中国文化报》发表了他写的剧评《寒凝雪烁绽红梅——看豫剧〈铡刀下的红梅〉有感》;他还在对戏曲改革进行反思,在2014年5月2日的《人民日报》"当代舞台艺术观察与思考征文栏",发表文艺评论《对戏曲改革的认识要与时俱进——兼

[①] 安葵:《张庚评传》,文化艺术出版社,1997年,第255页。

谈戏曲的"推陈出新"问题》,文中谈道:戏曲改革情况复杂,像一篓蟹,你勾着我,我勾着你,团团转,理还乱;但只要目标明确,抱着科学的态度,总可以梳理出一些头绪,解决一些重要问题,特别是一些重要的方针政策问题,以收到"提纲挈领,纲举目张"之效。从制定戏曲改革的政策到现在,时代发生了巨大的变化,我们的政策必须去适应这种变化,才能得到新的和谐、平衡,否则将产生政策和时代不完全适应的问题。在有些人眼中,我们是拥有昆曲、京剧这样高超艺术的戏曲大国,少几个地方戏、民间小戏算不了什么。他们并不懂得"百花齐放"与"推陈出新"的深刻含义,当他们这样想的时候其实已经放弃了时代赐予戏曲的良机。

郭汉城先生这种于巍巍期颐之年仍一心一意为戏曲攻坚克难献计献策的无私奉献精神令人感动。他不愧为戏曲界的楷模,值得我们由衷地尊敬与效法。

"前海学派与中国戏曲:郭汉城先生对中国戏曲的贡献"学术研讨会

2016年7月13日至14日,"前海学派与中国戏曲:郭汉城先生对中国戏曲的贡献"学术研讨会在中国艺术研究院举行。这次会议,由中国艺术研究院主办,中国艺术研究院戏曲研究所、张家口市文联承办。中国艺术研究院戏曲研究所所长王馗主持会议并宣读中国艺术研究院院长连辑的书面讲话,季国平、曲润海、薛若琳、王安奎、龚和德、沈达人等领导、专家以及戏曲研究所的相关研究人员共同参与研讨,深入解读郭汉城先生对中国戏曲的贡献,以学理层次认真总结了"前海学派"

○○ 2016年7月13日至14日,"前海学派与中国戏曲:郭汉城先生对中国戏曲的贡献"学术研讨会会场

○○ 中国艺术研究院原常务副院长曲润海书赠郭汉城

的理论成就，从多个角度阐明了这些贡献和成就对当代戏曲传承与发展的重要推动作用，从而进一步找到了指导当前戏曲艺术繁荣发展的理论基石，保持国家智库应有的学术根基与学术敏感，为"前海学派"的理论空间进行了拓展。以下是与会者的主要学术观点。

连辑院长讲，作为教育家的郭汉城先生，始终秉持历史唯物史观，坚持理论指导实践的教育观来培养学生。承他教泽的学生遍及戏曲界，这是他的重大贡献。作为艺术家的郭汉城先生，是著名的诗人、剧作家。"老也何足悲，此心长似铁"，真切地道出了诗人在人生历练中恒久的坚忍与文心的灵动。他的戏曲创作，早在20世纪50年代，一部据梁山伯与祝英台的故事而创作的《蝶双飞》，就在宝文堂书店再版十七次，其中的经典唱段至今仍在艺人中流传。此外，他与谭志湘合作的《琵琶记》，迄今仍在舞台上演出，还有宗教剧《刘青提》等都具有强烈的时代感，显示了他成熟的编剧能力和深

○○ 曲润海书赠郭汉城

○○ 中国艺术研究院戏曲研究所所长王馗主持会议

厚的艺术功力。作为学者、理论家的郭汉城先生，最突出的成就，是与张庚先生共同缔造了中国戏曲的理论体系。这一体系的核心价值标准，即在于理论的民族视角与民族风范，理论的时代视角与时代风范。数十年来，两位先生作为中国艺术研究院戏曲史论研究团队的领导和学术权威，引领着中国艺术研究院戏曲研究的发展方向，同时也引领着中国戏曲研究的发展方向。多少年来，他们与各省地市戏曲研究者、各重要表演团体的代表人物进行了广泛交流，实现了中国戏曲史论队伍的梯队发展和有序传续。这个被称之为"前海学派"的戏曲团队，不仅仅体现于郭汉城先生捐资出版的"前海戏曲研究丛书"，更体现在几代前海学者共同达到的理论建构，即：文献资料—戏曲史—戏曲志—戏曲理论—戏曲批评这个相对独立又相互递进的体系化思辨。张庚与郭汉城先生在戏曲理论领域的创造性贡献，也奠定了中国艺术研究院艺术理论领域的基本研究范式，可以说，戏曲的"前海学派"实际也奠定了中国艺术"前海学派"的基础。一位学术大师在期颐之年仍笔耕不辍，仍在戏曲理论的前沿进行思考和拓展，这是中国艺术研究院以及中国戏曲能够不断健康发展的最珍贵的精神宝藏。由郭老这一代学者所奠定的理论与实践交相互动的学术风尚，在中国艺术研究院六十五年的建院历史上，形成了经得起实践考验、经得起理论推敲、经得起后代学者不断回味传承的学术资粮，这是我们向百岁长者致敬的时候，最值得不断反思和继承的优秀传统。

王馗所长说，"前海学派"的形成，可追溯到中国戏曲研究院时期建立的理论研究机构，其发展则自然延伸当前位于北京惠新北里的戏曲研究所。它不是自身的头衔，而是六十五年来这个团队在中国戏曲发展进程中不断被寄予高度期望、不断得到尊重和公认的学术流派。"前海学派"是中国戏曲进入现代转型以后，以强烈的文化自觉进行理论创新的一个学术团队。前海学人打破了理论研究不能与场上艺术相通的学术局限，奉行由张庚、郭汉城先生所秉持的"三通"原则，即：与表演团体相通，与高等院校相通，与海外戏曲界相通。它的学术目标是建设多元升级和独具民族化风格的戏曲理论体系。它广泛调动起戏曲理论界的智慧，将戏曲史的研究从先秦上古延伸到当代，将戏曲理论的研究从高度概括的艺术范畴推及当前的戏曲批评，将戏曲艺术体系从结构严谨的戏曲文本体系扩展到数百个形态不同的中国戏曲剧种所形成的表演体系。目前"前海学派"的重要使命，就是继续调动全国戏曲理论界人士，共同研讨，以理论建设推动中国戏曲的现代转型，全面实现传承与创造的良性兼容与有序发展。

中国剧协分党组书记、驻会副主席季国平说，郭汉城先生是我国戏曲现代化的奠基人和推动者，与张庚先生共同主编了《中国戏曲通史》《中国戏曲通论》等著述，堪称戏曲史论的扛鼎之作，影响了几代学者。张、郭二老同时还是戏曲的亲身实践者。理论与实践并重，这正是"前海学派"与学院派的差别所在。郭老热情鼓励后进，培养了一大批戏曲工作者，从他的诗中我们深切体会到他是一位智者、仁者、寿者。

中国艺术研究院原常务副院长曲润海回顾了张庚、郭汉城先生的学术研究与戏曲实践活动。他认为"前海学派"具有很强的包容性，学术视野广阔。郭老特别强调戏曲的现代化，提出戏曲现代化就是要与时俱进，它是戏曲生存、发展的试金石。

中国艺术研究院原副院长薛若琳在发言中指出，在张、郭二老的带领下，研究院几代人通过不断研究、探索和总结，取得了一些学术共识：中国戏曲起源于原始歌舞，形成并成熟于宋元时期；中国戏曲的"剧诗说"；中国戏曲的艺术特征基本是综合性、虚拟性、程式性；强调民间戏曲的重要性；戏曲理论与实践相联系等。用马克思主义唯物史观研究和编纂中国戏曲历史是正确的，这是"前海学派"的研究者践行"思想自信、文化自信、理论自信"的重要成果。

沈达人认为，郭老提出戏曲的鼓舞教育作用、认识作用与美感教育作用三个标准，将现代戏视作戏曲现代化的主要标志和试金石，是有充分理论根据的。第一，戏曲现代戏的发展分为探索阶段、发展阶段和趋于成熟阶段三个时期，第三阶段的最大特点是现实主义的回归和升华。第二，戏曲现代戏要继承可用的程式和应用程式的法则、法规、规律。第三，戏曲现代戏已趋于成熟。第四，现代戏划分为戏曲改革阶段和戏曲建设阶段。改革已经完成，要更好地实现戏曲现代化的战略转移。

王安葵认为，在戏曲发展的不同历史阶段，郭老都系统地论述了戏曲的推陈出新问题。郭老最先对悲剧、喜剧、悲喜剧等概念的内涵作了民族化的概括，推动了中国戏曲美学的研究。他坚持理论与实践紧密结合，成为张庚先生"剧诗说"的自觉践行者。郭老还重视学术集体的建设和对后辈的培养，使"前海学派"成为一个团结全国广大戏曲工作者共同奋斗的学术群体。

○○ 张林雨在会上发言

龚和德强调,"前海学派"这一学术团体的主旋律是,既要保护戏曲,又要推动戏曲发展,建立民族的新戏曲,只有解决好五四以来的民族虚无主义、文化激进主义、文化保守主义等各种历史性和规律性的问题,才能保护好戏曲,推动戏曲的健康发展。

傅谨提到,郭汉城先生曾说:"新中国成立六十年,我们只做了两件事:前三十年,我们不断在说,戏曲是好的;后三十年,我们不断在说,戏曲不会灭亡。"这是戏曲研究的核心价值与意义,是"前海学派"为中国戏曲事业做出的杰出贡献。

其他与会专家也从不同的角度对"前海学派"及其所取得的学术成就进行了总结概括。钮骠表示,"前海学派"这一名称的始作俑者是他。是他于20世纪80年代在东四八条召开的一次学术会议上首先提出的。这一学派有四个特点:理论联系实际、与时俱进、艺术民主化、随时学习提高。安志强认为,"前海学派"不是自封的名号,伴随中国戏曲研究院的建立和发展,已经具备了学派的特质,至今仍然发挥着巨大的社会作用;就中国戏曲音乐研究领域而言,特别要尊重原中国戏曲研究院戏曲研究室的众多前辈。黄在敏强调了在《中国戏曲通论》和《中国大百科全书·戏曲曲艺》的编撰过程中,"前海学派"的治学精神形成了几个特点:坚守民族化的学术精神和为人民的学术方向,具有整体把握的学术思想,以发展的眼光进行学术建设和研究,坚持理论与实践相结合的研究方法。

中国艺术研究院戏曲研究所中青年研究人员提交了十八篇论文,分别从"前海学派"形成历史、戏曲通史、戏曲理论研究、戏曲批评、戏曲音乐研究、戏曲文学研究、戏曲舞台美术理论研究、戏曲导演理论研究、少数民族戏曲研究、宫廷戏曲研究、宗教祭祀戏剧研究、戏曲文献整理研究、戏曲音像资料整理、《中国戏曲志》编撰、戏曲非遗保护、话剧民族化、调查研究方法、戏曲海外影响等领域与视角入手,从分支学科理论建设的角度总结了"前海学派"的研究方法与研究成果。

研讨会期间,论文宣读与资深研究者的现场评议结合进行。在评议中,周育德指出,"前海学派"戏曲研究的特点是"究天人之际,通古今之变","前海学派"的研究人员具有强烈的社会责任感和高度奉献的精神。马也强调,"前海学读华雯文,深。观华雯表演,真。真与深,构成情感之美颂,使挑山女人这个具有中国特色、生活在社会主义初级阶段的伟大母亲形象闪耀出时代的光辉。华雯技艺娴熟,唱做兼擅,程式生活,结合自然,你演好现代戏不可或缺的又一重要方面。

二〇一四年五月八日郭汉城写于京郊草桥村,时年九十又七,兴之所至,不能已也。

○○ 2014年,郭汉城先生为原创沪剧《挑山女人》获"中国戏曲学会奖"暨"深·真·美——沪剧《挑山女人》学术研讨会"题词派"的研究者强调活性的史态,追寻原发性和原生态的戏曲状态,要求还原真正的戏曲历史,其研究注重对真理和对艺术规律的把握。贾志刚指出,没有学派就没有原创性,也不可能出现"百花齐放、百家争鸣"的局面,因此,现在重提"前海学派",至关重要。

○○ 中国艺术研究院同仁赠郭汉城《仁者寿》

剧作家郭汉城

郭汉城评传

个性鲜明的"这一个"剧作

1952年,在"改戏"的热潮中,郭汉城先生深感好的上演剧本之缺乏,在繁忙的戏曲"三改"工作之余,开始了剧本的创作。他先改编了《蝶双飞》。该剧富有浓郁的民间神话色彩,有着积极的思想主题,由翟翼导演,通过新鲜的灯光布景和刘玉婵、王桂兰等娴熟的表演,充满激情的歌唱,成功地塑造了聪明美丽、多愁善感的祝英台和忠厚朴实、正直善良的梁山伯的典型艺术形象。在张家口连演三百余场,致使塞外山城万人空巷,观众交口称赞。剧中"十八相送"和"楼台会"的乱弹,成为群众在街头巷尾流行的唱段。难怪此剧本一经宝文堂书店出版发行,便供不应求,直至再版十七次之多。该戏能引起如此的轰动,这在当时只有二十多万人口的张家口是很了不起的。

我问郭汉城先生《蝶双飞》的由来,他是这样告诉我的。有一次,他去中国文联开会,从东安市场买到了他的家乡戏越剧《梁山伯与祝英台》的小唱本。这本戏当时全国好多地方都在演,他就依这个本子为蓝本,根据晋剧的语言特点与演唱特点,对唱词与情节都进行了改编,名为《蝶双飞》,后交与张家口市晋剧一团排演。结果一上演,就引起了强烈反响,老是满堂彩,效果十分喜人。

○○《蝶双飞·化蝶》中刘玉婵饰祝英台(左)、王桂兰饰梁山伯

一日，郭汉城先生亲自去看演出，演到《楼台会》一折，台上演员在哭，台下观众也在唏嘘。突然，一名解放军战士站起来激动地说："别哭了，别哭了，我受不了啦。"由此可见，此戏感人至深。

郭汉城先生接着说，这本戏在当时能取得如此强烈的演出效果，是有其特定的时代背景和它的必然性的。据他所知，当时在张家口的张北地区曾有过这样的真人真事：有一个媳妇不堪忍受婆婆的虐待，悬梁欲自尽。婆婆发现后，不但没有救她，反而抓住她的双脚往下死拽，让她"快点咽气"。这种以暴力手段随意践踏人性的典型事例，让人们看见了一个封建卫道士的丑恶嘴脸。在万恶的旧社会，它根深蒂固，必在迅速铲除之列！

这本反对封建礼教和封建家长包办婚姻的戏，满足了观众，特别是妇女观众们对爱情自由、婚姻自主的追求，同时又与党和人民政府反对封建礼教、解放妇女的政策相呼应，不仅适应了时代的要求，也表达了广大妇女的心声。

继《蝶双飞》之后，郭汉城同志又编写了历史剧《复郢都》。此剧取材于伟大爱国诗人屈原的历史事迹，描述屈原遭谗被逐，流落民间，听到秦军攻陷郢都（楚国首都），饮恨悲歌，投身汨罗，从而激起民众义愤，一度破敌复都，重光河山。他和翟翼改编的《张羽煮海》（宝文堂书店出版，赴河北省参加第一届戏曲观摩演出大会后改名《仙锅记》，再由河北人民出版社出版）取材于神话故事，在当时也产生了较大影响。他还根据司马相如和卓文君的爱情故事，编写了另一个戏曲剧本《卓文君》。

一个文化主管部门的领导干部，在局务工作繁忙的情况下，短短数年内，竟接连写了四个大戏，并有三个立之于舞台，其创作热情之高，成活率之大，令人赞叹。

新时期以来，他又写了戏曲剧本《合银牌》、《青萍剑》（与寒声合作）、《琵琶记》（与谭志湘合作）、《刘青提》。

其中的《琵琶记》由浙江小百花越剧团和北方昆曲剧院分别上演，迄今还在演出。

他之所以能写出这么多好剧本，与他有着丰富的生活基础、高度的思想水平、精深的艺术鉴别能力以及深厚的文学功底与诗词功力是密不可分的。早在20世纪40年代，他曾写有小说《邬家崖风波》《红珠》和长诗《狼牙山》，在华北解放区就颇有影响。特别是他进入戏曲艺术殿堂后，如他所说的，熟谙戏曲是"戏在舞中演，情自歌中出"的剧诗个性特征，他能以这种理论来指导自己的创作实践，因而他写的剧本能推陈出新，继承与创新有机融合，能把他诗人的情感变成舞台上的"剧诗",而且往往不是写得"很满",总要给演员留下做戏的余地,以便充分发挥他们的创造性,用表演来表现剧中人的内心世界与精神面貌,在典型的环境中,刻画出真善美的典型人物形象。这种剧作,当然观众是非常欢迎的。

  关于传统剧目的整理改编,郭汉城先生说这是在前人创造基础上的再创造,"要有胆识,要善辨别。做好了,可以化平庸为精彩,化腐朽为神奇"。[①]在改编传统剧目之前,先要做调查研究的工作,要了解剧种方面不同地域的差异,了解剧目演变的历史,以便做出历史的评价,还要了解演员的情况,重视舞台艺术的再创造。在具体进行中,要反映时代精神,把历史题材与时代精神相结合,让真与美密切联系起来,透过形象来表达思想感情。下文将以他改编传统戏《刘青提》、《海陆缘》、《琵琶记》(合作)的经过来加以具体阐明。

---

① 郭汉城:《传统剧目整理改编的几个问题》,《戏剧报》1962年第5期。

成功的翻案戏
——《刘青提》改编始末

2011年5月22日,正值夏季,天气炎热,日长闷倦。郭汉城先生在"淡渍堂"翻阅出《刘青提》旧作一个。这个剧本是于1993年9月他在四川绵阳参加"中国四川目连戏国际学术研讨会",并观摩了目连戏演出回京之后写的,是一个为刘青提翻案的"翻案戏"。

"地狱救母"的故事,始见于佛教《地藏菩萨本愿经》,流入中国以后,衍变为伴随着中国戏曲发生、形成和发展的《目连救母》戏曲。从《地藏菩萨本愿经》到《目连救母》的一个最大的变化,是由"救"到"罚",这大概是外来佛教思想与中国封建专制主义思想结合的结果。

目连戏在中国戏曲史上起过重要的作用,其"地狱轮回"思想对人民也产生了很大的影响。郭汉城先生生长的浙东地区,在旧社会,封建迷信思想很重。鲁迅先生在他的《祝福》中描写的祥林嫂,就是一个很深刻、很真实的典型。汉城先生记得离他家不远的临浦镇附近,有一座峙山,山上有庙,庙里有地狱的塑像。听老辈们说,某村有一个糊假银锭(冥钱)的女人,有一次到峙山烧香,看到寺中描绘有地狱的种种残酷恐怖的景象,怕受阴世报应,惊恐忧郁而死。郭汉城后来到全国各地,特别是南方一些省份,发现其情况也大致如此。

他从事戏曲工作以后,由于条件的方便,目连戏便看得多了,如1961年9月19日,文化部《关于加强戏曲、曲艺传统剧目、曲目的挖掘工作的通知》下达后,他看了家乡绍兴挖掘的传统目连戏后,在10月31日的《光明日报》上发表《重看绍兴目连戏》一文,指出"形成目连戏这种庞大复杂结构的原因,史家解释不同,但就内容来看,不同阶段思想倾向的反映,当有重大的关系"。他特别谈道:"在民间长期演出的过程中,老百姓却把自己的生活和看法,逐渐加进里面去了。……通过这些人物(或鬼物)把旧社会的人情世态,悲哀欢乐,按照人民自己的观点、趣味反映出来。"在文章最后,他得出明确的结论:"对于这份遗产,一定要有所区别。迷信、恐怖,地主阶级用来吓唬、麻醉人民的部分,必须坚决抛弃;对那些有人民性的折子，和其中杂技性的部分，则应小心保护，不要让地主阶级的东西来鱼目混珠，经过必要的整理是可以复活在舞台上的……不了解旧社会的悲惨黑暗，哪懂得新社会的幸福光明。在这个意义上，今天的人看看，也有一种教育意义。"于是，他渐渐产生了改编目连戏、为刘青提翻案的冲动。

后来，在"左"倾思潮的影响下，1963年元旦，柯庆施在上海部分文艺工作者座谈会上提出所谓"大写十三年"的错误口号；同年3月29日，中央批准文化部党组《关于停演鬼戏的请示报告》。由此而至1978年的十五年中，鬼戏在戏曲舞台上便销声匿迹了。当然，他的这个念头也就被搁置了。

党的十一届三中全会后，我国进入了实行全面改革开放的重要历史时期，戏曲也迎来了发展繁荣的春天。1984年10月29日至11月3日，在中国艺术研究院副院长张庚、郭汉城（兼戏研所所长）的重视与支持下，戏研所《戏曲研究》编辑部与湖南省戏曲研究所在湖南祁阳联合举办目连戏学术座谈会。期间，郭汉城先生提出了对目连戏要有科学的态度，他说："要经过调查研究，掌握充分的资料，并运用先进的科学方法，才能对这些由于历史过程的复杂性所造成的矛盾重重的问题得出更符合历史实际的结论。"①会后，湖南辰河戏的压缩本《目连传》得以在法国巴黎艺术节演出。

此举勾起了郭汉城先生在1961年就萌生的改编目连戏的念头。但目连戏作为一种文化现象，包含的社会生活、思想内蕴十分广泛、十分复杂，这个案该如

○○ 1984年10月，中国艺术研究院戏曲研究所与湖南省戏研所在湖南祁阳举办目连戏座谈会期间，中国艺术研究院领导、专家与湖南省文化厅领导专家在一起。左起前排：郭汉城、金汉川、张庚、文艺萱、张九，后排左一余从

---

① 文忆萱：《中国戏曲理论体系的奠基者》，赵化勇主编：《盛世中华脊梁风采——戏剧家风采》，中国广播电视出版社，2010年，第117页。

何翻呢？这引起了他长时间的思考。真是无巧不成书，一个偶然的机缘给了他启发，成为他下决心干这件事的契机。那就是前文已述及的他在绵阳看目连戏期间，听到一种传说，有人曾看过某地某剧团演目连戏有这样一个结局：一只鬈毛狮子狗由一个伎艺人陪着，在江湖上漂泊流浪，这只鬈毛狮子狗就是刘青提，那个伎艺人就是她的儿子目连。这个传说，无异在他眼前闪烁起一点人性的火光。有了这个亮点，一切人物的行动、戏剧情节的发展，都自自然然地向人文主义的趋势流去。就这样，他把这个"结局"写进了《刘青提》剧本，自己还很得意；没有料到，后来他向朋友们征求意见的时候，好几个朋友都不约而同地表示反对刘青提变狗，有的甚至很生气地说："应该让阎王变狗！"这好像在他头上泼了一盆冷水，使他清醒起来。经过反复的考虑，他对"变狗"的结局做了修改。

在写《刘青提》之前，他还有过一个顾虑，就是舞台形象问题。地狱的残酷恐怖，鬼的凶残丑恶，显然不符合今天观众的审美要求。但既然是目连戏，又不可能完全避免。怎样解决这个矛盾？他寻思了很久，可以说，所花的心血并不比前面的少。他采取了多种办法：一是尽量避免地狱在舞台上具象呈现，这比较好办；二是把阎王、无常、狱吏、鬼卒等人物（鬼物）"间离"化，使他们似真非真、似假非假、似此非此，以淡化观众的感官刺激，仍保留对他们的批判精神。在剧本上的这种设想，效果究竟怎样，光剧本还不能回答这个问题，还要看舞台实践，因为归根结底戏曲是一种舞台艺术。

目连戏里有许多乡情民俗的场面，如婚丧节令、祭祀活动等等，还有许多杂耍节目，有些可能是从宋杂剧、金元院本流传下来的。它们生活气息浓厚、生动活泼、机趣盎然，闪烁着民间的乐观主义精神。这些都是曾经十分吸引人而获得众人赞誉的。但原剧的主题变了，传播渠道、演出方法变了，就不可能原盘照端，全部容纳，只能有选择地、零星地融入剧情之中，这也是无可奈何的事。

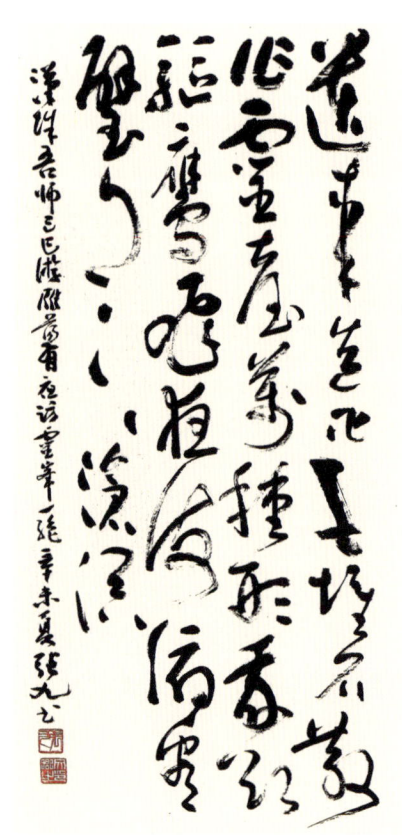

○○ 张九书郭汉城诗《夜访灵峰》

喜剧主题的升华

——由《张羽煮海》到《海陆缘》的三次重写

20世纪50年代初，郭汉城根据元杂剧李好古的《沙门岛张生煮海》，改编出剧作《张羽煮海》。这是本剧的第一次改编。本剧于1954年8月参加河北省第一届戏曲观摩演出后，改名《仙锅记》。剧作情节比较简单，主要以龙王父女之间的冲突，突出了反封建的主题。

第二次改编把戏的重点转移到了张羽遭遇的困难上来。随着剧作主题和风格的改变，情节、结构、人物和语言等都发生了一系列的变化，生发出龙王召集大臣商议阻止张羽煮海，巫娥在途中幻化老翁动摇张羽意志等新的人物和场景，把张羽和龙王的较量用喜剧的形态表现出来，写成了一本大型神话喜剧。但所欠缺的是喜剧风格未能贯穿全剧。剧名仍为《仙锅记》。后吸收龚和德同志的意见——"主题思想尚可进一步开掘"，并根据他的介绍，郭汉城在《走向世界丛书》中找到了一则材料：

> 英国使节马戛尔尼于乾隆五十八年在热河行宫有幸同皇帝一起看了祝寿演出，他对演出做如下描述……至最后一场，则为大神怪戏，不特情节恢诡，颇堪寓目，即就理而论，亦可当出人意料之誉。盖所演者为大陆与海洋结婚之故事。开场时乾宅、坤宅各夸其富，先由大地氏出所藏宝物示众，其中有龙、有象、有虎、有鹰、有鸵鸟，均属动物；有橡树、有松树及一切奇花异草，均属植物。大地氏夸富未已，海洋氏已尽出其宝藏，除船只、岩石、蚧蛤、珊瑚等常见之物外，有鲸鱼、有海狗、有鳄鱼以及无数奇形之海怪——均系优伶所扮，举动神情颇为酷肖。两氏所藏宝物，尽集于戏场之中，乃至左右两面，各自绕场三匝。俄而金鼓大作，两方宝物合而为一，同至戏场前方，盘旋有时，后分为二部，而一鲸为其统带官员，立于中央，向皇帝行礼。行礼时口中喷水，有数吨之多。以戏场地板，建造合法，水一至地，而由板隙流去，不至涌积。此时观众大

加赞叹。①

在这则材料的启发下,郭汉城认识到了题材中"大陆与海洋结婚"的象征意义,掌握了开启"和谐""完满"的喜剧结局之门的钥匙。于是,就循着这种思路,对该剧进行了第三次改编。

这次改编对原作只做了一些增删修补,主要是新增了一个仙女劝说龙王,给了龙王一个下台阶的情节和一段新写的劝词,从而引申出了前人未曾想到的哲理——海陆结缘、天人合一的理想。

其新写的劝词是:

> 万有一体,阴阳相济,
> 浑无际,环环相扣,生生不息。
> 你看那,春日融融花生地,
> 夏木繁荫百鸟啼。
> 秋风大海洪波涌,
> 冬雪飘飘,婀娜世界着舞衣。
> 都只为,大地拥海海浮陆,
> 海陆相依景瑰奇。
> 都只为,日月星辰高天旋,
> 寒来暑往成四季。
> 可笑父,心偏执,逞霸气,
> 生扭海陆做仇敌。
> 自尊自大自得意,
> 好一似醉筵舞虫蚁。
> 你做了几千年的混沌梦,
> 如今该挥开昏雾任心飞。
> 快把你慈父柔情恢复起,
> 为你娇女亲手结缡。
> 你把那大海珍宝做陪嫁,

---

① 郭汉城:《淡渍堂三种》,北京时代华文书局,2015年,第424页。

我也用地上珍奇比配你。
要让那大陆海洋一片欢乐呈和气,
做一个,人天大欢喜,福齐文亦齐。①

以这段唱词为主轴,前面点出了张羽煮海并非要杀死龙王,消灭水族,并向龙王讲述了和谐的道理和好处,消减了肃杀之气;后面加了一个海陆斗宝的欢乐大场面,遂出现了山明花笑、海陆相倚的美好景象。这样,郭汉城就把古代的美丽传说与当代人对世界美好的理想有机地结合起来,使这一剧目达到了新的境界,剧名也就随之改为了《海陆缘》。

从上文所述,我们看出,欲改编出一本好戏谈何容易!郭汉城先生"数十年磨一剑"的创作精神,是值得后辈大加效法的。

○○ 管善裕赠郭汉城《柴房会》画作

---

① 郭汉城:《郭汉城诗文戏曲集》,中国戏剧出版社,1993年,第235—236页。

悲剧意蕴的深化
——经典名剧《琵琶记》改编探幽

郭汉城先生与谭志湘同志的《琵琶记》，是根据元末明初现实主义剧作家高则诚所写被后人称为"南戏之祖"的经典名剧《琵琶记》改编的。

对该剧，早在20世纪50年代，郭汉城先生就有如下的看法：《琵琶记》"主要通过蔡伯喈被迫招赘相府而招致蔡家的毁灭，暴露统治阶级自私虚伪和与人民之间不可调和的矛盾。蔡伯喈在牛丞相威势下动摇、屈服、痛苦、挣扎，直到反抗，是剧本发展的主线"。①三十余年后，他和谭志湘的昆曲改编本在结尾的幕后伴唱声中，又准确地阐发了原作的精神："血泪琵琶写幽怨，岂止是风化传扬。"

关于《琵琶记》改编本的来龙去脉，郭汉城先生在《关于〈琵琶记〉》一文中说得十分清楚。他说在20世纪80年代末90年代初，他和谭志湘同志应上海电视台之约，根据他们的观点，曾经写过一个《琵琶记》的改编本，但因故未能排演。90年代初，北方昆曲剧院总

○○ 1996年，北方昆曲剧院在北京成功演出《琵琶记》剧目并获文化部第五届文华奖。图为剧作家与导演、主演合影。左三郭汉城、左一谭志湘、右一丛肇恒（导演）、左二蔡瑶铣（饰赵五娘）、右二王振义（饰蔡伯喈）

---

① 郭汉城：《戏曲剧目论集》，上海文艺出版社，1981年，第118页。

导演丛肇桓同志来找他，提出要他和谭志湘把《琵琶记》改编成昆曲剧本，给蔡瑶铣同志排演。郭汉城和谭志湘与瑶铣同志都有些交往，很欣赏她的珠喉；《琵琶记》有许多脍炙人口的唱段，如"吃糠""描容""闯帘"等，演好此剧非她莫属。为编好此剧，还组织了一次讨论，这次讨论详细、具体，大至把原剧歌颂封建道德的总倾向改为揭露、批判封建道德的总倾向，小至场次情节的选择取舍。这次讨论还有一个重要的成果，就是郭汉城和谭志湘共同商定，一定要把地方戏的"刻碑三打"融入"大团圆"的结局之中。作为照应，要在前面加强牛太师造成悲剧的描写；因为不批判牛太师，便不能彻底暴露封建道德的虚伪性，完不成从总体上改变原作歌颂封建道德的总倾向。决不能把牛太师写成与蔡伯喈、赵五娘、牛小姐等一样受封建制度毒害的不自觉的"被害者"而赋予他同情。谁对谁也没有错，谁对谁也不顺心，生活中有这样的事，也有这样的作品，但不是《琵琶记》。徐渭说《琵琶记》写的是一个"怨"字，无处不怨，无人不怨，可这个"怨"字首先就落在牛丞相的头上，不把握这一点，就会是非不分、倾向不明。在这种共同认识的基础上，志湘同志很顺利地写出了一个有"刻碑三打"的、悲剧性的"大团圆"结尾，使全剧整个情绪昂扬起来。但戏排成之前，这个"刻碑三打"却受到了方方面面的怀疑甚至抵制，原因大概是受前一时期反对阶级斗争庸俗化、扩大化的影响，以至把它当成了"过火斗争"。郭汉城和谭志湘都不同意这种看法，拒绝这种意见。事实很清楚，"刻碑三打"是剧情发展的合理结果，并非是谁为了达到某种目的而人为地安排的。如果把"刻碑三打"当作"过火斗争"，那么改编者也不是始作俑者，始作俑者应该是古代人民，他们在《琵琶记》的长期演出过程中，逐渐把自己的审美理想融入进去，改变高则诚的封建"乌托邦"理想，发展了作品的现实主义。这种改变不仅受到古代观众的欢迎，同样也受到今天观众的欢迎。首都观众完全接受北方昆曲剧院的演出，当戏演到张大公举起藜杖斥责蔡伯喈的"三不孝"和张大公说"蔡家只有孝妇，本无孝子"，拒绝在碑文中写上"全忠全孝蔡伯喈"的时候，全场观众情绪都激动起来，他们在剧情进程中郁积起来的对牛丞相的鄙视、愤怒，一下子得到了宣泄。[1]

"把原剧歌颂封建道德的总倾向改为揭露、批判封建道德的总倾向"，是剧作家站在时代的高度，对中华民族性格品质中优质与劣质的深刻思考。

无疑，在赵五娘、张广才的身上体现出的是中华民族的传统美德，绝不能简

---

[1] 郭汉城：《淡渍堂三种》，北京时代华文书局，2015年，第428—429页。

单地冠以封建道德。就是在20世纪90年代，仍是美好的、值得弘扬的道德品质。

如果说皇权是有形的锁链，那么封建的道德观念则是无形枷锁。皇权、封建意识、舆论、文化、社会环境，这一切的一切，造成了蔡伯喈、牛素玉的软弱与卑怯。但他们毕竟是反抗过的，有愤懑，有痛苦的呻吟。然而，强大的封建势力决定着他们的悲剧命运，其中包括着美好的赵五娘，这就造成了逆来顺受、忍受中求生存等我们民族性格中的劣质。①

○○ 李岗赠郭汉城戏画《琵琶记》

把张广才的"刻碑三打"，蔡伯喈的"三辞"——辞婚、辞官、辞试融入"大团圆"的结局之中，以深化"大团圆"的悲剧内涵，基于剧作对我们的民族是一个有为的民族之清醒认识。

我们的民族毕竟是一个优秀的、觉醒的民族，每个人都在本能地进行着打碎镣铐的奋争，蔡伯喈的辞婚、辞官、辞试，张广才的刻碑三打……他们的行动是一个有为的民族的象征。②

通过以上所述，使我们可以明确地认识到：欲进行古典名剧的改编，必须保留原作的基本精神，深层开掘其超越时代的部分，克服原作中历史遗留的缺陷，以赋予改编本以新的时代风貌，才能达到"推陈出新"的目的。

---

① 郭汉城：《郭汉城诗文戏曲集》，中国戏剧出版社，1993年，第331页。

② 同上。

学者型诗人郭汉城

郭汉城评传

"文化大革命"中创作的诗词

人生的路上,有顺境,也有逆境,主要看你自己如何对待。在"文化大革命"中乾坤颠倒的逆境里,在这个人生最失意的期间,特别是在无情的批斗中,当命运之神把人抛下谷底时,郭汉城先生既没有自怨自艾,也没有怨天尤人,而是坚守信仰,一方面以诗词来表达自己的心迹;一方面继续刻苦攻读马列书籍和《毛泽东选集》,积蓄能量,以利再战。因为他坚信"浮云难蔽日",党会在不久的将来为全国人民带来国运腾飞好时节。

郭汉城先生曾对我讲过一段非常重要的人生肺腑之言。他说:"'文化大革命'中采取的那种大鸣、大放、大字报、大辩论、大揭发、大批判、残酷斗争、无情打击那一套对我是无济于事的。因为孔子曰:'三军可夺帅也,匹夫不可夺志也。'这个'志'的内涵,就是内心的庄严,就是敬。对我来说,就是信仰马列主义、毛泽东思想,认定宏伟壮丽的共产主义必然要到来。'四人帮'把我的什么东西都可以夺去,但是我内心的这一套,你根本夺不走。你夺不走这些,我就不会轻易倒下。所以说真能让一个人倒下的,不是别人,正是自己。"

至于在这个特殊时期里,郭汉城先生为什么会采用以诗词表达自己的战斗豪情这一言志手段呢?其夫人韩建民先生在《郭汉城及其诗词》一文中做了如下诠释:"郭汉城一生主要从事戏曲工作,诗词创作不过余事。他虽然从小喜爱诗词,但直到'文化大革命'才开始诗词写作。那时他也与许多受迫害的干部一样,心里有许许多多的话要说,却又没法说,也没有地方去说,这才写起诗词来,因为这是一个最能抒发真实感情,也最方便、最隐秘的表达方式。"①

下文我们来看在"文化大革命"中郭汉城是如何用诗词来表达自己的真实思

---

① 郭汉城:《淡渍诗词钞》,文化艺术出版社,2009年,第270页。

想感情的。

1969年，郭汉城先生见一些小人得意忘形、胡作非为，连自己都不知道自己有多大的威风，能吃几碗干饭，便赋诗五律一首，借咏物以抒怀，对这些小人作了传神的写照。

蝉

盛夏炎暑，临窗闻蝉。调单声嘶，久听生厌，时作南冠，虑乱心烦。爰笔书之，不知所云。

浮游尘埃外，栖梦绿荫间。
得势吟高树，临风恣独喧。
未卜螳窥背，可笑响越天。
问汝知何事，聒嘶竟若然？

小序中的"南冠"指蹲牛棚。该诗以蝉叫喻人喧，讽寓小人得势，聒噪不休，借用"螳螂捕蝉"的典故，说明他们说不定何时便会落个呜呼哀哉的可悲下场。真是写得入木三分。

我曾问郭汉城先生："您在'十年浩劫'中还有什么真实思想？"他很慎重地说："那时候，我有自己的观点。在'文化大革命'中，山头林立、派性横行，宗派主义极度发展。宗派主义历朝历代都有，'文化大革命'的宗派主义却有自己的特点：一、拉大旗作虎皮，以权势为依附；二、借革命的名义，作无情的斗争；三、以利害为杠杆，迅聚而速散。此三者，即欺骗性、残酷性、江湖性。因其所及面广，其流毒也必久，亦严重的历史教训也。因此，我给自己定了一条，绝不参加任何派系，要像古人苏

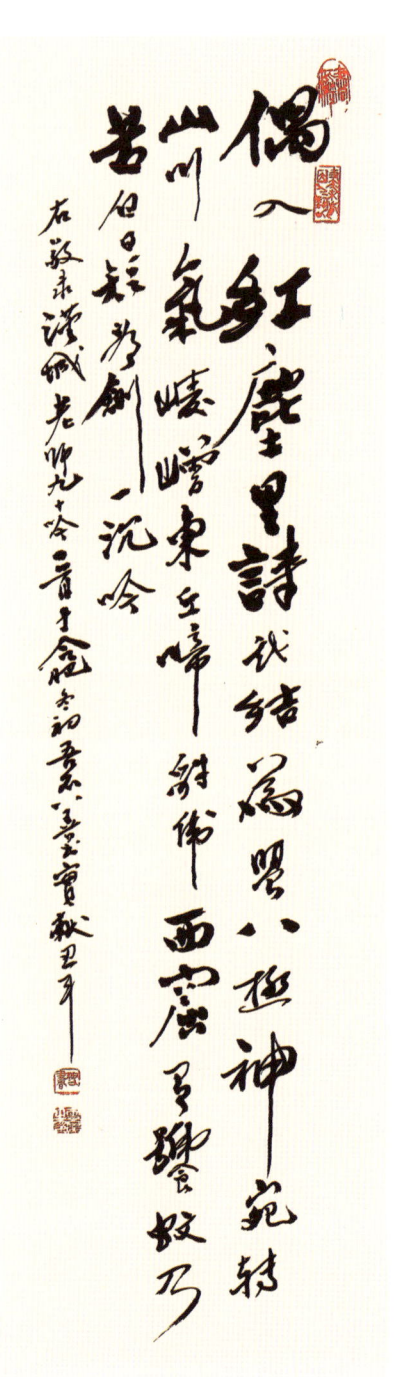

○○ 班友书郭汉城诗《白日苦短行》

东坡那样，做事不昧良心。"事实上，他完全做到了。

当时，每个人都要在这种特殊的场合下表演一番，郭汉城先生的《"文化大革命"众生相》四首之一的《巧妇鸟》，就活画出了"文化大革命"期间一些"跳梁小丑"们（不专指某个人），欲靠巴结红人"升官发财"，其结果必然是"鸡飞蛋打一场空"的丑恶嘴脸。

巧妇鸟

臣见鹪鹩巢于苇之苕，鸿毛著之，已建之安，工女不能为，可谓完坚矣。大风至则苕折卵破者，其所托使然也。（《庄子》）

巧妇鸟，巧妇鸟，衔细枝，敛羽毛。
编成窝，真精巧。悬芦苇，晃呀摇。
春天到，艳阳好。眼画画，眉描描。
推开窗，往外瞧。苇塘水，清可照。
左一照，左边妙。右一照，右边俏。
世上"半边美人"多多少，看看我左右风流一身交。
两个行人过路来，看见巧妇撇撇嘴。
一个说，饶你窝儿编得奇，安身还靠借一枝。
一个说，别看她摇来晃去美滋滋，自有大风折苇时。

此时，从郭汉城先生反映"五七"战士参加战天斗地劳动实践的诗词中，也印证了他的真实思想。其一系列词作有：《念奴娇·初夏》、《清平乐·拔麦》（二首）、《念奴娇·答女问白发》、《沁园春·高粱》等。如：

沁园春·高粱

密密沉沉，整整齐齐，列阵成行。正金秋气爽，云轻天阔。陌阡荫重，迤逦屏障。芍丽兰骄，菏清菊隐，付与诗人细评量。怎堪比，这炬燃万把，大地红光。　　赢来曾不寻常，赖著意栽培好扶将。甚虫雕鼠刻，中通外直；风摇雨撼，干挺节长。霰肆虐狂，河翻恶浪，撑拂轻尘一箕装。喜重挥，这生花神笔，描绘文章。

此词写于1972年。它的寓意深刻，通过对"五七"战士们辛勤栽培的高粱顽强战斗精神的赞美与歌颂，展现了革命者经风雨、见世面，高风亮节的崇高形象。

上阕写金秋时节，高粱成熟，如"炬燃万把，大地红光"，令芍、兰、荷、菊无法比拟的壮观景象。

下阕云此万丈红光，全赖"五七"战士们自始至终的"著意栽培"。尽管在它成长的过程中，经历了"虫雕鼠刻""风摇雨撼""霾肆虐狂""河翻恶浪"等自然灾害的侵袭，但它照样"中通外直""干挺节长"，生机勃勃地生发成火红一片的动人景观。诗人巧妙地以此象征革命力量不可阻挡，给人以必胜的信念。

1976年3月，有感于王（洪文）、张（春桥）、江（青）、姚（文元）"四人帮"胡作非为，践踏党的革命传统，郭汉城先生对此深恶痛绝，写了七绝《无题》（二首）。诗云：

一

无端风雨惯摧春，落尽寒花叶渐深。
莫向遥天追紫蝶，东风信自有归程。

二

兰麝芳踪总可思，陌头伫立忘归迟。
骄花满眼无情趣，独向深荫听子规。

诗中的"紫蝶"，李商隐有诗：花须柳眼各无赖，紫蝶黄蜂俱有情。"子规"乃杜鹃鸟的别名，它常夜鸣，叫声凄切。

此诗运用传统的比兴手法，写出了文苑百花凋零、万马齐喑，人们被"四人帮"摧残的忧思，同时也反映了诗人"独向深荫听子规"的悲苦哀怨之情，含蓄地表达了"莫向遥天追紫蝶，东风信自有归程"的美好心愿。

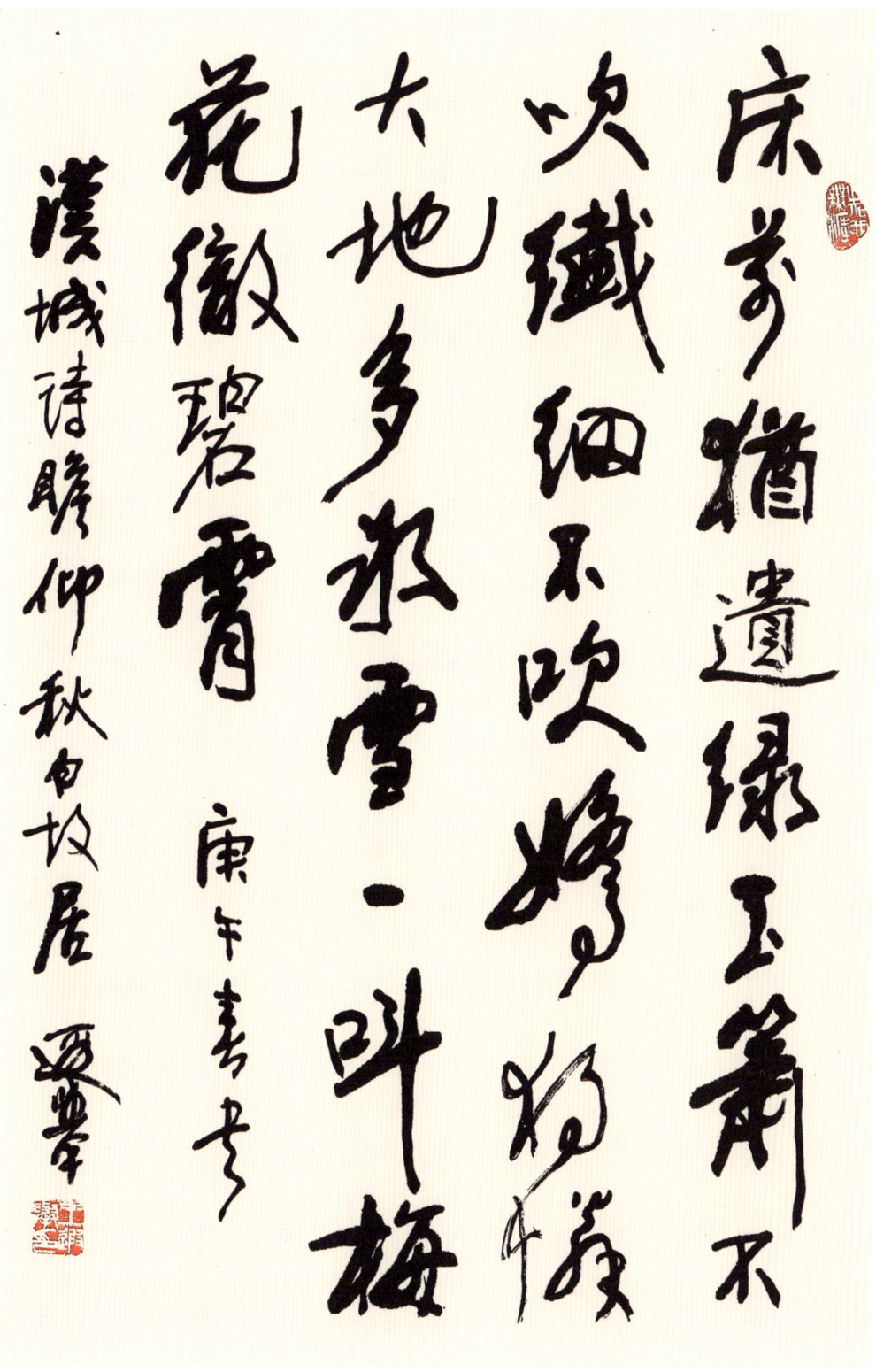

○○ 王退举书郭汉城诗《瞻仰秋白故居》

新时期以来的诗词成果

"雄鸡一唱天下白。"1976年秋，祸国殃民的"四人帮"被粉碎了，全国人民心头的阴霾一扫而光，大好山河重现了昔日风采！"十年浩劫"结束了，太阳出来了！此时此刻，全国人民大喜过望，举国上下欢欣若狂，郭汉城先生惊喜的热泪夺眶而出，诗人预感到一个崭新时代的来临，他要"打点流莺忙织杼，唤呼百卉为春吐"，以《蝶恋花·狂喜》而讴歌：

> 暴雪狂风收拾去。脉脉峦冈，一派晴光曙。热泪迸飞流不住，幽香一点和珠雨。　　万里江山重洗濯。苍翠明光，散却心头雾。打点流莺忙织杼，唤呼百卉为春吐。

○○ 宋宝罗赠郭汉城《雄鸡一唱天下白》画作

郭汉城先生在家中多次对儿女们说："有些参加过'造反派'的同志本质上是好的，其实他们也是'文化大革命'的受害者。他们当时之所以采取粗暴行为，实际上就是为了保留自己在这个群体里的地位，而不被甩到这个群体之外去，因而就不得不违心地做了一些坏事。这就是巴金《随想录》的精髓所在。与此相反，我们真正要恨的应该是祸国殃民的'四人帮'和那些参加打、砸、抢的坏分子。"

在单位，他多次对同志们说："'文化大革命'已经让我们损失了十年的大好时光，我们再不能把宝贵时间浪费在你整我、我整你的争斗上面了。"

"文化大革命"结束后，郭汉城先生任中国艺术研究院副院长兼党委副书记。他一方面勤勤恳恳地工作，一方面专心致志地重操旧业，研究戏曲，并将他在"文化大革命"中养成的写诗作词习惯保留了下来。如他的夫人韩建民先生在《郭汉城及其诗词》中说："'文化大革命'过去了，写诗的习惯被保留了下来，却是他自己始料未及的。我揣想有两个原因：一是已经养成的习惯就很难轻易改变；二是他真心热爱诗词。在他心目中，诗词与戏这两个中国传统文化的重要组成部分，是同样的重要，有同样的价值。他在九十岁那年写的一首《白日苦短行》的开头两句就是'偶入红尘里，诗戏结为盟'，说明他对诗对戏都充满了感情，都当作事业的一部分来看待。当然，与戏相比，诗仍然处于业余的地位，他必须把更多的精力和时间倾注在戏曲上面。我从来没有看见他有哪一天坐在书案前写诗，他的诗是在假日、旅途中，在火车、汽车、飞机上写的，更多是在床上写的。年岁大了，睡眠的时间少了，半夜醒来再也不能入睡了，却是酝酿诗词的好时候。尽管如此，诗词创作的业余性质，并没有影响他草率而为，相反，他的态度十分认真，也像对待其他工作一样。在我的印象中，他对自己的诗总是不满意，总是一改再改，甚至三四十年前的旧作，也不放弃修改，有时东改西改，改到最后又回到原样。他还有一个习惯，一诗写成，总要抄给熟悉的朋友们去看，请他们批评。朋友们提出了意见，他就十分高兴。常常听他说，谁谁改得好，谁谁是他的'一字师'，谁谁的意见对他很有启发等等，从兴奋的样子看，感情是真实的。"[①]

下面，我们来描述郭汉城先生"文化大革命"后的诗词成果。

郭汉城先生的悼亡诗有多首，有《哭纪汉》二首、《悼管纵同志》五首、《鸟殇》、《悼文忆萱》二首、《悼亡》三首、《悼彭俐侬》二首等。诗中注入了诗人痛切的哀思、惋惜和遗憾之情。

哭纪汉（二首）

一

腥风血雨卷山河，匣剑长鸣百载磨。
白下终甘臣妾态，红旗早映鲁阳戈。

---

① 郭汉城：《淡渍诗词钞》，文化艺术出版社，2009年，第270—271页。

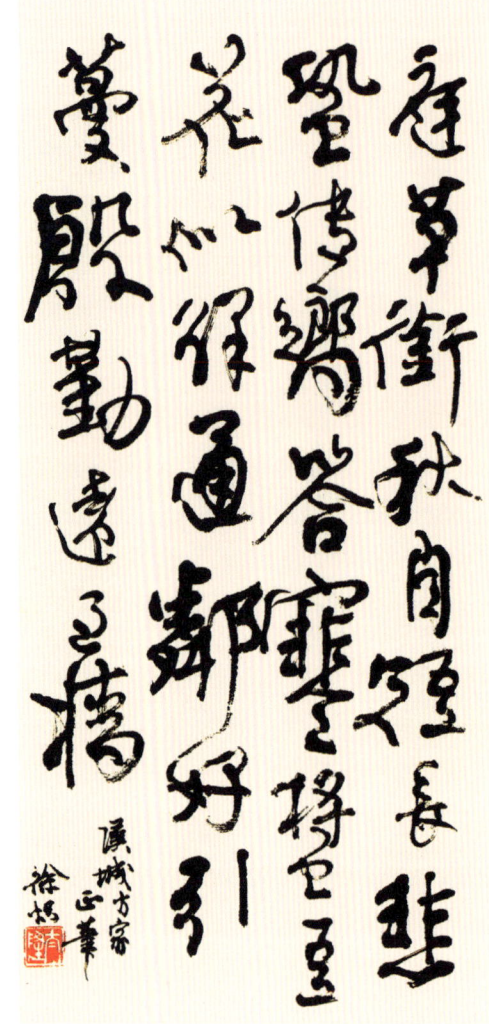
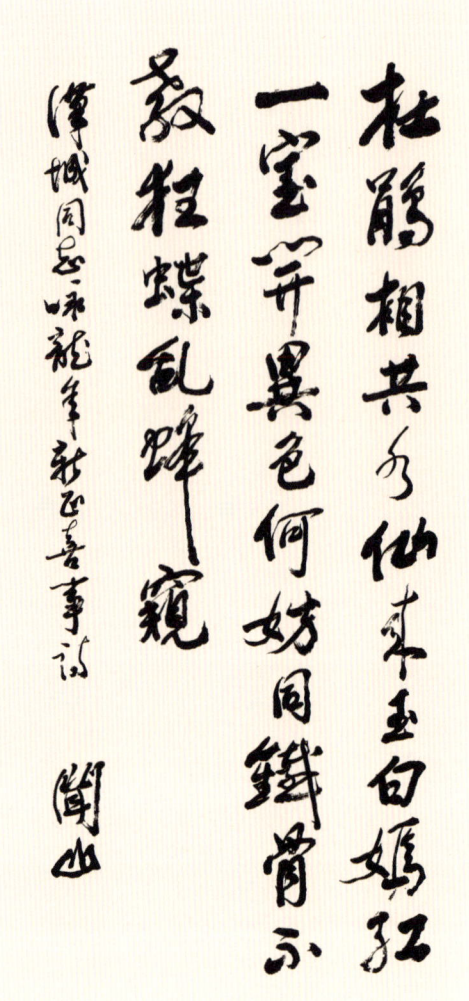

○○ 徐炽书赠郭汉城　　　　　　　　○○ 闻山书郭汉城诗《咏龙年新正喜事》

三秦热血人寰壮，九曲惊涛燕赵多。
跋涉三千应记得？倾盆一夜到滹沱。

二

天涯怅望近年来，几度关山劳梦回。
每忆芳荃添壮志，羞看白发愧涓埃。
已然许诺君无憾，永隔幽明我有哀。
洒向人间都是恨，忠魂铁骨哭沉埋。

1979年

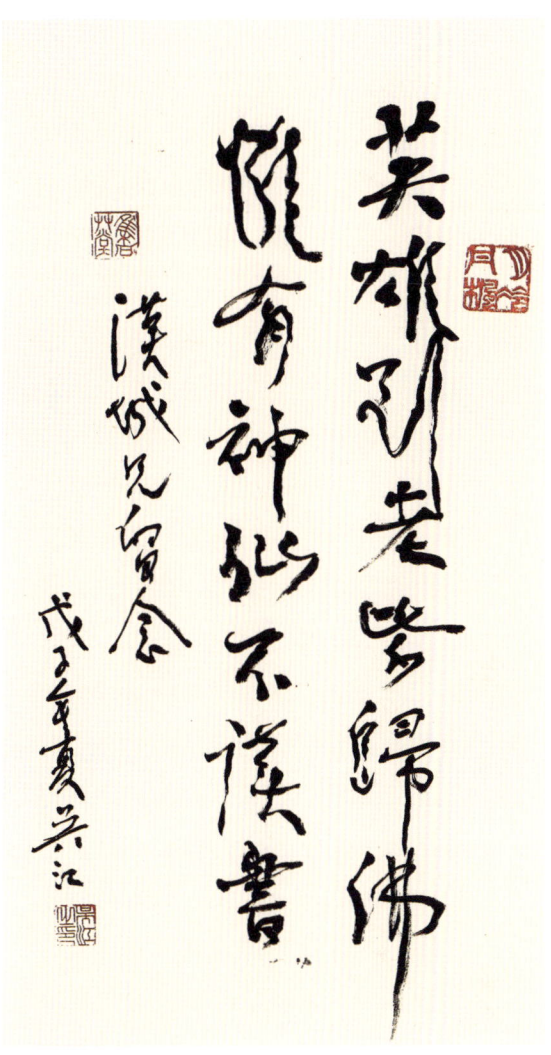

○○ 王朝闻书赠郭汉城　　○○ 吴江书赠郭汉城

对于该诗，晓星同志有详细解读，引录如下："第一首写热血青年奋起救国奔赴抗日疆场，从陕北转战太行山、滹沱河的战斗经历。首联概指近百年来爱国志士的不屈不挠的反帝斗争。'腥风血雨'句喻日寇的残暴、斗争的残酷，'匣剑长鸣'句喻志士的豪情。颔联写国共两党在战与降的问题上的两条道路斗争。'白下'，南京的又称，全句意为南京的蒋介石政权丧权辱国，甘心情愿将半壁江山沦入敌手。'红旗'一句，指共产党领导的人民武装深入敌后挥戈抗日。颈联写作者与逝者共同学习和战斗的美好记忆。'三秦'，陕西的又称，全句意为：热血沸腾的延安是抗战的中坚。'九曲'，黄河的代称，全句意为：祖国的英雄儿女如同黄河惊涛一样，在燕赵与敌人作战。尾联回忆当年在晋察冀冲风瀑雨的战斗生活，感慨万千。第二首，诗人怀着沉痛的心情，带泪含恨，悼念忠魂一去不回。读后不禁为之一哭。在这两首表达友情的诗中，真实的战斗生活，真挚的生死情谊，充满全诗，如果没有'真''情'二字，能写出这样的好诗吗？"①

冯纪汉（1918—1970）戏曲史论家、活动家。河南省西平县冯魏庄人。少小入西平县小学读书。1931年考入开封两河中学，因参加学生运动，两次被迫退学。1937年，入开封中国中学高中班学习，并加入民族解放先锋队。翌年奔赴延安，途经咸阳关卡，与吴江一同被国民党军队捕进西安集中营，后二人半夜逃出。他投奔西安七贤庄中国国民革命军第八路军办事处，

○○ 书赠郭汉城《题〈淡渍堂诗词抄〉》

被安排到延安陕北公学高级研究班学习。因与郭汉城同校，得以相识。他次年加入中国共产党。1941年2月调晋察冀边区第五分区第五中学，与吴江、郭汉城成为同事，他在该校负责教务工作。1943年，他介绍郭汉城加入中国共产党。1944年7月，他奉命调回河南参加开辟抗日根据地工作，1945年任豫东中学校长，配合共产党的中心工作排演戏剧节目，并亲自参加演出。

新中国成立后，他在开封市人民政府任秘书长，1956年被调往河南省文化局任局党组副书记、副局长。1957年任中国戏剧家协会河南分会主席。1959年被错划为"严重右倾分子"，撤职降级，下放农村劳动，1961年平反并恢复工作。

冯纪汉工作努力，在戏曲理论方面造诣颇深。他曾撰写了《谈戏曲传统艺术》《谈谈鬼神戏》《谈地方戏曲怎样反映现代生活》《谈现代戏的花朵开得更加美

---

① 晓星：《序三——略论郭汉城诗词的爱国主义精神及其艺术成就》，《郭汉城文集》（第3册），中国戏剧出版社，2004年，第28—29页。

丽》《向优秀的传统学习》《谈地方戏曲的推陈出新》《进一步提高现代戏的创作》等理论文章，总结了戏曲工作的经验教训。在他的主持下，有《河南传统剧目汇编》（共十五册）得以编辑成书。尤其是他在经多方调查，并找老艺人座谈的基础上撰写的《豫剧源流初探》一文，引起了戏曲界的极大关注，对豫剧源流的研究起了开拓性作用。该文追溯了豫剧产生、发展的历史，提出了豫剧可能是从同州梆子演变而来的论断；论述了豫剧五大流派的产生、演变和各自特征；对豫剧的剧目、表演艺术等方面也做了初步研究。该文先发表于1963年的《奔流》杂志，1979年由河南人民出版社出版。

然而，这样一位为党的戏曲事业勤勤恳恳工作的老干部，却于"文化大革命"开始后，被诬为"走资派""黑帮头子""河南的地头蛇"，遭到残酷批斗，到1970年被迫害致死，终年五十二岁。1979年，中共河南省委为他平反昭雪。

○○ 韩建民书郭汉城诗《行香子·伊人》

行香子·伊人

　　恨塞穹苍，愁锁河江。念伊人一去何方？朝朝暮暮，怎不回肠。恰一番思，一番梦，一番长。　　一自分张，两度春光。幸青山绿水无伤。蛾眉妒罢，湘瑟贞扬。有更多情，更多忆，更多香。

1978年

1978年1月8日，周恩来总理逝世两周年之际，郭汉城先生用《行香子·伊人》一词，以婉约的风格，抒发了他对这位伟大的无产阶级革命家的悠悠哀思。全词是以含蓄的情调写的，给人留下了想象的空间，这正是"诗贵含蓄"的生动

○○ 诸葛智生书郭汉城先生诗《多瑙河之歌》

写照。

"伊人"即那个人，指周总理。上阕写诗人对"四人帮"祸国殃民的切齿痛恨，对周总理为国为民而鞠躬尽瘁的深切怀念；下阕写"四人帮"被粉碎后，给祖国的复苏带来了希望，人民仍在颂扬周总理的伟大人格。

多瑙河之歌

多瑙水，水何色？昔闻蓝于染，今见颇橙赤。岸树沉影荫重密，夕阳投影三尊铁。铮铮昔日三千魂，滔滔尽化战士血。古堡五月啼布谷，我欲买棹归故国，故国思悠悠，不断如水流。何处发归舟？扬帆多瑙河。何处系归舟？直到湘水头。多瑙水涨湘江平，东西俱是胭脂痕。有湘灵，梳妆成。闻客至，出来迎。出来迎，拥众嫔。拥众嫔，态盈盈。态盈盈，启朱唇。启朱唇，慰风尘。闻道异国忠烈魂，热泪迸作雨纷纷。

1982年

郭汉城先生不仅具有爱国主义情怀，而且具有显明的国际主义精神。1982年他去南斯拉夫参加国际戏剧评论会议，入住诺维萨德城堡旅馆，俯瞰平静的多瑙河，特别是当看到河畔为纪念在第二次世界大战中被法西斯杀害的三千烈士而耸立的三尊

○○ 郭汉城（中）在南斯拉夫

多瑙河之歌

郭汉城

一九八二年五月为参加国际戏剧评论会议,我和陈恭敏同志来到了诺维萨德。诺维萨德是南斯拉夫伏伊伏丁那自治省的首府,有名的城堡旅馆诺维萨德就位于该城市这里有著名的由城堡俯望多瑙河宽阔的广场和静穆的多瑙河从市中心一个美丽的灿烂的塞尔维亚文化的中心广场俯望多瑙河宽阔平静两岸树荫浪漫水色微澄非如昔日所闻蓝色的多瑙河。一峠立有三尊铁象貌瘦长神情穆肃乃纪念二次世界大战中被法西斯杀害于河中的三千战士的南斯拉夫人民和其他国家的人民一样永远怀念着对民族忠诚的儿女,而对于那些野蛮残暴的侵略强盗也是永远不会忘记的

多瑙水:何色
昔闻蓝于染今
见顶登朱斤时

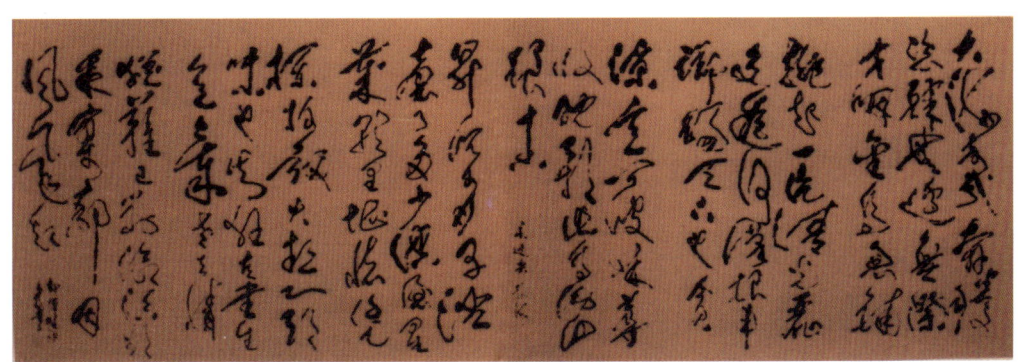

○○ 汪易扬书郭汉城诗《永遇乐·对海》

铁像时,他肃然起敬。于是写下了如上情怀满腹难以排遣,充满想象力的诗篇,为读者提供了广阔的审美空间。

永遇乐·对海

大海奇哉,奔腾恣肆,无边无际。才咽金乌,忽铺排起,一派清光丽。迢遥河汉,银车踯躅,天上也贪凉意?问彼姝,蓐收晚影,此刻泓山眠未?

升沉日月,早消磨了,多少伥惚星岁。就里堪怀,凭栏拍剑,火热心头味。也知狂直,书生意气,老去情犹难已。对沧溟,欲乘寥廓,因风飞起。

1982年

《永遇乐·对海》是一首具有豪放风格的词作。其中的"蓐收"为秋神,在它所住泓山,可以望见日影西沉之地。

上阕是说海,在美丽的大连"对海",不由得令人联想到海的浩瀚深邃、清澈透明。无论生活中有多少风霜雪雨,都损伤不了海的形象。它宽容、大度,把千万条小溪、江河汇流而至。

下阕寄托了诗人殷切期望祖国富强、人民安康,并抒发了自己"莫道桑榆晚,为霞尚满天"的豪情壮志。

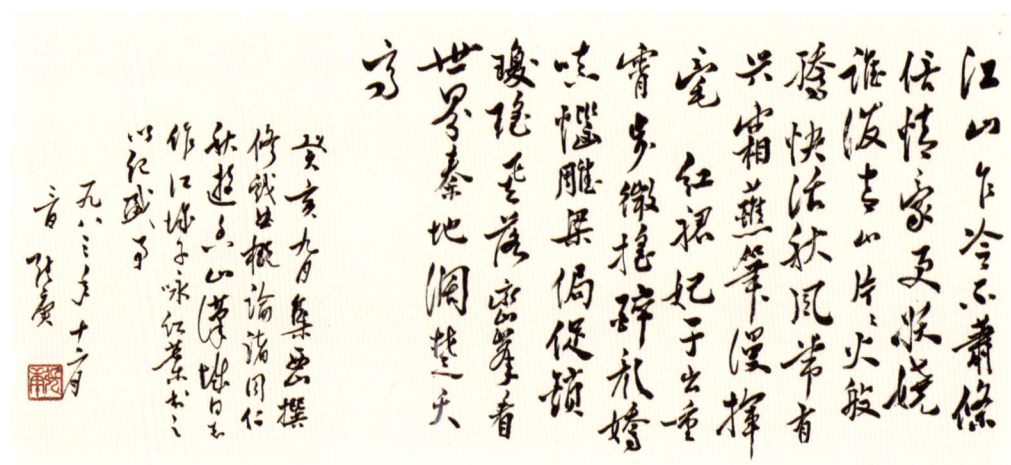

○○ 张庚书郭汉城诗《江城子·香山红叶》

难怪钱塘江诗社的周明道在其所著的《湘湖诗话》中高度评价此诗："奇杰之气，郁勃行间，置嘉道词坛之间而不弱矣。"

江城子·香山红叶

江山乍冷不萧条。倍情豪，更妖娆。谁泼青山，片片火般骄？快活秋风常有兴，霜蘸笔，漫挥毫。　红裙妃子出重霄。步微摇，醉颜娇。嗔恼雕梁，局促锁琼瑶。飞落峦峰看世界，秦地阔，楚天高。

1983年

《江城子·香山红叶》曾由张庚先生亲书横幅，词后注云："癸亥九月，集西山撰修《（中国）戏曲概论》诸同仁秋游香山，汉城同志作《江城子》咏红叶，书之以纪盛事。"参与秋游的沈达人先生评论此词说："我更为全词取香山红叶为意象，以火红的色彩营造了深邃的意境，以及那种浪漫主义的喻托所振奋。上阕把红叶拟人化为染红秋山的快活秋风，下阕把红叶拟人化为不安于雕梁画栋，面对广阔世界的'红裙妃子'，前后相映构成了一种自由、辽阔的意境。"关于这种比兴风格，也可以引钱锺书先生论苏轼诗的一番话作为参考："他在风格上的大特色是比喻的丰富、新鲜和贴切，而且在他的诗里，正看得到宋代讲究散文的人所谓'博喻'，或者西洋人所称道的莎士比亚式的比喻，一连串把五花八门的形象来表达一件事物的一个方面或一种状态。"

该词取香山红叶为意象，以"赋、比、兴"古典诗词的手法，上阕以中华民族十分喜爱的中国红——香山红叶之本色，抒写诗人的乐观主义精神；下阕比喻红叶为超凡脱俗的仙女，并赋予仙女以下凡的姿态，含蓄表达了对一些青年追求个人眼前物质欲望的忧虑，而倡导"秦地阔，楚天高"的远大志向。

大将军和二将军

刘彻走路不抬头，看见树大就开口。
封你做个大将军，不知大树还在后。
刘彻说话是金口，明知说错要算数。
封你做个二将军，谁大谁小别啰嗦。
大将军，哈哈笑，笑得肚痛弯了腰。
二将军，气炸肺，呼哧呼哧直喘气。

1983年

这是一首杂体诗。河南省登封县嵩阳书院内有两株距今三千多年的松柏。相传汉武帝刘彻游此，见一株大柏树，便封之为"大将军"，又见一更大的柏树，因自己是"金口玉言"，说错话也算数，只得封为"二将军"。经多年风雨侵袭，"大将军"树干弯曲，古有笑弯腰之说；"二将军"树干开裂，又有气炸肺之说。

著名文艺理论家王朝闻先生对此诗极为赏识。他在《淡渍集》序中言："尽管传说还是原来的传说，但是这样一经汉城用韵文幽默地加以再现，作为帝王的汉武帝那种'老子说了算'的滑稽面貌就显得更加容易把握。与其说这是诗的威力之所在，不如说是诗人那特殊的敏感所引起的结果。只会支配韵文不能保证诗作有感人的力量，这首诗的讽刺性基于汉城对传说自身所蕴含的讽刺意义的敏感。我想，如果汉城不是在实际生活中对于'老子说了算'的现象有所觉察，对于传说所蕴含的讽刺意义就不那么容易引起他的重视。""作诗和作剧一样，创造性的见地基于诗人、艺术家对生活的创造性的认识和发现。"[①]

1984年，郭汉城看了社会上的腐败现象——贪污盗窃、行贿受贿、一切向钱看——深恶痛绝，他说这正应了"有钱买动鬼推磨"那句古话。

---

① 王朝闻：《〈淡渍集〉序》，《淡渍堂诗抄》，文化艺术出版社，1991年，第1—2页。

一日,他读《朝野佥载》:唐郑愔为吏部侍郎,掌选,赃污狼藉。引铨,有选人系百钱于靴带上。愔问其故,答曰:"当今之选,非钱不行。"受其启发,他挥笔写下了《钱能行》这首讽刺诗:

钱能行

有磨无钞鬼不推,乖儿脚上系钱财。
行来步步黄莺叫,万户千门一例开。

1987年,郭汉城与张庚先生在京郊戒台寺休养,山门前有许多松树,苍劲古道,姿态各异,抱塔松即其一种。郭汉城先生深感于抱塔松的雄姿,于是赋诗一首赠予张庚先生。

抱塔松

苍虬老龙松,越栏不飞空。
铁干拂觉慧,清荫护花丛。
抗雷欺电火,抱塔拒雪风。
终非澄寂者,无乃稀世雄。
1987年

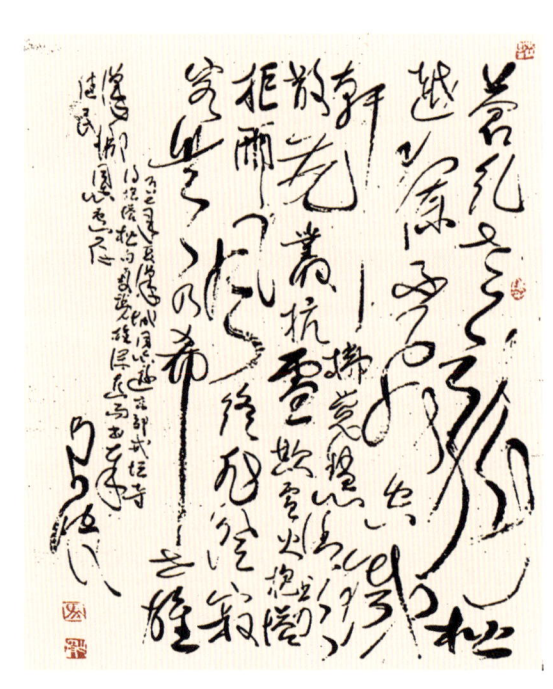
○○ 马少波书郭汉城诗《抱塔松》

这是一首咏物诗,诗人把张庚先生的人格寓于抱塔松的护花、抗雪拒风的勇者形象之中,令人肃然起敬。

马少波先生在书写该诗时,称赞此诗"气势雄浑"。

古人曰:"诗言志。"郭汉城先生写有多首言志抒怀的诗词。知天命之年写有《少年》,花甲之年写有《水调歌头·述怀》,古稀之年写有《除夜述怀》,耄耋之年写有《八十放吟》,尚有《金缕曲·八五自寿》等。现以《除夜述怀》为例。

除夜述怀

戊辰今夜尽，己巳踵相接。
转眼七十二，流光一何疾。
我生本贫贱，蒙昧在草野。
遭逢多不幸，心中长惨切。
抗日风暴起，吹我如一叶。
飘零到北地，狂喜获马列。
明珠骤入怀，使我心亮洁。
长夜路漫漫，导引如北极。
照我历战火，教我污浊涤。
春风拂细草，好雨知时节。
韶华倥偬逝，中道忧患叠。
运动场接场，难关越又越。
征路何坎坷，多有跌者血。
忧心长忡忡，犹如临渊薄。
"左"势终难挽，"文革"成浩劫。
举国皆若狂，四凶虎添翼。
大盗威如火，小鬼乱似叶。
牛棚遍地起，骨肉成仇敌。
童稚也唾面，忍辱只默默。
心存许分义，难泯长感激。
初衷岂轻改，天道终有极！
晚岁遇明时，白头已成雪。
始悟马列理，成功无径捷。
祸福常相倚，正负永相接。
谦逊能知过，骄满必自溢。
前车有殷鉴，岂可蹈覆辙。
途穷亟思变，积弊须改革。
障目一叶除，前景豁然阔。
利国也利家，人民心转热。
山隈与海陬，建设齐智力。

自溢前车有殷鉴，岂可蹈覆辙途穷亚思变，积弊须改革障目一叶除前景豁然开。利国利家人民心，转热山隈与海陬建设齐努力或纵绔儿忧远心戚戚。或见窃仓鼠瞪目怒难过亦有重金贤故道轻弃绝亦有崇西洋民族如敝屣眼前蝇头利贪婪如唧喋古称白头吟今也重志节江流石不转马列理难易主不可缺坚持党领导党风最关切与文化都关生产力慎行常不悖万世固基业道路艰且远终可达鹄的老也何足悲此心长似铁

汉城老师除夜述怀诸万智生敬书于古登州双溪之所岁次癸酉初夏

郭汉城评传

或见纵绔儿，忧远心戚戚。
或见窃仓鼠，瞪目怒难抑。
亦有重金贤，故道轻弃绝。
亦有崇西洋，民族如敝屣。
眼前蝇头利，贪婪如唧喋。
古称白头吟，今也重志节。
江流石不转，马列理难易。
人民是根本，民主不可缺。
坚持党领导，党风最关切。
教科与文化，都关生产力。
慎行常不悖，万世固基业。
道路艰且远，终可达鹄的。
老也何足悲，此心长似铁。

1989年

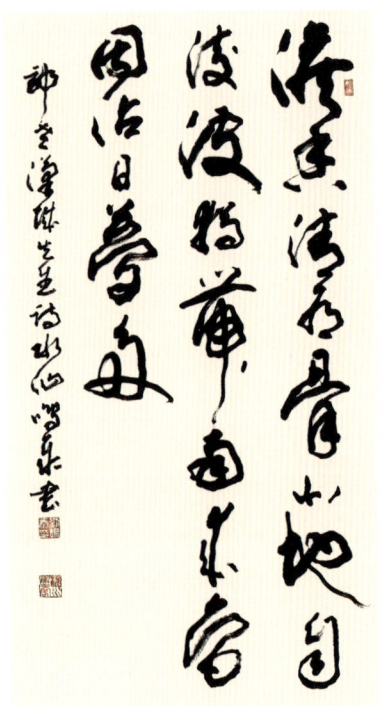

○○ 刘鸣泰书郭汉城先生诗《水仙》

　　这是郭汉城先生于七十一岁时写的一首自传体长诗。全诗共八十六句，五言古风。诗的主旨阐明了一个纯粹的共产党员一生对马列主义的执着追求，无论顺境还是逆境，都忠于自己当年的入党誓词：为共产主义而奋斗到底。

水仙

淡香清有骨，北地自凌波。
犹带南来色，因沾日梦多。

○○ 诸葛智生书郭汉城先生诗《除夜述怀》

郭汉城先生平素爱花，写有如《绿菊》等多首咏花诗。而上述《水仙》诗写于1991年除夕，诗人见水仙花在新年的脚步声里一朵一朵次第开放，心情极好，伴着它的清香与优雅脱俗，联想到它的清雅又不失骨气，在新的一年里，给诗人带来了新的希望与梦想。

观《钟馗夜行图》

车辚辚，鼓登登。
是夜访，在深更？
是嫁妹，走荒村？
虬髯阔臆目光炯，
环然而视凄然惊。
地漫惨雾天愁云，
世界魔怪正纵横。
披发鬖鬖化美形，
长爪锯牙攫食魂。
更驱流沙千万顷，
溔溔洋洋势汹汹。
欲倾大地，欲蔽日星。
欲摧山岳，岩飞石崩。
欲断树木，万花纷纷。
危乎殆哉，桂折兰焚。
仰天太息，气化长虹。

○○ 马少波书郭汉城诗《钟馗夜月图》并画其诗意，另赠诗一首

车轮滚滚不留停，

摐金伐鼓动飞尘。

挑灯拔剑旗帜明，

尽驱罗刹意方平。

1991年

这是一首讽刺诗。神话中传说钟馗为斩祟之神。民间把它奉为镇宅之门神，每到春节，家家都要把它贴于门上，以镇魑魅魍魉来作祟，正如该诗的点题句所言"尽驱罗刹意方平"。这里的"罗刹"系指恶鬼，隐喻一切邪恶事物。"钟馗"是正义的化身，它是中华戏曲所塑造的真善美的艺术典型。昆剧曾有《钟馗嫁妹》一剧，讴歌它"貌丑心美铁肩担道义"。

1992年1月，马少波先生见此诗作，特书之，并画其诗意一幅，还题诗一首："桂折兰焚实可哀，仗剑扫霾晓光开。钟馗不复虬髯家，返璞归真入画来。"以贺郭汉城先生七十五岁寿。

香港回归祖国感赋（二首）

一

迟暮光阴未足哀，豪情留得待归回。

经心屈辱悲凉尽，转眼沉浮历史裁。

倒计逼来和梦数，青峰遥看顺船开。

朦胧睡起狂呼酒，欲酹江山三百杯。

二

还珠今日庆团圆，老泪纵横急切看。

百岁分飞民族恨，一枝长忆弟兄寒。

梦残帝国旗终落，缺补金瓯愿待完。

举臂成林人十亿，江河澎湃动狂欢。

1997年

这首诗写于香港回归时，全诗充满了中国人民扬眉吐气的爱国主义豪情。

颂回归

豁眸紫荆美,击水燕又回。
鲸波徒浩荡,破浪势崔巍。
心源十亿力,世纪一声雷。
东方腾火凤,振翮扫阴霾。

1999年

1999年澳门回归,郭汉城先生又写了《颂回归》五言诗一首。诗人将港澳回归比喻为20世纪响彻寰宇的一声惊雷,再次将人们引入了祖国腾飞的意境。

浣溪沙·看《桃花扇》有感

黄鹤不归何处游?傍山落日俯奔流,秦淮河上小清幽。 生死情缘结今古,雷梅潮势涨石头,江山余韵足千秋。

○○ 郭汉城自书《颂回归》

此诗作于2013年4月。上阕三句:第一句指黄鹤楼,第二句指鹳雀楼,第三句指媚香楼。前二楼起兴,引出媚香楼入正题。三楼风格各异,但都寄托着人民美好的愿望。

下阕三句:第一、二句写石小梅饰侯方域,龚隐雷饰李香君,侯、李皆为明末清初爱国人物,结为了生死情缘。第三句是说原本《桃花扇·余韵》写明亡,侯、李双双入道以后,与隐入山中之老赞礼、柳敬亭、苏昆生一日相遇,各唱一曲,在无限感慨中总结了南明的兴亡。由张弘、李海清改编的现本"余韵"中,侯方域入道,李香君未入道,战乱中二人在道观前匆匆一面,又匆匆离去,给观众留下了生死情缘之恋、悠悠故国之思,使侯、李艺术形象得以升华。

忆秦娥·访美拜鬼(二首)

一

想称霸,安倍白宫去访马。去访马,口里阿谀,心里暗骂。 好个马儿更奸猾，大礼备好您背着。您背着，一窝马蜂，万根针扎。

二

得了势，安倍满嘴发狂语。发狂语，拉了一帮，结了一伙。 神社老店开新铺，磕头捣蒜耀威武。耀威武，卢沟家门，珠港路数。

此诗作于2013年5月。其中的"发狂语"，系指安倍说的"殖民不是侵略"。全诗辛辣地讽刺了安倍厚颜无耻地去访美，并在国内参拜靖国神社，拉帮结伙，丧心病狂，企图否认历史，倒行逆施，复活日本军国主义的罪恶勾当。

2014年中秋，郭汉城先生想起好友范正明——湖南湘剧作家、研究家。其妇彭俐侬，系湘剧著名演员，有"无旦不宗彭"之称。先生与他们相识于20世纪50年代。惜俐侬早逝。1990年，先生曾为他俩的《琵琶记》改本著文《又一次成功的推陈出新——谈湘剧〈琵琶记〉的改编》。俐侬逝世后，先生又做出七绝二首悼念。今正明向先生索诗，先生遂作五绝一首相赠。

中秋怀正明

结识青春早，相逢老日稀。
洞庭八百里，扶月欲南飞。

该诗写得情词并茂，先生欲"扶月南飞"浩瀚的八百里洞庭，充满了青春浪漫气息。更揭示了半个世纪以来，他们之间的师友情谊之深。古人曾用"随月""伴月""挽月"，而先生的"扶月"一词确有创意，也更贴切。二十个字却包含如此丰厚的内容，足见先生在古典诗词方面的功力，令人十分敬佩。

郭汉城先生素日喜爱绿菊。2009年，女儿买回绿菊一盆，先生如晤故人，置于窗台，爱而赋《绿菊》一首。

绿菊

新态绿珠样，携来我客堂。
悠悠云出岫，静静月窥窗。

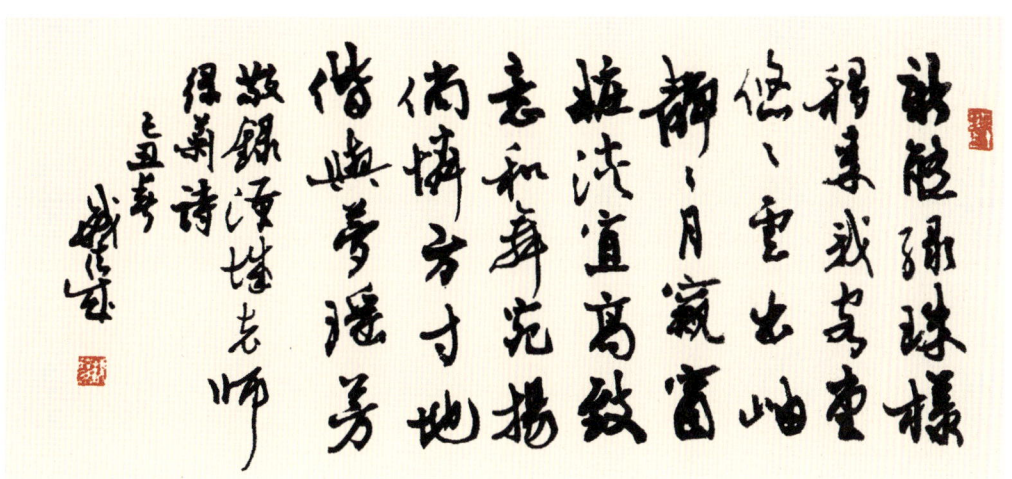

○○ 钱法成书郭汉城诗《绿菊》

妆淡宜高致，意和舞宛扬。
倘怜方寸地，偕与梦瑶芳。
2009年于草桥

该诗抒发了诗人见到绿菊后的喜悦心情。其实，与诗人熟识的人都知道，先生如今四世同堂、子孙绕膝，此诗无疑也反映了他自己无比幸福、欢度晚年人生之旅的神仙心境。

相隔五年后，女儿又买回绿菊一盆，先生大喜，又作诗一首。

重迎绿菊

数载长相忆，今朝忽又来。
惊叹枯年颤，狂喜热肠开。
离合寻常事，殊异有共媒。
从容客堂里，还把旧时杯。

此诗表达了先生历经数年、衰老加深后，重迎自己所钟爱的绿菊再次归来的狂喜心情。

○○ 洪毅书赠郭汉城先生诗《咏花四律》四条屏木刻

咏花四律

霭烟小瓣梦轻吹，厚玉开来好自持。
重露原关千滴泪，和阳翻出百重姿。
朝陪暮看难医眼，苦索强吟喜有诗。
犹恐余年无护力，凌空飞去此琼枝。

亭亭素袂若飞来，独立秋光傲岸开。
万点风飘愁尽洗，一番芳汛景重回。
素娥遥望依天镜，湘瑟酣弹起蛰雷。
肯使胭脂污颜色？羲鞭摇处映朝晖。

西风了却李桃花，一夜舒开素影斜。
不去红尘论秀色，独来清白向人家。
江山冷到曾经雪，天地声多欲听笳。

把酒东篱人去后，武陵一枕梦方赊。

襟怀一幅涧边开，俯想清荷仰听雷。
日出临流还洗影，月明无吠不侵苔。
但凭香远方倾国，未必金多可作媒。
紫陌春风自本色，一番幽梦是心栽。

2013年10月

中国共产党第十八次全国代表大会，坚持走中国特色的社会主义道路，发扬民主、反腐倡廉、清除浮华不实之风，尽扫奢靡庸俗之气，大快全党全国人民之心。诗人自觉年老体衰，久无作诗，为表欣喜雀跃之情，奋发蹈厉之志，略改旧作《咏花三律》，后续一首，缀成该诗《咏花四律》。

秭归拜屈原二首

一

西陵铁壁夹江栽，兵压郢都楚国摧。
千载晴滩船竞渡，声声犹喊我哥回。

二

踯躅湘流形影孤，苍茫一跃欲呼无。
忠魂终不随波去，城外於今有九鱼。

2015年

屈原是湖北西陵峡秭归人。秦兵破郢都后，楚国亡。晴滩为一险滩，每年群众在此龙舟竞渡，并在竞渡中口呼号子，似"我哥回"，以纪念爱国诗人屈原。秭归城外江滩上有九块岩石，相传为唤回屈原英魂的"九条神鱼"所变。

无须更多举隅，学者型诗人郭汉城先生，在诗词方面，为我们写下了关于咏史、咏物、咏剧，反映亲情、友情，自励节操及讽刺诗、悼亡诗之类三百余首佳作。古人云："诗言志。"综观先生的各类诗词，所表述的无非是他内心世界的真实情志，这些诗词正是他人格人品的明澈鉴照。

在做人上，他一贯非常谦虚而低调。每当说到成就，他总是重复这样的话："靠大家的努力，尤其是所里（指戏研所）几位资深专家的严格把关，才能完成任务。我们的不足，也让他们给弥补了。"在做学问上，他则敬畏艺术，实事求是，注重调查研究，始终以"实践是检验真理的唯一标准"为标杆，精进不已。这种真善美的心灵，正是他能生产创作出真善美诗词的关键所在，即所谓"功夫在诗外"。

若回溯他的诗词渊源是这样的。他从小就喜欢诵读诗词，并经常练习写诗。青年时代，他学写过一些自由体诗，可惜在战火纷飞中散佚了，我们无从得见。据他自称，关于诗词，他喜爱盛唐时期的杜甫、李白，中唐时期的李贺，晚唐时期的李商隐的诗作，特别偏爱李商隐的婉约隐逸；他还喜欢北宋时期的著名女词人李清照的诗词。另外，北宋时期苏轼诗的浪漫奔放，南宋前期陆游的忧患意识，也对他作诗不无影响。

郭汉城先生出于自谦，说自己的《淡渍堂诗词抄》等诗

○○ 苏位东书郭汉城诗《琼花》

词中的"淡渍"系"零花片草，浮光掠影，大时代的一点小浪花而已"。其实不然，正如我国当代具有重要影响的画家、美术评论家、诗人蔡若虹先生，在作于1996年3月15日评论郭汉城先生的一首词《蝶恋花》中所云：

一举雄才兼两得。顾曲行吟，各有新风格。凤折钗头头竟白，汉城七律惊诗国！

其中的"凤折"句指郭汉城所写七律《观昆曲〈钗头凤〉》一诗。

著名美学家王朝闻先生在《淡渍堂诗抄·序》中说:"作诗和作剧一样,创造性的见地基于诗人、艺术家对生活的创造性的认识和发现。前人论诗人的气质,把赤子之心与阅世之深对立起来。汉城《大将军和二将军》等诗作表明,这种对立论并不确切。我以为汉城诗作富于概括性的形象的产生,得力于他那比较广阔的社会阅历。艺术性敏感在创作中起重要作用,但连同这种敏感能力自身,归根结底是阅历所培养起来的。但愿汉城这样的创作经验,不只对于诗或剧的创作,对于各种艺术创作都能成为有益的借鉴。"①

戏曲理论家、剧作家马少波先生在1992年召开的郭汉城学术成就研讨会上说,"他(指郭汉城)是一位卓越诗人。他的诗词歌赋造诣很深,意境深邃,诗情浓郁,而且格律严格"。

戏曲理论家祝肇年先生在《淡渍堂诗抄·序》中言:"他(指郭汉城)的诗词才华和成就绝不弱于他在理论和教育方面的建树……焉能不称他为诗人郭汉城!"

诗人、诗评家、诗译家,中国诗歌学会副会长、《当代诗坛》主编、人民文学出版社总编辑屠岸先生,于2009年1月5日读郭汉城先生的两首诗作后致信曰:

《绿菊》五律,平仄协调,音韵悠扬,颂赞淡泊的心志、高洁的情操。在您的笔下,绿菊是一种人格的标志。使我想起王夫之的"六然"格言:

自处超然,处人蔼然;无事澄然,有事欣然;得意淡然,失意泰然。

我觉得,您写绿菊,也是自况。

《拟平韵满江红·鞋弹》极好。鲁迅说,要写得"嬉笑怒骂,皆成文章"。您的这首词,庶几近之。我捧读多遍,深感痛快淋漓!

据沈祖安先生说,他把郭汉城先生送他的《淡渍堂诗抄》转与日本戏曲专家波多野太郎先生。波多也擅写中国旧体诗,他认为:"郭先生的诗里显露出历史和戏剧方面的才华。"

---

① 郭汉城:《淡渍堂诗抄》,文化艺术出版社,1991年,第2页。

○○ 蔡若虹赠郭汉城诗书尺幅

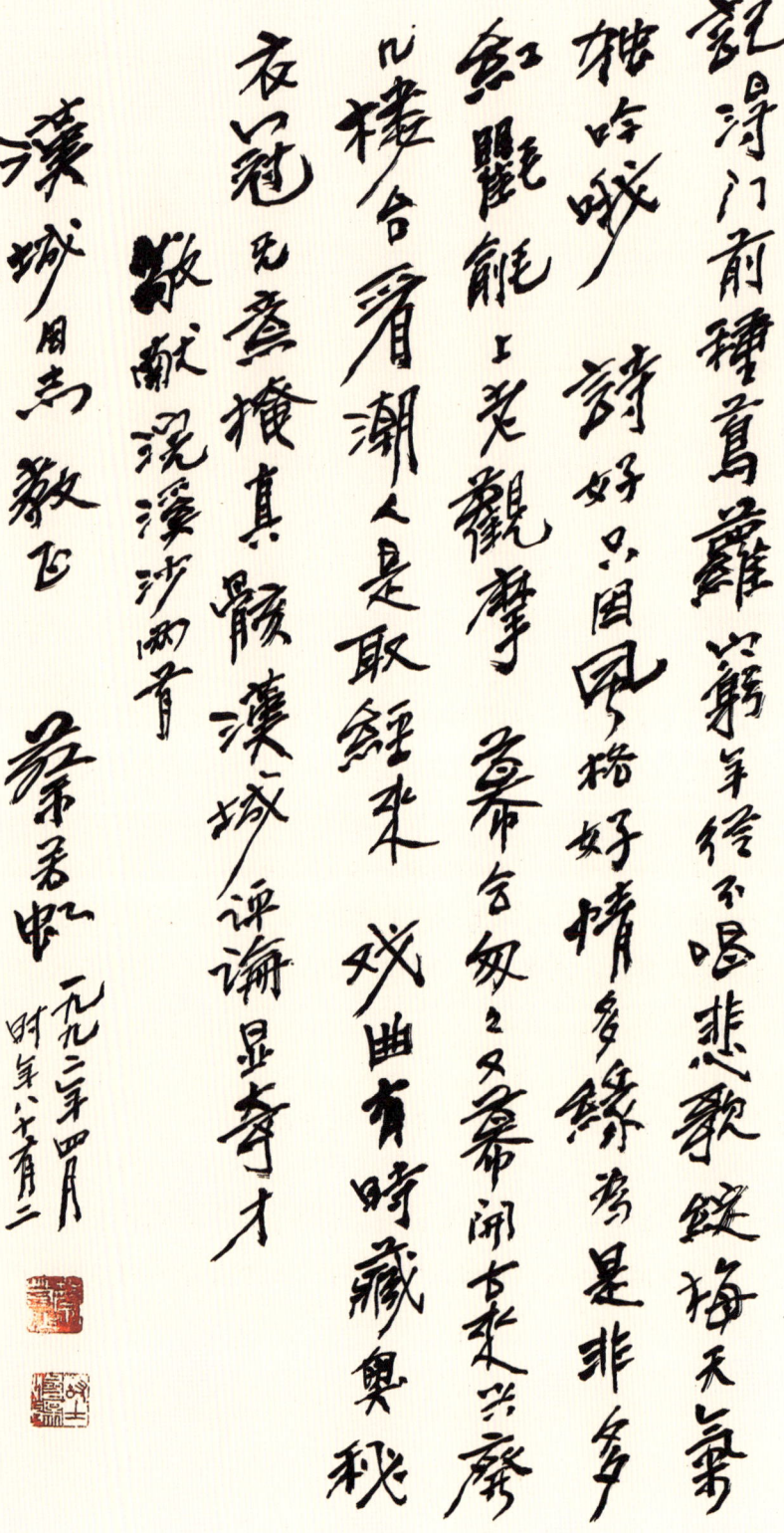

记得门前种蔷薇 几年徒不唱悲歌 疑梅天气
独吟哦 诗好只因风格好 情多缘是非多
红艳能工老观摩 幕合匆匆幕开去 兴废
凭楼台看潮人 是取经来 戏曲有时藏奥秘
衣冠无意撿真骸 汉城评论显奇才
敬献说汉沙两首
汉城同志 教正
蔡若虹 一九九二年四月
时年八十有二

○○ 屠岸寄郭汉城同志谈诗手迹

随感两句

一生遭逢三大饿，老来温饱万事足。

《随感两句》是郭汉城先生一生所亲身经受的苦难，与今日的幸福生活对比的生动写照。诗中蕴含着先生对我们后辈的谆谆告诫，一定要珍惜今日的幸福生活的来之不易，一生一定要提倡节俭，杜绝浪费，绝不能只知享受，甚至走向贪污腐败泥坑的人生哲理。

先生对我解释过这两句诗的内涵。"三大饿"其一是指先生参加革命前，在家中所遭受的吃了上顿愁下顿的饥饿。二是指先生进入革命队伍后所遭受的饥饿。比如在抗日战争时期，一次他所在的部队由延安转移到晋察冀边区的河北去。在艰苦的步行途中，走到黄河边山西兴县的黑峪口，由于阎锡山的封锁，不卖给他们粮食、蔬菜，吃不上饭，他饿得实在不行了，便往自己的衣服口袋里摸，结果摸出了一颗蒜头。他视之若珍宝，即刻塞往嘴里。吃过之后，觉得烧心，浑身发软，几乎不能走了，那个难受劲儿，真是无法形容。三是指新中国成立后的1960年至1962年的国家三年困难时期。他清楚地记得，有一天他们听上级做苏联赫鲁晓夫反斯大林的报告，午餐是分发窝头片子来充饥。他吃到后，觉得只是垫了垫肚子,还是饿得慌。心想:要是多给一片就好些了。

而今,大家都是有房子住,有吃有穿,孩子们都上了学,什么都不用发愁了,非常幸福。对于他们那些经受过昔日苦难的人来说,我们决不会忘记过去的历史,因为忘记过去就意味着背叛,哪里还会搞什么贪污腐败呢!

创建前海学派

郭汉城 评传

20世纪80年代以来，社会上出现了一个戏曲学术派别——前海学派。因这一学派的奠基人是当代中国戏曲学术大师张庚、郭汉城先生，他们率领前海学派的群体专家学者，通力合作，客观上共同构筑了前海学派的宏图大厦，为中国戏曲乃至世界戏剧做出了重大贡献，故在这里不惜篇幅，对此学派加以初步论述。

这个学术命题的提出，并非空穴来风，她是有其实指的。她主要指的是，中国艺术研究院从戏曲研究开始所形成的学术流派。中国艺术研究院戏曲研究所的前身是1951年4月3日在北京成立的中国戏曲研究院。如果再往前追溯，即是抗日战争时期创建的延安平剧研究院。

○○ 北京前海西街十七号，中国艺术研究院旧址，"前海学派"产生于此

戏曲学术界为何称之为前海学派呢?是因为中国艺术研究院办公地点起初曾长期位于北京前海之畔的前海西街十七号,有九十九间半房的恭王府内,故而如此称呼开来。

经考察,前海学派在构建之初,并没有她的公开宣言。她的奠基人张庚、郭汉城先生以及构成这个学派的群体——戏研所的众多专家学者们,甚至社会上的追随者们,谁也没有说过和想到,他们会创立一个学派,然而从他们的全部学术理论成果和实践来看,确实在宏观上已构成了一个学派,并被学界所公认、历史所确认了。所以这个学术命题一经提出,在社会上就引起了强烈反响,并很快流传开来。

○○ 20世纪40年代,延安平剧院演出《四进士》,阿甲饰宋士杰(右)

前海学派的内涵

何谓学派？它是"一门学问中由于学说、观点不同而形成的派别"。

前海学派的内涵是什么呢？

前海学派是一个地地道道的马克思主义学派

前海学派的两个奠基人张庚、郭汉城先生都来自革命圣地延安。张庚先生在任延安鲁迅艺术学院戏剧系主任及华北联大文工团副团长期间，郭汉城先生在陕北公学与华北联合大学社会科学部学习期间，都长期地接受了马克思列宁主义的教育，特别是学习并掌握了1942年毛泽东同志《在延安文艺座谈会上的讲话》精神，为新中国成立后创建前海学派，在理论和实践上做了较为充分的准备。

由于他们是新中国成立以来，在中国共产党领导下的第一批以马克思列宁主义为指导的戏曲理论研究的核心力量，在学术思想上以辩证唯物主义和历史唯物主义为指导，所以能在新中国的戏曲战线上始终忠实地贯彻执行党所制定的"文艺为社会主义服务，文艺为人民服务"的"二为"方向，"百花齐放，百家争鸣"的"双百"方针，推陈出新、古为今用、洋为中用这一整套方针政策，与来自"左"的或右的倾向作坚决的斗争，以马列主义、毛泽东思想来观察、思考戏曲事业实践中所存在的问题，力图按照党的方针政策原理，原原本本地以马克思主义对待民族文化遗产的方法来解决。

前海学派有其共同的学术思想和学术理想

郭汉城先生于2003年10月23日在《纪念张庚同志》一文中引了张庚先生所说的一段话："言之无文，行而不远。话剧有一个斯坦尼斯拉夫斯基体系，流行全世界。如果我们有一个具有民族特色的中国戏曲艺术理论体系，全世界都会接受。"①

郭汉城先生也有类似的说法。他的学生杨世雄在《四句箴言启吾一生》中说："汉城老二十多年来的四句话，启发帮助我求知戏曲规律。

"郭老师第一句话：人家外国问我们，你们中国戏曲到底是怎么搞的呀？我们是讲不清的，我们并不是没有啊，而是有很多，就是讲不清她的特点、她的规律，我们很可怜。这个讲于1981年。

"第二句：行当是戏曲最基本的特点，是戏曲规律的最基本的体现。这个讲于世纪之交的2000年。

"第三句：'戏曲改革是一个漫长的过程，在其各个发展阶段上不可能一下子完整地显现自己的规律性'。我读到这句话的时间是2005年。

"第四句：程式与程式化是两个概念；戏曲艺术是一个庞大的、完善的、有机的程式体系。这句话是郭老2001年写的。"②

从上面所引的有关前海学派奠基人张庚、郭汉城先生的话可以看出，回答"中国戏曲到底是怎么搞的"，即弄清"她的特点、她的规律"从而创建"一个具有民族特色的中国戏曲理论体系"，就是前海学派同仁共同的学术思想和学术理想。

前海学派具有独特的学术特征

第一，理论密切联系实际。理论联系实际是毛泽东同志，也是邓小平同志一直在倡导的学风。理论联系实际的含义分广义和狭义两方面。广义地来讲，要联系时代的发展趋向和国家的命运、前途；狭义地来讲，是联系戏曲的实际、戏曲的历史，尤其是联系当时戏曲改革的实际，这与新中国成立前钻在书斋里从理论到理论的研究是截然不同的。

比如前海学派的二位奠基人都既是戏曲史论家，又是革命者、爱国主义者，很有党性的共产党员。他们自觉地把戏曲研究与国家的命运紧紧联系起来。当张庚先生在受到错误的极"左"路线的批判时，郭汉城先生挺身而出，予以辩护，充分显示了他们是敢于坚持真理、实事求是的新型学者。

又如，他们认定了实践是检验真理的唯一标准，理论只有联系实际，才能揭示事物的内在发展规律，所以他们的理论著作，都是从戏曲实际中升华出来。又

---

① 郭汉城：《郭汉城文集》（第2册），中国戏剧出版社，2004年，第542页。
② 赵化勇主编：《盛世中华脊梁风采·戏剧家风采》，中国广播电视出版社，2010年，第12页。

反过来去指导实际的。

再如，他们认定了中国戏曲有个特点，即既不在书上，又不在案头，主要是在表演上、在剧场里。因为戏曲是综合性的立体艺术，是在舞台上让观众欣赏的艺术，它不像文学那样是在案头欣赏的平面艺术。如果不看戏，就不知道戏曲的飞转流变，不知道戏曲的发展，搞研究，做工作，不好"下手"。所以他们是有戏必看，同时也号召前海学派的群体都看。看了就评戏，并帮助剧团改戏。这是与新中国成立前学院派一般侧重于作家作品的平面研究的一大区别。

第二，他们的工作是与时俱进的。在新中国成立初期，他们创办了戏曲演员讲习会、剧目讨论会，又做了调查研究、教育工作等。当现实向前发展的时候，他们有感于对戏曲的历史和理论认识的缺乏，妨碍了"百花齐放、推陈出新"方针的贯彻执行，觉得要从根本上解决问题，没有系统的史论建设是不可能的，于是本着一切从实际出发、实事求是的精神，集体搞了《中国戏曲通史》和《中国戏曲通论》。

又如对少数民族戏曲的重视程度，谭志湘说："'前海学派'一直处于发展之中，与时俱进，随着戏曲的发展而发展，随着戏曲的前进而前进。对少数民族剧种的研究就是随着少数民族戏曲发展的一个范例。因为20世纪80年代少数民族戏剧得到长远发展，改革开放的春风吹到边陲地区的山寨，以张庚、郭汉城为代表的'前海学派'敏锐地感觉到这一戏剧现状，随即投入人力、物力、精力，并给予热情的扶持，才有今日成果。

"前海学派也确实培养出一批少数民族戏曲研究人才，这里有研究院的，也有边疆、自治区各民族地区的研究人员。以中国艺术研究院研究人员为主力的中国少数民族戏剧学会共举办四届编剧学习班。他们还通过举办第一、二届

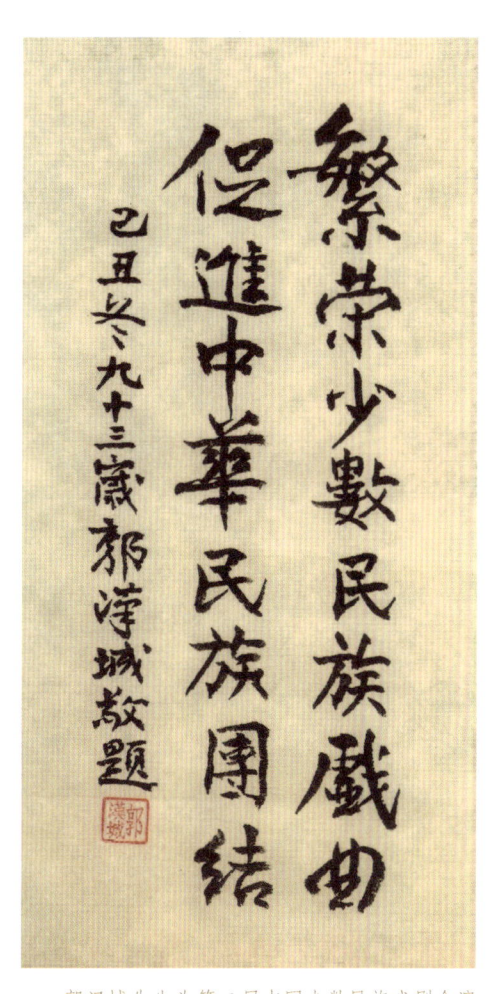

○○ 郭汉城先生为第二届中国少数民族戏剧会演题词

中国少数民族戏剧会演，第二、三届全国少数民族文艺会演，到边疆地区参与民族戏剧的创作实践以及利用讲学、办班、观摩研讨等形式，培养出不少少数民族戏剧人才。我想这是'前海学派'精神的继承，是发扬光大。"①

《中国戏曲志》上马后，1984年11月24日，郭汉城先生在昆明中国戏曲志少数民族编纂工作会议上的讲话中说，这次会议使他"进一步认清了少数民族戏曲在我国戏曲中的地位"。"编写中国戏曲史和编纂中国戏曲志，不能缺少少数民族的戏曲，缺少这一方面，就不符合历史和现实。"张庚先生也插话说："少数民族戏曲有汉族戏曲不能代替的东西。"

关于与会同志们争论的较大的一个问题，是如何看待少数民族戏曲。郭汉城先生针对这个问题说："我觉得衡量一个剧种是不是戏曲，有这样两条：一条是具有中国戏曲艺术的共同物质特征（尽管这种特征还没有发展得很充分、很完整），以便与话剧、歌剧、舞剧等有所区别。第二条是要作为一种戏剧演出，以区别于歌、舞表演和说唱活动。不管是处在哪一种历史层次的形态，只要具备了这两条就应该算戏曲。"

同年，中国艺术研究院戏曲研究所成立了少数民族戏曲研究室。

随后，在郭汉城先生主编的十卷本《中国戏曲经典》与《中国戏曲精品》中，《中国戏曲精品》（第五卷）为中国少数民族戏曲设立了章节，《中国戏曲经典》（第五卷）中，列入了藏戏《诺桑法王》。在《当代中国戏曲》一书中，也专门为少数民族戏曲设立了章节。

谭志湘说："在北京艺术研究所秦华生主编的《清代戏曲史》中，同样为少数民族戏曲开章设节，我承担了这部分写作任务，我以为兄弟研究单位对中国少数民族戏曲的重视与张庚、郭汉城两位研究大家的重视是分不开的。什么是学术带头人的作用？张庚、汉城老师给我们做出了榜样。他们不仅只是有形的带博士生，主编了什么史、什么论，这种对研究领域——少数民族戏曲的开拓对学术界所产生的影响似是无形的，是看不见摸不着的，但又确确实实是存在的，他们的目光、研究视野、研究方法、研究思想……对研究领域起到的是导航作用。②

"张庚九十岁的时候，他对我们几个研究少数民族戏曲的同志说：'你们要写一部《中国少数民族戏曲史》，这是个空白。我老了，写不动了，要是倒退十

---

① 谭志湘：《从中国少数民族戏曲研究看"前海学派"的与时俱进》，《戏曲学的新发展·张庚先生百年诞辰国际学术研讨会论集》，文化艺术出版社，2012年，第61页。

② 同上书，第60页。

年，我一定承担，就是现在我仍愿意做你们的顾问。'"

到2007年12月，由学苑出版社出版了全国艺术科学"十一五"规划国家年度课题，中国艺术研究院王文章主编，戏研所刘文峰、李悦副主编的《中国少数民族戏曲剧种发展史》。

后来发生了"戏曲危机"，前海学派二位奠基人又把戏曲工作重心转移到教育上来，其核心是要培育高精尖的人才，以适应改革开放以来戏曲形势的需要。

前海学派有自己的奠基人张庚、郭汉城先生，并有这一派的戏曲理论学说

前海学派的《中国戏曲通史》《中国戏曲通论》《中国大百科全书·戏曲曲艺》《当代中国戏曲》《中国戏曲志》等著作基本上构成了自成体系的"中国戏曲学"的母系统。

其中，由张庚、郭汉城主编的《中国戏曲通史》和《中国戏曲通论》，填补了新时期以来我国戏曲史论方面的空白，具有里程碑式的意义。郭汉城先生在《纪念张庚同志》一文中说："《中国戏曲通史》的编写，开始于1958年，1962年中华书局打成校样准备出版，'文化大革命'中却成了黑线罪证，直到'四人帮'粉碎后的80年代才得以出版，已经三十年过去了。"

傅晓航在《郭汉城先生对戏曲史论科学的贡献》中说："关于《中国戏曲

○○ 1999年9月10日，张庚、郭汉城主编的《中国戏曲通史》获文化部第一届文化艺术科学优秀成果奖一等奖

通史》，如果以其思想的内容而论，从某种意义上讲，它具有'划时代'意义。《中国戏曲通史》的编者明确提出他们的立场、观点是马列主义，认识论和方法论是历史唯物主义、辩证唯物主义。这只有在共产党取得政权、无产阶级思想成为'统治思想'的历史条件下才有可能。如从体例结构上讲，它是全新的'总论''分论'结构，更条理化、系统化而易读；它的思想内容则以'取其精华，去其糟粕'为指导思想，总结戏曲历史的先进思想和先进的现实主义、浪漫主义

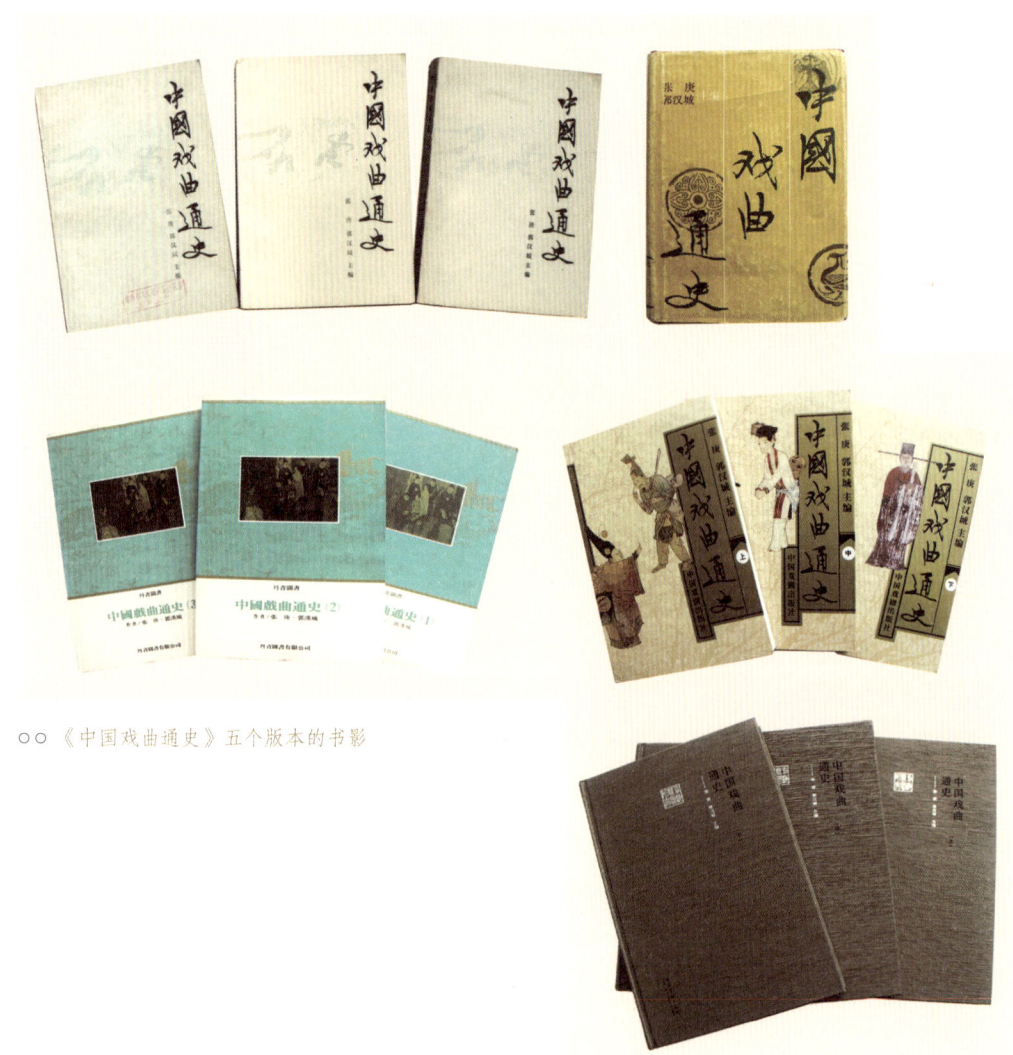

○○ 《中国戏曲通史》五个版本的书影

创作方法为宗旨。从人才的条件上看,只有在五六十年代才能形成。张庚先生的学术理想,长期对戏曲研究的积累,以及他拥有的权力、地位、培养的多方面的人才,是《中国戏曲通史》成书的根基;汉城先生运筹帷幄,担负的大量的、困难的、专业性极强的组织协调工作,以及大量的增删修改工作,则是成书的保障。"[①]

《中国戏曲通史》从戏曲的起源与形成写起,写到清代地方戏勃兴、中国封建社会开始解体止,批判地吸收了王国维以来戏曲史研究成果,避免了一般戏曲

[①] 赵化勇主编:《盛世中华脊梁风采·戏剧家风采》,中国广播电视出版社,2010年,第141页。

史只偏重于作家与作品的评品的写法，立体地反映了戏曲作为综合性艺术，在我国古代戏曲剧种、戏曲文学和戏曲舞台艺术的沿革，并探索了戏曲发展规律，是一部十分难得的古代戏曲历史专著。

《中国戏曲通论》是"六五"期间国家社会科学的重点项目，1983年立项，1987年完成，历时五年。二位主编张庚、郭汉城先生对该书撰写的指导思想是非常明确的，而且是完全一致的。

如在1983年1月7日成立编写组的准备会议上，与同年1月14日编写组的正式成立会议上，郭汉城先生在讲话中说："这本书写得要有特点，这决定于理论能否联系实际。要总结新中国成立以后的'戏改'经验，将其上升为理论。新中国成立以后，在理论上有很多争论，如对遗产的估计，民族形式，戏曲的性质、功能、服务对象，还有观众的问题，这些都涉及基本理论的建设，我们都要提出自己的看法。整个书要贯穿历史唯物主义。""老艺人的经验，有很多好的东西。我们也要把它们上升为理论"；"理论联系实际要考虑到戏曲如何发展的问题"；要注意"不能脱离民族的实际。现在一些美学文章写得很空，不联系实际。我们要学习和借鉴康德、黑格尔，但不能脱离自己的本土"。

在看了大家初拟的章节目录后，他说："我原来有个初步想法，'概论'要从历史的发展事实中提升出理论。例如'百花齐放，推陈出新'，是新中国成立以后毛泽东提出来的，但是作为一条规律，古已有之。中国戏曲从内容到形式，究竟有些什么特点，要从历史发展中概括出一些来。书的前半部分'总论'，要讲大的特点和规律，书的后半部分'分论'，要把大的特点和规律具体化。"

在工作一开始他就指出："就当把这些'概论'续写工作，作为全所干部学

○○ 《中国戏曲通论》三个版本的书影

习、提高的极好的机会。"后根据他的指示,先后以中国艺术研究院戏曲研究所的名义邀请社会上近十名专家到本所作了学术报告。

《中国戏曲通论》是一部以历史唯物主义与辩证唯物主义为指导,按照实事求是的原则总结前人的经验,从客观实际当中抽绎出规律来的戏曲理论专著,与《中国戏曲通史》同样属于难度很大的开创性工作。

《中国戏曲通论》所构建的理论框架科学全面,涵盖了中国戏曲艺术涉及的几乎所有方面,如戏曲的艺术方法、戏曲文学、戏曲音乐、戏曲表演、戏曲舞台美术、戏曲导演、戏曲与观众、戏曲的推陈出新等最基本的问题。

如关于什么是戏曲的艺术方法特征,沈达人在该书的"人物形象的意象化"一节,辨析得非常透彻。书中用对比的方法分别说明了戏剧的摹象与意象两种类型的各自特征:摹象戏剧也要求神形兼备,但在"形似方法,给人物外部形态的摹写规定了一个极限:可以集中,可以夸张,但不允许走向变形处理"。[①]"摹象的创造过程始终是在这种形似的制约中走向神似的"。而意象戏剧的戏曲,则是"与摹象戏剧相反,不把形似作为先决条件,而以神似为先决条件"。二者区别十分明显:摹象戏剧塑造人物形象的原则是:"摹写真实,以形传神,神形并重。"意象戏剧的戏曲塑造人物形象的原则是:"追求神似,离形得似,神形兼备。"

戏曲艺术方法的实质,沈达人认为,是"再现基础上的表现"。[②]"以写实话剧为代表的摹象戏剧""是一种再现性质的艺术";"以荒诞派为代表的喻象戏剧""是一种表现性质的艺术";"我国的戏曲意象独树一帜,把再现方式与表现方式交叉起来,创造了再现与表现相结合的第三种方式,这无疑是世界艺术史上需要补写的光彩焕发的一章"。

关于戏曲音乐,何为分析得非常到位。他先讲述了音乐艺术的一般特性:音乐艺术是以音响为材料构成的,它所表现的生活造型的对象,只局限于音响的范畴之内,无法向听众去解释或说明它要告诉听众的究竟是什么,只能通过音响的运动,让听众凭自己的听觉去分辨、去感受。但由于声音可以传播,所以在表达感情这一点上,音乐艺术的长处是别种艺术所无法企及的。

"从本质上说,音乐是一种感情的艺术。它不善于外在形状的描绘,却长于内心感情的抒发。因而有的美学家就把它称为表现艺术,以与造型艺术或再现艺

---

① 张庚、郭汉城主编:《中国戏曲通论》,上海文艺出版社,1989年,第203页。
② 同上书,第224页。

术相区别。"①"但不等于说它绝对排斥造型的因素",因为"造型与表现,这是任何艺术创作中都不可能缺少的两大因素,它们是无法分离的,不造型,就无从表现,不表现,造型也就失去意义"。"说音乐不善于造型,这是同绘画、雕塑等造型艺术相对而言,事实上音乐的表现又不能离开造型,不过是以它特有的方式进行。"

由于音乐艺术具有抒情的特点,这使它与诗相结合,形成歌曲;又由于构成音乐的要素之一的节奏有特殊的作用,故"与另一种以抒情为特长的表现艺术——舞蹈——相结合,从而形成歌舞或乐舞"。

再看音乐与戏剧的结合。我们知道,戏剧艺术具有多样性,既有与音乐无关的戏剧,即话剧,也有与音乐相结合的戏剧,即戏曲。而音乐与戏剧一旦结合,便使音乐失去了它原先的独立性质,为戏剧性的要求所支配;反过来,音乐也要制约戏剧。这样的戏曲音乐特性,就在戏曲中发挥了以下作用。首先是刻画人物形象。这一作用,主要是通过唱腔来发挥的。其次是表现戏剧的矛盾冲突。人与人之间的矛盾冲突常表现为情感的冲突,音乐从情感上加以渲染,并从情绪、气氛上去表现。再次,戏曲的表演,不能离开音乐而单独存在。因为音乐有配合动作和念白的作用。其四,音乐可以描写戏剧场景,渲染烘托环境气氛。其五,音乐是把戏曲的唱、念、做、打诸种艺术手段维系起来的纽带。

进而讨论戏曲音乐的特殊性。文中提出戏曲音乐的重要特征,是其民间性。这是欧洲歌剧、舞剧所无而中国戏曲所独有的。它保留着民间音乐的下列特征。第一,它具有广泛的群众性。第二,它具有创作的集体性。即它不是专业作曲家发展起来的,而是无数民间艺人以"旧曲沿用"的程式共同创造的。第三,是它的可变性。因为民间音乐没有曲谱,只靠口头传唱,所以它的音乐是不稳定的,有很大的可变性。于是又形成了声腔的多样性。第四,它具有一度创作(即作曲过程)与二度创作(演唱或演奏的过程)的一体性。当然,戏曲音乐并不排斥其专业性,问题是专业的创作不能脱离丰富的民间音乐积累。

接着,又论述了抒情性与叙述性是构成音乐戏剧性的关键。中国戏曲音乐的曲牌联套体与板式变化体两种曲体结构,具有不同于外国歌剧的特点,是戏曲音乐的民族形式。

"曲牌联套是一种有悠久发展历史的结构形式,为昆曲、高腔等古老剧种

---

① 张庚、郭汉城主编:《中国戏曲通论》,上海文艺出版社,1989年,第319—321页。

所共同采用。它的结构基础，在于长短句的曲牌。曲牌一词的由来，是因为中国古代的和民间的音乐活动中，通行以旧曲填写新词，并按新词改变旧曲的方式进行创作，那些经过筛选流传下来，可以被后人用以按谱填词的曲调，便被称为曲牌。曲牌本是单支的，但为了表现稍微复杂的内容，又可以将若干单支曲牌按一定章法组合，相连成套，成为一组结构严密、形式完整的套曲。昆曲、高腔一类的剧种便以套曲构成一折（出）戏的音乐，一本戏有若干折（出），便由若干组套曲构成。这种音乐结构的方法，便称为曲牌联套。以这种方法构成的曲体，则称为曲牌联套体。"①

这种套曲形式如何体现戏剧性要求呢？"构成套曲的要素之一，在于宫调。宫调一词，在现代音乐的意义上是指调或调式的意思。因为套曲包含有众多的曲调，这些曲调在宫调上须是统一的，才能构成统一协调的整体。因此，套曲中的各个乐章，必须严格选用宫调相同的，或虽不相同但可以相通的曲牌。一套之中通常只用一个宫调，有时虽也不限，可以用上二至三个，但又总属于近关系调。宫调的选择运用又只是基于音乐本身的要求，它又是一种戏剧性的表现手段。……宫调在一套曲子里是统一的，而就全剧范围说，每个套曲之间在宫调上又有变化有对比，这又体现着戏剧的情调色彩的变化对比。"②

"构成套曲的另一要素是节奏，是每个乐章间的板式变化。引子与尾声通常为散板，散起散落，是戏曲音乐常用的一种结构法。过曲部分，因为包含的乐章较多，每个曲牌谁先谁后，应换怎样的次序排列，也有着一定的章法。它按这样一个基本原则处理，即慢曲在前，中曲次之，急曲在后。……加上引子、尾声，形成散、慢、中、快、散的节奏发展次序。"③

"无论昆曲或高腔，它们都包含有南曲与北曲两个不同的曲调系统，这两个系统各有自己的套曲，以此遂有南套、北套之分。……由于南曲与北曲在音阶、旋法、节奏等方面均不相同，这就形成了彼此间风格色彩的差异。北曲高亢雄壮，南曲婉丽妩媚，这又为套曲在艺术处理上提供了一种可能，利用南曲与北曲风格的差异造成一种色彩上的对比，以表现戏剧矛盾的发展变化。"

"南北联套的结构特点则是套曲的前数乐章为北曲，后数乐章为南曲；或

---

① 张庚、郭汉城主编：《中国戏曲通论》，上海文艺出版社，1989年，第348页。
② 同上书，第349—350页。
① 同上书，第350—351页。

前为南曲后为北曲。这种套曲，也是利用曲调风格的变换，来显示双方的性格对比，以表现戏剧性的矛盾冲突。"

除此之外，曲牌联套体为体现戏剧性要求还采用了四种艺术处理手法："赠板的运用是其一。所谓赠板是将抒情性的四拍子曲调在节奏上按比例扩增一倍，成为八拍子的曲调，旋律更为华丽，抒情意味亦更浓。倘曲叠用四次，则前二次常为赠板，后二次为正板，虽同为抒情性的，但因节拍、速度不同，在感性的浓度上则有层次之分。集曲的运用是其二。所谓集曲，是取若干支曲牌，各摘取其中的若干乐句，另行组成新曲。每支曲牌都有一定的曲情，集曲可以集多种曲情于一曲，可以表现较复杂的感情变化。"①利用曲牌间格调的对比是其三。利用独唱与合唱的对比是其四。

"板式变化体是戏曲音乐的另一种结构形式。它是近三个世纪以来，自梆子、皮簧兴起后发展起来的。这种曲体的结构基础，在于对称的上下句。这上下两个乐句，可以用多次变化重复的方式构成规模大小不一的唱段，而这些唱段又可以用各种不同的板式出现。板式即节拍形式，如四拍子的三眼板，二拍子的一眼板，或一拍子的流水板，节拍自由的散板等均为不同的板式。"②

板式变化的结构方式，是基于音乐创作中的变奏原则。利用板式之间的互相转换变化，可以构成一场或一出戏的音乐。

各种板式，以其节拍与节奏形态的作用，在表现性能上也各有特点。"三眼板因其速度缓慢，在旋律上可多作华彩性的装饰，因而具有抒情性的特长。一眼板的速度中庸，旋律略简而兼用于抒情与叙事之间。倘用于抒情，则加强其旋律性；倘用于叙事，为突出其朗诵性。流水板的节奏急促，字多腔少，长于叙事，并善于通过急促的节奏表现紧张的语气。散板则因不受固定节拍的限制，节奏上和旋律上的自由发挥，使它既长于表现强烈激昂，又可以表现悠闲轻松的情绪。"③

根据多种板式表现内在情感的性能，我们便可以用表达内心感情的外在形式，即节拍与节奏（众多板式综合运用时，仍然体现着散、慢、中、快、散的节奏变化程序），再加上旋律声腔的转换、调性、转调、唱法（在具体演唱时，演员要抓住气、声、字、情四个方面，来达到塑造人物音乐形象的目的）以及伴奏等因素，构成板式变化体的表现手段体系，来完成戏曲的要求。

---

① 张庚、郭汉城主编：《中国戏曲通论》，上海文艺出版社，1989年，第351—352页。
② 同上书，第352页。
③ 同上书，第353页、354页。

最后，颇为具体地分别阐述了戏曲音乐的两个体现手段，声乐与器乐。在戏曲声乐中，阐明了行当唱法与西洋歌剧中的以声部区分人物类型的方法，既有相似之处，又各异其趣。说明了以情传声、以情动人乃是戏曲声乐所追求的最高境界，也是这一艺术的最高审美标准。

戏曲的器乐所承担的任务是："第一，它要为声乐伴奏，第二，它又要适应戏剧性要求担负着独立演奏的任务，以完成声乐所不能表现的事物。"①与此同时，呼唤戏曲音乐在保持民族风格的前提下，向多声部音乐发展。

为体现"中国戏曲学"的理论建设的完整性，它的重心还得由它的母系统向子系统转化。1983年，郭汉城先生在《中国戏曲通论》编写组的会议上讲话时提出："我们写完了"戏剧概论"（即'通论'），接下来还要写分史、分论。"

果不其然，《中国戏曲通论》出版后，由张庚、郭汉城先生主编，郭汉城先生作序的十二本戏

○○ 张庚、郭汉城主编的十二本戏曲史论丛书书影

曲史论丛书于1993年至1999年，由文化艺术出版社出版发行。计有：

《戏曲理论史述要》，傅晓航著

《古代戏曲美学史》，吴毓华著

《栏杆拍遍——古代剧作家心路》，刘彦君著

《戏曲优伶史》，孙崇涛、徐宏图著

《戏曲音乐概论》，武俊达著

《戏曲表演概论》，陈幼韩著

---

① 张庚、郭汉城主编：《中国戏曲通论》，上海文艺出版社，1989年，第378页。

《戏曲导演概论》，黄在敏著

《戏曲舞台美术概括》，栾冠桦著

《戏曲意象论》，沈达人著

《戏曲"拉奥孔"》，安葵著

《戏曲人类学论稿》，马也著

《戏曲美学》，苏国荣著

郭汉城先生在这套丛书的序中说："中国戏曲学的全面建立，是一项长期而艰巨的系统工程，也许需要两代、三代人的持续努力，或者更长的时间，才能逐步完成的。

"中国戏曲是一种独特的民族戏剧艺术，是由文学、音乐、美术、舞蹈等各个门类综合而来的，它与文学、音乐、舞蹈、美术等独立艺术还不一样，有自己的发展历史、艺术特征和艺术规律，这在史论中只能提纲挈领地涉及，很难深入细致。这个任务只能在分史、分论中解决。

"中国戏曲学涉及的方面、问题都十分广泛，既要总结历史的经验，又要总结现实的经验。根据当前戏曲研究状况，我觉得现状的研究更应受到重视。理论研究一定要联系实际，尤其要联系当前创作、研究的实际。理论研究有助于戏曲的发展，要善于从实践中总结一些具有规律性的、普遍性的、特征性的东西，升华为新的理论。这样的理论更具有生命力和时代感，更会受到大家的关心和重视。从这一意义上看，上文提到的'论从史出'的观点，还不是很全面的。理论应从历史和现状中出。"

前海学派有自己的专家学者群体，并讲究学术民主

这一群体，将中国古代所谓的"文人相轻"变成了"文人相亲"，为完成社会主义戏曲事业的"戏曲化"与"现代化"而齐心协力、肝胆相照，共同创建了前海学派。

张庚、郭汉城先生是如何培养这个研究群体的？龚和德说："1981年年初，在北京东方饭店开《中国大百科全书·戏曲曲艺》的编委会时，有一天，上海的陶雄先生很郑重地问我：张庚同志是怎样培养你们这个研究集体的？我不能完全回答陶老的提问，只是向他讲了一些切身体会。大意如下：张庚同志培养我们的主要方式就是平等的对话。在搞集体研究中，几乎每次讨论，张庚同志总是做了

比较充分的准备,并把他多年的研究心得,毫无保留地谈出来,供我们思考、选择。我们读他的著述固然是学习,听他在讨论会上的发言,有时感到更是得益匪浅。他有许多深刻的见解没有形诸文字,就在这点谈话中给了我们很多启发。他从不怕自己的学问被别人掏走。另外,我们在他面前,又常有点'没大没小'的。有不同的意见,可以当场争论,有时甚至争得面红耳赤。他从不因这而不愉快。这种毫无'家长'味道的民主的学术空气在我们的集体里是比较浓厚的。这也是张庚同志能够团结人和受人尊敬的一个方面。再有一点,在合作中,凡是分给张庚同志的写作任务,他总是按计划交卷。《中国戏曲通史》的第一编'戏曲的起源与形成'是如此,《中国大百科全书·戏曲曲艺卷》的前言《中国戏曲》也是如此。他说:我要不这样,怎么有嘴巴催促你们呢?他的样子拿出来,大家可以评论、挑剔,他也尽量吸收合理意见进行修改。所以他在这些学术活动中从来不是'甩手大掌柜',而既是有力的领导者,也是真正的合作者。"①

再看郭汉城先生是如何培养前海学派研究人才的。还以龚和德为例,他说:"我开始到汉城同志麾下工作的时候,他是三十八九岁,我是二十四五岁,刚出校门。在我的感觉中,他已经是富于领导经验的老革命干部。他特别有亲和力,我喜欢亲近他,向他请教。记得我有篇文章请他审阅,他提出两点意见:'不要全猪全羊';'要说清一个问题再说另一个问题。'我印象深刻,终身受益。搞理论不能靠大话笼罩'吓唬'读者。真正的理论是一种分析的力量。能做到有说服力的分析实在不容易,而且这是永远的考题。汉城同志是从戏曲文学研究切入整个戏曲理论工作的。他对于传统剧目、新创剧目写过许多善于分析的好文章,把对戏曲的保护与发展落到实处,直到现在仍然值得我学习。在五六十年代,也常有机会随同汉城同志到各地观摩戏曲会演,听他对一些剧目的分析真是一种享受,受到启发和感染。张、郭二老为了把戏曲研究工作引向深入,辛勤主编了《中国戏曲通史》和《中国戏曲通论》,这是比较系统地探索戏曲的发展脉络、总结戏曲的艺术经验的勇敢尝试。我和一些同志又主要从这些工作中受到培养。"②

前海学派是很注意学术民主的。如郭汉城先生在1983年他们撰写《中国戏曲

---

① 龚和德:《张庚——现代戏曲学的基础工程师》,中国戏剧出版社编辑部编:《张庚阿甲学术讨论文集》,中国戏剧出版社,1992年,第26页。

② 龚和德:《有感于张、郭二老的理论精神》,赵化勇主编:《盛世中华脊梁风采·戏剧家风采》,中国广播电视出版社,2010年,第4页。

通论》时说:"我们的集体,要贯彻'双百方针',有话大家讲,不同观点都提出来。""提纲、文稿每次都要讨论。有些重要的,还不甚清楚的问题,还要专题讨论。""要虚心待人,互相帮助,积极为别人提供资料。我很怀念黄老(指戏曲史家黄芝岗先生),在'文革'以前写戏曲史的时候,他为别人提供了很多资料。"就这样,《中国戏曲通论》经过无数次讨论,数易其稿而得以完成。

前海学派尊重传统,倡导革新

继承与发展是相辅相成的两个方面,没有继承,就否定了历史,失去了根基;而没有发展,就脱离了时代,又凝固了艺术生命。如张庚先生说:"戏曲,和所有艺术一样,绝不能由每一代人各自另起炉灶,白手成家,而必须继承前人的创造成果,在这个基础上来增加新的东西去丰富它。不继承是不行的,我们没有这个割断历史的自由和本事;不发展同样又是不行的,我们也没有抗拒历史前进运动的自由和本事。这就是戏曲继承和发展的辩证法。"[①]

前海学派拥有按照自己的理论学说而创作的戏曲剧本

如郭汉城先生创作的剧本有:

《蝶双飞》、《海陆缘》、《合银牌》、《青萍剑》(合作)、《琵琶记》(合作)、《烈火情缘》、《刘青提》等。

前海学派为中国戏曲学的建立与发展奠定了基础

在前海学派的学术实践中,在一定程度上完成了"戏曲资料—戏曲志—戏曲史—戏曲理论—戏曲批评"的戏曲学科体系的构建,为中国戏曲学的建立与发展奠定了坚实的基础,同时也为前海学派的发展夯实了地基。

根据以上所述,充分说明戏曲学术界把这一学派命名为前海学派是理所当然的,而前海学派因此而享名于世也是当之无愧的。

---

① 张庚:《反对用教条主义的态度来"改革""戏曲"》,《张庚戏剧论文集》(1949—1958),中国社会科学出版社,1981年,第254页。

前海学派的形成与发展

前海学派是如何形成和发展的呢?列宁告诉我们:"在分析任何一个问题时,马克思主义理论的绝对要求,就是要把问题提到一定的范围之内","对每一特殊的历史阶段情况进行具体的分析"。下面,遵照列宁的教导,我们来探讨前海学派的形成和发展。

我们知道,一个学派的产生是与时代息息相关的。从历史上来讲,学派往往产生于历史大动荡的年代。大凡社会上有什么大的变革,必然反映在意识形态领域,在学术观点上,就会出现新的认识。如战国时期,学术领域人才辈出,群星璀璨,学者众多,且"各引一端,崇其所善,以此驰说,取合诸侯",因而形成了学派林立的局面,计有儒、墨、道、法等十多个一级学派,以及一级学派内部的三四十个乃至更多的派中之派,即二级学派,致使学术空前活跃、空前繁荣,出现了"百家争鸣""大家小派交相辉映"的学术氛围,在中国乃至世界文化史上写下了辉煌的篇章。晚明时期,学术界出现了"临川派"与"吴江派",清朝出现了乾嘉学派等。

前海学派的产生也不例外,她具备了极好的产生这一学派的"天时、地利"和"人和"的条件。

时代背景

首先,中华人民共和国的诞生为她的产生创造了良好的社会条件,即得新时代发展戏曲之天时。1949年10月1日,中国人民在中国共产党的领导下,推翻了压在他们头上的帝国主义、封建主义和官僚资本主义三座大山,成立了中华人民共和国,标志着中国人民从此站起来了。新中国成立伊始,党和人民政府领导人民在进行大规模的经济建设的同时,又进行了文化建设。从此,中国戏曲又掀开了崭新的一页。

同年7月2日至19日，中华全国文学艺术工作者代表大会在北平召开，中华全国文学艺术界联合会正式成立。中华全国戏剧工作者协会成立，选举田汉为主席，张庚、于伶为副主席。11月，中央人民政府文化部戏曲改进局成立，田汉任局长，杨绍萱、马彦祥任副局长。这些机构的成立，说明了党和政府对戏曲的重视。

1951年4月3日，中国戏曲学院在北京成立，建院时毛泽东主席题词"百花齐放，推陈出新"，周恩来总理题词"重视与改造，团结与教育，二者不可缺一"，成为该院和全国戏曲工作的指导方针。该院的前身是抗日战争时期创建的延安平剧研究院。当时朱德曾为延安平剧研究院题词"宣传中华民族四千余年的历史光荣传统"。

1951年5月5日，中央人民政府政务院发布《关于戏曲改革工作的指示》（简称"五五指示"）提出了"改戏、改人、改制"的任务。这个"指示"为戏曲改革工作指明了方向。

其次，前海学派形成于新中国的首都北京，而北京是中国政治、经济、交通、文化的中心，海量信息、资源丰富，得其地利。

再次，中国戏曲有八百多年的丰厚历史传统，有可供继承和发展的前辈们的大量遗产，也合中国老百姓喜闻乐见戏曲文化的人和。

由此可见，前海学派是在如上独具特色的历史、社会、文化背景下，经过该派奠基人及其专家学者群体数十年艰苦卓绝的创造而形成和发展起来的。这种主观努力与客观条件的得天独厚，缺一不可！目前海内尚无任何一个学术团体可以媲美。

发展阶段

前海学派的形成和发展，大致可分为三个阶段：从1953年到1965年，为其第一阶段，这是学派从发轫到基本形成的草创阶段，及曲折发展时期；从1966年"文化大革命"开始到1976年为其第二阶段，是学派受阻的几乎空白阶段；从1977年打倒"四人帮"至今为其第三阶段，是在学派成熟的基础上，走向辉煌的黄金阶段。

1953年至1965年，是前海学派形成和发展的一个很重要的阶段。

1951年，文化部部长沈雁冰在中国戏曲研究院成立大会的致词中说："我们要写一部符合马列主义观点的戏曲发展史，这个戏曲发展史对我国戏曲在国际间的交流，是很重要的，因为她可以帮助那些知识不完全的国际朋友来欣赏我们的戏曲。"①

1953年2月5日，为充实增强中国戏曲研究院的干部力量，文化部调张庚为副院长并马可、舒模等共四十五人到该院工作；1954年郭汉城也调入中国戏曲研究院工作。

中国戏曲研究院成立初期，是一个兼有创作演出、培养教育戏曲人才和进行理论研究的综合性戏曲工作机构，后经机构调整，于1955年经文化部批准，成为专门进行戏曲理论研究的艺术单位。

改组后，院长仍为梅兰芳，副院长为周信芳、程砚秋、张庚、罗合如、马少波。下面成立了研究室，主任张庚兼，副主任郭汉城、李刚。研究室下设戏曲剧目研究组、戏曲表演研究组、戏曲音乐研究组、戏曲美术研究组、戏曲史研究组、图书资料组等。院办公室主任马绩（马远），副主任韩力、黎舟。

组织健全后，因为理论研究是为了更好地指导实践，本着专门研究并非关门研究的指导思想，鉴于当时最重要的工作是培养、提高戏曲演员，带着这一问题，张庚去找中宣部领导胡乔木同志。胡乔木要言不烦地说：你们要把马列主义、毛泽东思想交给艺人，让戏曲艺人自己起来进行改革。于是中国戏曲研究院于1955年1月8日和22日，召开了两次会议讨论如何培养提高演员的问题，后向文化部领导钱俊瑞、夏衍请示，经调查组下基层调查，并经六次修改敲定了方案，共进行了三届戏曲演员讲习会。第一届办于1955年6月7日至8月9日，会址设北京西苑大旅社，学员共六十二名；第二届办于1956年6月18日至9月28日，会址设北京朝阳门外的白家庄，学员包括三十个剧种的二百七十九人；第三届分别办于1957年6月15日至8月12日，7月8日至8月17日，在上海和广州举行，学员共有一百五十人。

在这三届戏曲演员讲习会期间，除张庚、郭汉城先生代课外，还组织院里的一批青年业务干部到各地调查、辅导演员、记录他们的经验，并在讲习会上讲课，使他们很快成为业务骨干。

张庚、郭汉城先生还身体力行，经常到各省市参加戏曲观摩演出大会，并在会上做学术报告。如1958年1月，他们参加山西晋南专区在临汾召开的第二届现代戏观摩演出大会。在大会上，张庚先生做了题为《新戏曲在迈步前进》的报告，郭汉城先生做了题为《谈戏曲剧本的特点》的报告，均大受欢迎。

中国戏曲研究院一边注视着全国戏剧运动的发展，注重理论的问题，一边还在建立和完善本院的研究体制。1958年5月，在张庚先生的主持下，制定了《中国

---

① 安葵：《张庚评传》，文化艺术出版社，1987年，第162页。

戏曲研究院工作纲要22条》（草案）：

一、中国戏曲研究院的工作是给全国戏曲改革的运动及时总结经验，这个运动的目的是为了在戏曲传统基础上创造性地发展出社会主义的民族新戏曲来，这种新戏曲是为社会主义建设服务的。

二、为了对运动中的问题解决得更深刻，我们对于传统也应当做系统的研究，这方面的内容包括挖掘整理剧目、整理老艺人的经验、剧种源流的探讨，总结起来可以分成历史和规律性的探讨两个方面，在这些系统研究中还必须注意掌握温故知新、厚今薄古的精神。

三、研究的方法，不是关起门来主观搞一套，也不是问题材料虽从下面来，但答案却是关起门来做的，而是和实际的团体、人一道来共同讨论、共同研究、共作答案，将群众零散经验集中起来，加以系统化，然后再普及到群众中去。

四、讲习会是几年来行之有效的结合运动、培养、研究三者于一项工作中的好办法，它的目的是培养和提高艺人和戏曲工作者的综合素质，而培养是通过解决戏曲运动当前实际问题的办法来进行的。为了办好讲习会，研究人员事先要进行调查，中间要和艺人一道进行充分讨论，并且由老艺人报告自己的经验，然后才根据各方意见做出总结发言。这一系列的过程，实际就是群众一起做研究工作的过程。

五、几年来戏曲学院在筹备过程中一直在寻求一种办学校的适合形式，现在觉得讲习会的方法是最适合中国戏曲艺人学习的形式，戏曲学院的筹备工作和研究院结合在一起进行，是完全不矛盾的，既可以办学，又可以研究，合乎多快好省的原则。

……

这个纲领还明确，要和各省的戏曲研究机构建立密切联系以及编好刊物、做好出版工作等内容，还提出了撰写多卷本戏曲史和撰写有关戏曲各方面规律的专著的任务。

这个纲领总结了中国戏曲研究院建院以来研究工作的经验，以纲领的形式确立了正确的研究方法和研究道理，为中国戏曲研究院绘就了一幅宏伟的发展蓝图，也为创建前海学派打下了基础，实属激荡人心、鼓舞士气。

1959年，中国戏曲研究院组织院内外的人员，开始了《戏曲概论》的集体写作，并举办了戏曲艺术概论研究班；后又举办戏曲史进修班。这个班的学员边学习边写作，于1960年完成《戏曲概论》的初稿。

经过讨论，1961年张庚与郭汉城先生主持重新编写《中国戏曲通史》，到1963年书稿写完，并开始付排。不料，因政治气候的变化，出版社把书稿搁置起来。

通过搞"一史一论"，使一大批干部进一步提高了戏曲理论水平，特别是通过搞集体项目，还给全国各省市培养了许多骨干力量。

此外，张庚先生还领导了《戏曲选》的编辑出版。从1958年开始，共出版了六辑，收集了新中国成立后各地各剧种创作和改编的优秀剧目四十六个。张庚先生在《总序》中说："我们的戏曲艺术，已经震动了世界艺坛，一定还会以更大的光彩出现在世界艺坛上。这部《戏曲选》不过只是记载着新戏曲飞跃前进时起步的里程碑而已。"

1958年10月1日，中国戏曲学院正式成立。1959年1月22日，国务院任命张庚为院长。1961年撤销中国戏曲研究院，并入中国戏曲学院，国务院任命梅兰芳为院长，张庚、晏甬、罗合如为副院长。

1958年10月，中国戏曲学院开办了第一期研究生班，同时又开办了戏曲编剧、戏曲导演、戏曲舞台美术进修班，稍后又会同江苏和南京开办了戏曲音乐进修班。1959年又开办了编剧、表演、美术、音乐、戏曲史五个专业的研究生班。1960年3月开办了梅兰芳表演艺术研究班，郭汉城先生为此班代课。同年9月招收了戏曲文学、导演、音乐、舞台美术四个专业的大学生。中国戏曲学院从此走向正规。1963年3月至7月，该院又举办了戏曲编剧讲习会，著名剧作家陈仁鉴、范钧宏、杨兰春、吴祖光、汪曾祺等都参加了这届讲习会的学习。

有人曾在书中描述过郭汉城先生在该班爱护、培养剧作家陈仁鉴的情形：

○○ 郭汉城（左）与杨兰春

开学典礼那一天,从全国各省市来的四十多位学员济济一堂,静候专家教授来做学习动员报告。没想到郭汉城先生来到学员面前,劈头第一句就问道:

"你们当中哪一位是陈仁鉴?"

"呀?大名鼎鼎的戏剧理论家怎么会知道我的名字呢?"陈仁鉴心里一诧异,慌忙起立答道:

"我就是。"

"噢,你就是陈仁鉴呀?"郭先生只闻其名,未见其人,在此一见,相当高兴:"坐,坐,你请坐,有空到我房间来坐坐。"

……

有一天,陈仁鉴轻手轻脚地来到了郭汉城的房门口,一副欲进怕进的模样。正好郭先生从书房里抬头瞧

○○ 吴祖光、新凤霞伉俪赠郭汉城《双寿》画作

见了陈仁鉴,赶忙把他迎进门去。他不知怎么应酬才好,只是连声说:"您……很好……很好。《团圆之后》来京演出时,您写了文章做过指示。谢谢您,谢谢。"完了,再也没有词了。……先生请他坐下要和他聊聊,但他的心里老在想:"我生在乡下,在小县城工作,没见过世面,怎么好在理论家房间里久坐,和他谈话?不妥,不好,得赶快告辞……"大凡守着学问与艺术天地,钻在里头不大过问世面的大家,大概都这么尊敬师长、朴实无华吧!然而郭汉城却正因此而格外器重他。他们之间的友谊,没有酒,没有肉,甚至连粗茶淡饭也没有。他们完全是由共同的事业、命运、成就这些纽带而紧紧联系在一起。郭先生后来曾在杭州写赠给他一首词,"文革"中丢了;1981年陈仁鉴的四个剧本由中国戏剧

出版社结集出版，郭汉城还为他写了序。"①

1963年，张庚、郭汉城先生招收了三名第一批硕士研究生。

1964年1月1日起，中国戏曲学院撤销，恢复中国戏曲研究院建制。

在这第一阶段中，前海学派的奠基人张庚先生发表了他的"剧诗说"，郭汉城先生发表了他的"人民性"学说，均容后详叙。由于受"左"的或右的干扰，张庚先生曾受到莫须有的批判，即有人抓住他在讲课和发表的文章中说"忠、孝、节、义这类的思想，固然有封建性的一面，但也不是没有人民性的一面……"，攻其一点，不及其余，而战友郭汉城先生不避风险，挺身而出，连续发表三篇文章——《关于道德、人民性问题的争论》《关于人民性问题》《从绍剧目连戏看人民性的曲折发展》——进行反驳，表现出了他们作为学者共同追求真理、只认真理不畏强权的大无畏精神。

至此，前海学派在这一阶段中已初现雏形。

相较第一阶段，前海学派的第二阶段就黯然失色了。由于众所周知的原因，在"文化大革命"中，张庚、郭汉城先生开始挨批斗，1969年随同前海学派的群体人员都进了"五七干校"，校舍先从河北的怀来官厅水库边，迁到宝坻的泥洼里，再到静海的碱水河畔，白日进行劳动改造，夜晚进行思想教育，度过了八载酷暑严寒，故这一阶段几乎成了前海学派发展的空白期。

随着1971年9月，林彪反革命阴谋集团的被粉碎，1973年，郭汉城从干校调回北京，担任"艺术研究机构（即中国艺术研究院前身）筹备组"领导小组负责人，分管业务。1975年，邓小平主持国务院工作期间，对各项工作进行整顿，张庚也从干校被调回北京，任"艺术研究机构"负责人之一。后来，这一机构更名为文化部文学艺术研究院，贺敬之任院长。

1976年我党取得粉碎"四人帮"反党集团的伟大胜利，我国进入了一个历史的新时期。前海学派也迎来了她的第三个阶段——辉煌阶段。

1979年在党的十一届三中全会"解放思想，实事求是"思想路线指引下，迎着改革开放的时代大潮，于1980年10月29日经国务院批准，中国艺术研究院成立，任命王蒙为院长，张庚、郭汉城先生为副院长，郭汉城先生并兼戏曲研究所所长。在党的关怀下，原中国戏曲研究院的大部分同志都调回了戏曲研究所。

1978年5月11日，《光明日报》以特约评论员名义发表了《实践是检验真理的

---

① 李国庭：《陈仁鉴评传》，中国戏剧出版社，1988年，第357—359页。

唯一标准》，使全党同志认识到检验认识是否正确，即是否合乎真理的标准只能是实践，它是唯一的，除此之外不可能有第二个标准。

党号召我们要解放思想，实事求是，邓小平同志阐释二者的关系时说："解放思想，就是使思想和实际相符合，使主观和客观相符合，就是实事求是。"①

这一阶段，在这种宽松的政治环境下，在张庚、郭汉城二位集领导与戏曲研究开拓者、戏曲学科带头人于一身的领军人物率领下，前海学派群体同仁经过艰苦努力，终于使戏曲艺术从"四人帮"造成的百花凋零状态下，逐渐复苏，创造出了集20世纪戏曲学术大成的成果，迎来了百花盛开的繁荣景象。

在这一阶段，前海学派开始成熟，并发展到一个辉煌时期。其呈现出如下特点：

一、张庚、郭汉城先生本人身体力行，并号召前海学派群体继续坚持理论联系实际、深入调查研究的学风，导引中国戏曲朝着戏曲化与现代化的方向胜利前进。

关于戏曲为什么要现代化，郭汉城先生说，张庚同志有一段话说得很好："戏曲要为'四化'服务，它的本身必须现代化。加强研究，弄清自己的历史，把上千年的经验提到理论的高度，这是戏曲现代化重要的一个方面，它是我们减少盲目性，增加自觉性的有力武器，对于我们研究今天发生的新问题，推进戏曲的革新是不可缺少的基本功。"（见《戏曲研究》1980年第3辑题词）

艺术的现代化问题，是周恩来总理提出来的。"1963年周恩来总理《在音乐舞蹈座谈会上的讲话》中说：多种艺术要重视现代化问题，或者说时代性问题。艺术总要有时代性……是为今天人民服务。"同年，在《做一个革命的文艺工作者》这篇讲话中，总理又讲到，剧种的本身要努力地适应今天的时代。②

戏曲现代化的含义是什么呢？郭汉城先生说："根据总理讲话的精神，所谓戏曲现代化，就是要使戏曲跟上时代发展的步伐，表现时代生活，反映时代精神，无论历史题材和现实生活题材的作品，都要符合今天人民的思想感情、美学观点，归根结底，是要戏曲艺术更好地为今天的人民服务。"③

那么，戏曲如何现代化？张庚先生从思想内容到艺术形式做了如下论述："戏曲在这个工作中所得到的经验是既要借鉴外国，又不能拿人家的现成东西来生搬硬套，而是要从中去其糟粕，取其精华，和我们的传统相结合，生发出新的

---

① 邓小平：《邓小平文选》（第2卷），人民出版社，1994年，第364页。
② 郭汉城：《现代化与戏曲化——在"1981年戏曲现代戏汇报演出"座谈会上的发言》，《郭汉城诗文戏曲集》，中国戏剧出版社，1993年，第14页。
③ 同上。

东西来。重说一遍,多年来的经验是既要纵向继承,也要横向借鉴。其所要遵循的总原则就是百花齐放,推陈出新。这就是毛泽东同志为中国戏曲研究院成立时的题词,意思是要从传统出发,抛掉过时的,吸收新鲜的;要一往直前,不可停而不进。其具体的创作途径却又应多种多样,不拘一格。这就是建设有中国特色的社会主义时代的戏曲所应遵循的途径。"①

戏曲戏曲化,是郭汉城先生非常关注的命题。他认为:"这既是个理论问题,又是实践问题。"②

戏曲化主要指的是现代戏。为什么现代戏要戏曲化?他说:"现代戏要不要戏曲化,我看不是论争双方要与不要的问题,是群众审美习惯问题和戏曲本身发展的规律问题。"③

何谓戏曲化?他说:"所谓'戏曲化',是指在进行创作时,要按照戏曲艺术的基本规律把生活提炼成为艺术,而不是简单地套用原有的程式(当然不排除改造运用某些程式)。不能把具体程式和基本规律等同起来。"④

什么是戏曲艺术的基本规律呢?他说:"我们的戏曲是以歌舞为主的、综合了各种表演手段的艺术。这个特点,决定了它表现生活的时候,必然要求对生活加以变形,而不可能简单地模仿……戏曲表现现代生活,也要遵循这一基本规律去进行,不然它会失去作为戏曲的特征,也就不成其为戏曲了。"⑤

郭汉城先生还对有些同志提出的"要现代化不能要戏曲化"、"要从生活出发,不要从传统出发"等糊涂观念,在理论上做了阐述:"中国人民,特别是中国农民,十分喜爱戏曲,这是在长期历史发展过程中形成的精神联系和具有鲜明民族特征的审美理想的体现,是客观的存在……如果戏曲现代化的结果,它的民族特点'化'掉了,那么人民群众也就不再会喜爱它了。"⑥

针对不同意戏曲化观点的同志主要是对戏曲艺术与生活的关系认识不清,郭汉城先生说:"生活的变化推动着戏曲的变化,是戏曲发展的最根本的动力。但

---

① 张庚:《戏曲现代化的历程——纪念徽班进京二百年》,《张庚文录》(第五卷),湖南文艺出版社,2003年,第366页。

② 郭汉城:《现代化与戏曲化——在"1981年戏曲现代戏汇报演出"座谈会上的发言》,《郭汉城诗文戏曲集》,中国戏剧出版社,1993年,第19页。

③ 同上书,第35页。

④ 同上。

⑤ 郭汉城:《我以为需要"正名"》,《郭汉城诗文戏曲集》,中国戏剧出版社,1993年,第36页。

⑥ 同上书,第19页。

这种变化，并不意味着传统的全部消灭，更不是另起炉灶，推倒重来，它必须在传统的基础上发展，有一个继承与发展的规律。不仅戏曲，任何一种艺术都是一样，当它在一定的生活基础上形成之后，就具有相对的独立性。所谓相对的独立性，是指它本身具有一定的规律。生活发展推动艺术发展这条普遍性的规律，还要通过这种艺术的特定规律来实现……任何一种新的艺术的产生，都不能脱离原来的传统。"①

总之，他说："不要戏曲化，等于不要戏曲的特点，也就是推开群众。"

二、这一阶段，前海学派硕果累累。关于戏曲表演体系的论述，容待后文具体详阐，这里谈谈戏曲史论的系列工程。

《中国戏曲通史》，1978年由张庚、郭汉城先生共同担任主编，重新组织写作班子，进行了《中国戏曲通史》的撰写。参加这次重新编写的同志有（按姓氏笔画为序）：邓兴器、刘念兹、何为、余从、李大珂、沈达人、郭亮、龚和德、游默、戴不凡。到1979年，该书经过两年定稿。1980年至1981年，由中国戏剧出版社分三卷出版。

该书出版后，在戏曲界引起强烈反响，一些专家发表了评论。如宁宗一说："就本书所涉及的范围而言，它比国内外以往出版的中国戏曲史论著都更为完整，更为系统，并且在戏曲史的体系和格局上都有明显的突破，更为重要的是，该书涉及了中国戏曲艺术史研究中的一些方法问题。"②"最显明的特色是注意了戏曲艺术发展历史规律的探索。""通过层层剖析，总结了戏曲艺术盛衰的带有规律性的现象。这一点对于今天戏曲改革中的推陈出新工作是具有巨大现实意义和鉴借作用的。""第二个特点是极其注意对戏曲艺术发展过程中的联系的考察。"③

1990年，根据海内外学者的意见，由颜长珂执笔对该书进行了一次小的修改，1992年仍由中国戏剧出版社合为一册再版。

1999年9月10日，该书获文化部第一届文化艺术科学优秀成果奖一等奖。

在完成"一史"之后，鉴于有些人认为戏曲落后，甚至应该灭亡，"这么贬

---

① 郭汉城：《现代化与戏曲化——在"1981年戏曲现代化汇报演出"座谈会上的发言》，《郭汉城诗文戏曲集》，中国戏剧出版社，1993年，第20、21页。

② 宁宗一：《评〈中国戏曲通史〉——兼论中国戏曲史研究中的方法论问题》，中国艺术研究院戏曲研究所编：《戏曲研究》（第11辑），文化艺术出版社，1984年。

③ 同上。

低自己的民族艺术，看不到自己的长处"，①张庚与郭汉城先生觉得"仅仅在政策方面做研究，只着眼于解决戏曲改革中当前的问题还是不够的，甚至写一两部戏曲史，让大家了解戏曲的来龙去脉也不够，还得提高戏曲的理论水平，找出它的规律性。也许这样，才能配合着成功的演出实践，从根本上说服人们，平心静气地、认真严肃地来对待戏曲。当然，这样做首先还是为了提高我们自己，提高戏曲界，能够更自觉地克服自己落后的东西，克服自己的局限性，早日赶上时代，走到时代的前面，使戏曲真正成为无愧于领着时代前进的艺术"。二人又一起主编了《中国戏曲通论》。其撰写人员为：张庚、郭汉城、何为（副主编）、沈达人、苏国荣、黄克保、龚和德、章诒和、黄在敏、涂沛。

该书历时五年，数易其稿，集思广益，艰辛成稿。于1989年由上海文艺出版社出版。面世后，该书在戏曲界和理论界反响很大，曾被一些艺术院校选为教材。祝肇年评论说："《中国戏曲通论》是中国戏曲史上第一部把戏曲作为综合性的艺术整体进行全面的基本理论阐述的学术著作。"②"它展示的是理论的启示力，它穷其底蕴地揭示戏曲本体特征及其内在矛盾，它指引人们由此起步走向一个尽量避免陷入误区的戏曲革新之径。"③

该书获1994年中国艺术研究院优秀成果一等奖。其评奖委员会的评语是，该书"在前人研究成果的基础上有新的开拓，体现了张庚、郭汉城同志系统的戏剧理论思想，体现了集体的智慧，是现阶段戏曲理论界具有代表性的研究成果。"

《中国大百科全书·戏曲曲艺》，张庚先生为戏曲编辑委员会主任兼戏曲史分支主编，郭汉城先生为副主任之一兼戏曲文学分支主编。编写工作动员了全国各地的广大戏曲理论工作者，分头撰写条目。其内容涵盖了自戏曲起源形成以来至当代的发展历程，是戏曲理论研究的一个总结。该书于1983年8月由中国大百科全书出版社出版发行。《当代中国戏曲》，主编张庚，编写组负责人有邓兴器、朱颖辉、王安葵（后邓兴器调中国文联工作，朱颖辉生病，由王安葵负责），成员有叶锋、朱文相、余从、李庆成、李悦、吴琼、吴乾浩、张民、金芝、栾冠桦、徐钢、傅淑芸、简慧、谭志湘。

---

① 张庚、郭汉城主编：《中国戏曲通论·前言》，上海文艺出版社，1989年，第3页。
② 祝肇年：《戏曲艺术革新的基础——读〈中国戏曲通论〉》，《文艺研究》1991年第4期。
③ 同上。

○○《中国大百科全书·戏曲曲艺》封面

大家根据张庚先生的指导思想,经调查研究和收集资料,于1989年完稿,1994年由当代中国出版社出版。该书系统地叙述了新中国成立以来戏曲事业的成就,辩证地总结了戏曲改革和艺术创作的经验教训,具有很强的现实意义,并为撰写当代中国戏曲史打下了基础。

1981年年底1982年年初,中国艺术研究院戏曲研究所的几位同志提起编撰《中国戏曲志》的事,张庚先生和当时戏曲研究所所长郭汉城先生商量后,让他们先到各地去做了调查研究,尔后向文化部呈送报告。1982年2月,报告被批准后,由文化部、国家民委和中国戏剧家协会三单位联合发出了出版《中国戏曲志》的通知。3月在桂林召开的全国文学、外国文学、艺术学科科研规划会上,《中国戏曲志》被列入国家"六五"至"七五"期间哲学、社会科学重点科研项目。

1983年8月20日,《中国戏曲志》编纂工作会议在湖南长沙开幕,张庚先生在会上致开幕词。他说:"为了总结历史和适应时代戏曲革新的需要,我们采用志书体裁,比较系统地、全面地记录、整理各地戏曲艺术的发展历史,反映在党的领导下各地戏曲改革和艺术革新的成就,集中新中国成立以来戏曲历史、理论及调查研究的成果,使之成为具有科学性、知识性、资料性的戏曲文献,这是艺术科研中的新事物,是亘古未有的创举。戏曲志是适应我国社会主义精神文明建设需要的产物,也是对社会主义精神文明建设的贡献,对繁荣和发展社会主义戏曲事业必将产生积极的影响。""志书是具有民族特色的历史著作的一种传统形式。在我国封建社会里,历代都有修志的经验可资借鉴,这是我们不可忽视的珍贵遗产。但是今天的时代与旧时代根本不同了。我们处在中国共产党领导下,各民族人民共同进行社会主义现代化建设的时代,因此,编纂戏曲志就应该有我们的时代特色。这就是我们是以马克思主义、毛泽东思想为指导,运用辩证唯物主义和历史唯物主义的观点和方法进行编纂工作的。我们要坚持实事求是,真实地反映戏曲历史的现实的面貌,体现戏曲发展规律,使戏曲志真正成为'信史'。"①他明确指出了编纂《中国戏曲志》的意义和指导思想。

9月14日,针对各地同志提出的问题,张庚先生在专题报告中,总结了中国编纂志书的经验,对于"生不立传""秉笔直书""传从爵里"等说做了深刻的、实事求是的阐述。

关于"生不立传",张庚先生说:"词书、大百科全书可以为生者立传,而志书不可以为生者立传。""'生不立传'常常是修地方志的通例。"因为"志书是一种记功或记罪的东西,予以褒贬,所以志书的人物传一类条目,我的理解就是'树碑立传'的'传'。这个人一经在史书上立了传,实际上就是树了一块碑了。它企图做到盖棺论定,所以,立传这个问题在志书中很重要。""在世的人物正因为在世,也就不容易做一个全面的评价,或者说是还不宜于给他做一个完整的评价,他做了什么事,就在志书的一定地方给他做一笔记录。如果他做了几件好事,就在不同的地方给他都记录下来。""活着的人这样上书,我看比较科学,比较公平,不会有争议。""这是关于活人立传上书的问题。"

关于"秉笔直书",张庚先生说:在封建社会,虽说正直的方志学家一再强调"秉笔直书""不隐恶,不溢美",但真正做到的却很少。我们现在应该用历史唯物主义和辩证

○○《中国戏曲志》书影

---

① 张庚:《〈中国戏曲志〉编纂工作会议开幕词》,《中国戏剧年鉴》(1984),中国戏剧出版社,1985年。

唯物主义为指导，来实事求是地记述历史。对新中国成立后我们的一些失误如何记述，他说："应实事求是，合情合理。顺人心之公道，合中央之政策。"

关于"传从爵里"，张庚先生说："给某人物立传，到底是这个省立，还是那个省立？过去叫'传从爵里'，从今天来看，这有点地方主义味道，或者叫作有点封建思想。""所谓'传从爵里'，是指旧社会在外做官或者有功名的人讲的，也许在封建时代有这么一个规定就够了，但是我们今天要比封建时代进步得多，复杂得多，特别是戏曲的发展，有它自己的特点，一个剧种里有许多剧作家，有许多好演员，他们往往也许原籍是这个省的，而贡献却表现在另一个省的工作中，所以仅用'传从爵里'就不够了。况且现在一个人的籍贯，比起旧社会来，意义、作用和重要性已经失去了许多，甚至无足轻重了。如果过于强调，有时对于社会进步还会有阻碍作用。"

张庚先生对以上原则的清楚阐述，对全国戏曲志编纂能够健康顺利地进行具有十分重要的意义。

《中国戏曲志》的编委会主任是张庚，副主任是马彦祥、郭汉城、刘厚生。成立时的编辑部主任是余从，后确定主编张庚、副主编余从（常务）、薛若琳。编辑部主任汪效倚，副主任刘文峰、包澄洁。后汪效倚去世，刘文峰任主任。各省市卷也都设有编辑部。参加这一工作的约有五六千人，历经十六年的共同努力，终于完成了三千万字、皇皇三十卷的这一史无前例的浩大工程。

《中国戏曲志》系统地记录、整理了我国各地区、各民族的戏曲资料。其中的许多资料具有重要的历史价值，填补了戏曲史上的一些空白，有益于解决戏曲史研究中的一些问题。它总结了新中国成立后戏曲改革的经验，探讨了戏曲发展的规律。其编辑工作带动了全国戏曲科研工作的蓬勃发展，培养和壮大了戏曲理论队伍，对振兴发展戏曲艺术，使它更好地为社会主义建设事业服务，为促进中国人民和世界各国人民之间的文化艺术交流做出了新的贡献。

《中国京剧百科全书》，其编辑委员会主任是马少波、刘厚生、郭汉城。编纂历时十五年，收有条目两千三百七十一条，释文约两百四十万字，配图四千幅，附表二十五个，是集知识性、学术性、文献性、观赏性于一体的工具书。它是2010年11月被列入联合国教科文组织"人类非物质文化遗产代表作名录"的京剧有史以来第一部专业百科全书。其总结和描述了京剧艺术的基本历史事实、基本概念术语、基本经验理论。

前海学派的奠基人
——张庚、郭汉城

前海学派的奠基人是两位当代中国戏曲学术大师——张庚、郭汉城——他们为创立和发展前海学派,都奉献了一生的精力。

张庚(1911—2003),我国当代著名戏剧理论家、戏剧教育家、戏剧史家,原名姚禹玄,湖南长沙人。1926年毕业于长沙楚怡学校。翌年,进入黄埔军校武汉分校学习,参加了反击军阀夏斗寅的战斗。由于大革命失败,同年7月,考入上海劳动大学社会学系,学习并组织学校戏剧活动。在该校,他阅读了日文版《共产党宣言》、布哈林的《历史唯物论》,还有普列汉诺夫的著作(包括他的文艺理论著作)。因这个学校出了共产党员,上到第四年时,学校被蒋介石封闭,学生都成了无业游民。

○○ 张庚(右)、郭汉城在一起

1931年秋，张庚赴武汉，参加了左翼戏剧家联盟武汉分盟，办刊物《煤坑》，组织"鸽子剧社"，公演了田汉的剧本《卡门》，开展进步活动。一·二八事变爆发后，《煤坑》被封。1933年姚禹玄为躲避国民党通缉，到福建泉州黎明学园当教员。1934年，姚禹玄逃往上

○○ 张庚

海，参加左翼戏剧家联盟并任宣传常委。同年，由赵铭彝、肖之亮介绍加入中国共产党。此时他将笔名张庚用作正式名字。此间，张庚发表了许多有影响的理论和评论文章，编辑《生活知识》《新知识》《新学识》杂志，创作话剧剧本《秋阳》《爱与恨》，参加创作剧本《汉奸的子孙》《洋白糖》《我们的故乡》《咸鱼主义》《保卫卢沟桥》等，出版了《戏剧概论》（商务印书馆，1936年版）。

全面抗日战争爆发后，1937年8月，张庚组织蚁社流动演剧队赴江苏、浙江、武汉进行了三个月的抗日宣传工作。于1938年3月，到达延安。4月10日，延安鲁迅艺术学院成立。同月，毛主席在延安北门外给鲁迅艺术学院学生讲课，首次提出文艺工作者要有"理想、生活、技巧"。在"鲁艺"，张庚先生任戏剧系主任，讲授"戏剧艺术引论""话剧运动史"和"各时代戏剧代表著作的研究"三门课程。1939年发表论文《话剧的民族化与旧剧的现代化》，较早地发表了话剧向戏曲学习与戏曲改革的观点，引起戏剧界的关注。

1942年5月，张庚参加延安文艺座谈会。在会上聆听了毛泽东同志《在延安文艺座谈会上的讲话》。同年，张庚在延安出版《戏剧艺术引论》。5月30日，毛泽东同志到"鲁艺"去讲话，他说：广大群众的火热斗争生活是"大鲁艺"，你们是"小鲁艺"，必须到"大鲁艺"去向群众学习，你们的艺术才会受到广大群众的欢迎。于是，张庚先生率"鲁艺"工作团去绥德、米脂、葭县、清涧、子洲五个县开展秧歌活动，进行宣传并体验生活四个月零七天，使

他深深懂得了"如果不懂得民间艺术，议论什么民族形式只不过是空谈"①的道理。

"鲁艺"工作者回延安后，为向党的"七大"献礼演出，张庚先生组织领导了由主要执笔者贺敬之、主要作曲者马可等创作的大型歌剧《白毛女》的排练演出活动。由于形式为观众所喜闻乐见，演出效果强烈，后来此剧在土改中发挥了重大作用。

1945年8月23日，张家口获得首次解放，成为晋察冀边区首府。华北联合大学迁至张家口。延安一大批文化艺术界名人与晋察冀文化界名人大聚会，开创了灿烂辉煌的张家口革命文化。

华北联大文工团（团长吕骥，副团长周巍峙、张庚）、晋察冀军区抗敌剧社（社长丁里）、晋察冀边区群众剧社、挺进剧社、内蒙古文工团等革命戏剧团体，活跃在张家口的革命文化阵地上，一时盛况空前。

这些剧社，先后演出了《白毛女》《王秀鸾》《血泪仇》等大型歌剧，《子弟兵和老百姓》《戎冠秀》等大型话剧，《兄妹开荒》《夫妻识字》等小型秧歌剧，体现了革命文艺的战斗风格。

张庚先生读了晋察冀军区抗敌剧社胡可根据"子弟兵的母亲"戎冠秀的真

○○ 华北联大文工团领导：（右起）吕骥、周巍峙、张庚

---

① 张庚：《我和戏剧》，《张庚文录》（第7卷），湖南文艺出版社，2003年，第567页。

实事迹,创作的话剧本《戎冠秀》,又看了演出后,给剧社社长丁里写信,提出剧本是优秀的,但应进行生活提炼的重要创作理论。他说:"我始终认为这剧本是优秀的,作者深入现实,体验和学习现实的精神是值得我们学习的。其所以大家感到它有些戏剧性和故事性不够,没有有机联系,没有悬念,我觉得这并不是作者的剧作技术问题。很明显的,从每一幕独立起来后,如第一、第二幕等在结构上是很有匠心的。我以为这剧本的问题,或者是在于创作方法这一方面,也是作者写这个剧的动机是在劳模大会上对于这位子弟兵的母亲产生了兴趣,立意要将她的模范事迹表扬出……我们深入工农业又尚属开始的时候,自然不免现象罗列的毛病。现象罗列是一个过程,在这一堆现象中本来又包括了本质的东西,但如何提炼才能抓住现实,把本质的东西显

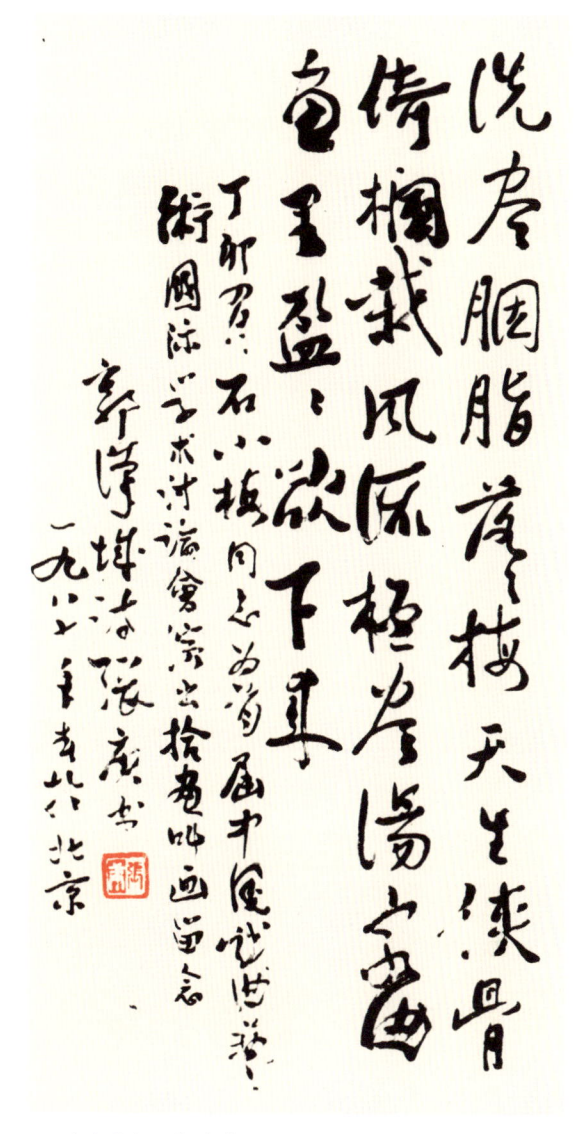

○○ 张庚书郭汉城诗《观石小梅演〈拾画叫画〉》

现出来,却必须对于这堆现象下一番也许数番的工夫去研究。"①

张庚先生和华北联大文工团的同志们还分头到张家口七个区(共九个区)去组织秧歌。到1946年春节时街头出来了一百多个秧歌队进行了表演。

随后,张庚先生又编选了延安专业团体、部队和业余创作的三本秧歌剧选,

---

① 张庚:《关于话剧〈戎冠秀〉创作问题的一封信》,《张庚文录》(第7卷),湖南文艺出版社,2003年,第352—353页。

分别写序，并对一些剧目做了说明，向全国介绍。还发表了《关于秧歌运动》的戏剧评论文章，为旧剧的发展指明了正确的道路。

1946年春，张庚先生与延安"鲁艺"的队伍到达东北。他担任东北鲁迅艺术学院副院长，兼任东北"鲁艺"四团团长，投身于解放战争与土地改革运动之中，用秧歌和歌剧在东北各地进行宣传演出，一方面还授课，创作剧本《永安屯翻身》，出版了《戏剧简论》。

1949年6月底，张庚先生赴北平参加中华全国文艺工作者代表大会，被选为全国委员、中华全国戏剧工作者协会副主席。会后，他留在北平筹建中央戏剧学院，并任副院长，兼歌剧团团长。发表《话剧运动史初稿》和《50年来剧运大事编年》。同年10月1日，中华人民共和国成立。

1951年下半年，张庚先生随中国共产党宣传工作考察团去苏联进行了为期三个月的友好交流访问，看了许多歌剧、话剧和芭蕾舞剧。

张庚先生说："1952年10月，中央文化部举办了第一届全国戏曲观摩演出，有二十三个剧种演出了大小八十一个剧目。这样盛大的戏曲会演在我国历史上是空前的。对我个人来说，更是见所未见，闻所未闻。这两次看戏，一次外国戏，一次中国戏，真是使我大开眼界，大长见识。从看戏中，使我感觉到中国的戏曲和外国的歌剧、舞剧之间存在一种明显的不同，也可以说是美学价值上的不同吧，外国的歌剧、舞剧的美主要是抒情性的；中国戏曲的美主要是戏剧性的。二者各有自己的独到之处，很难说是谁高谁低。但是外国的戏经过资本主义社会的阶段，苏联的戏更是经过几十年社会主义阶段，它们都经过各种程度的整理与提高；比较起来，我们一直是在长期封建社会中自生自长的中国戏曲，在运用科学成果上，在经验的系统总结上都不及人家。有感于此，我当时颇有些不自量力，发下一种宏愿，想为中国戏曲的现代化尽一点力量。我想，站在戏曲圈子之外去搞民族新歌剧，还不如干脆投身到戏曲的海洋中去工作更有实效些。我还想，如果按照西洋的规律来改造戏曲，那就会把近千年来经过无数人的心血所结晶出来的美学价值给埋没了，毁坏了。世界上何贵乎更多一种西洋艺术的模仿品呢？如果我们下决心用科学方法整理、发扬、提高中国戏曲的创作经验，去其糟粕，取其精华，进行一番提纯和改造的工作，那么在中国舞台上就会出现一种以前为世人所不知的、新的美学价值，它的光彩决不会比西洋戏剧的光彩逊色，而会互相辉映，大大增添世界舞台艺术的感人和迷人的力量。当然，中国戏曲在它发扬光大其固有的美学价值的过程中，不必也不应拒绝适当吸收西洋戏剧的美学经验来丰富自己。

○○ 1955年，文化部第一届戏曲演员讲习会全体人员合影

"以上这些，在当时只不过是个人一种美好的设想。由于兴奋，我见人就宣传它。语言常常是长了翅膀的，它也飞到领导同志的耳朵里了。"[1]其结果是于1953年2月，调张庚先生到中国戏曲研究院任副院长。

中国戏曲研究院于1955、1956、1957年成功地举办了三届戏曲演员讲习会，当时的提法是"把马克思主义交给艺人"，张庚、郭汉城先生都予以亲自授课。

1955年，张庚先生去民主德国访问；1956年11月赴印度参加国际剧协召开的专题讨论会；1958年10月，作为中国作家代表团成员去中亚的塔什干参加了亚洲作家代表大会。

1956年6月，文化部在北京召开第一次全国剧目工作会议，张庚先生在会上就戏曲剧目问题做了报告；1957年4月，文化部召开第二次全国戏曲剧目工作会议，张庚先生在会上作了《关于戏曲剧目的整理改编和创作问题》的专题发言。

中国戏曲学院于1958年10月1日正式成立后，中国戏曲研究院并入，张庚任院长。同年10月开办第一期戏曲研究生班；又开办戏曲编剧、戏曲导演、戏曲舞台美术、戏曲音乐进修班；1959年又开办编剧、表演、美术、音乐、戏曲史五个专

---

[1] 张庚：《我和戏曲》，《张庚文录》（第7卷），湖南文艺出版社，2003年，第569页。

业的研究生班；1960年3月，开办梅兰芳表演艺术研究班；1963年，张庚、郭汉城先生招收了第一批硕士研究生。

1964年，中国戏曲学院奉命撤销，恢复了中国戏曲研究院，张庚仍任副院长。1966年前，他曾任《戏剧报》主编。

1966年到1976年的十年"文化大革命"中，张庚先生先是被关进"牛棚"挨批斗，1969年又被送到五七干校去劳动，从河北怀来，到宝坻，最后到静海。

张庚先生回忆，在劳动之余，他"心无旁骛地读了马、恩、列的不少著作。读完了四大本的列宁选集。读完了《资本论》以及几本研究马、恩的书。这次读这些书，有一部分是重读。例如《资本论》，30年代也读过，但这次重读的体会，自觉是比从前读得懂一些，体会深一些，多少能拿来和我所经历的实际做些对照，引起思索"。

他还回忆说："此外，在最后两年中，对我的管制多少松一些。我又能找一些人们无暇注意我的时间做些戏曲的研究工作，为后来写的几篇论文准备了材料。"①

打倒"四人帮"，特别是党的十一届三中全会后的新时期以来，张庚先生于1979年任中国艺术研究院副院长（当时名文化部文学艺术研究院）。同年，被选为中国戏剧家协会副主席，后又任中国戏剧家协会名誉主席。1987年任中国戏曲学会会长等职。

1980年7月12日，中国戏剧家协会、文化部艺术局和文学艺术研究院戏曲研究所在北京联合召开戏曲剧目工作座谈会，张庚先生为大会致开幕词，并做了《当前戏曲工作的几个问题》的报告。在会上，他强调了"百花齐放，推陈出新"是党领导戏曲工作长期、坚定的方针。"戏曲要更好地为四个现代化服务，要生存、要发展、要繁荣，就必须培养新观众，争取新观众。""要尊重戏曲的基本形式、基本特点和基本规律。要保存和发扬戏曲传统的精华，同时又要不断创造出表现新生活内容的新技巧、新程式，使戏曲成为新时代的新艺术，为实现四化和满足人民群众的精神生活需要，做出更大的贡献！"②

他特别讲了关于戏曲的推陈出新，他说："推陈出新，核心的问题就是如何

---

① 张庚：《我和戏曲》，《张庚文录》（第7卷），湖南文艺出版社，2003年，第571页。

② 张庚：《戏曲剧目工作座谈会开幕词》，《戏曲剧目工作座谈会文集》，中国戏剧出版社，1982年，第25页。

正确认识和正确处理继承和革新的关系问题。

"继承是革新的基础,革新是继承的目的。我们要发展戏曲艺术,使它不断前进,但又不能割断历史,一定要在传统的基础上去发展。简单说来,戏曲的推陈出新就是这个意思。"①

在距第三届戏曲演员讲习会二十六年后的1983年7月2日,文化部委托艺术局会同中国戏剧家协会、中国艺术研究院、中国戏曲学院、北京市文化局,联合举办第四届戏曲演员讲习会,有二十多个剧种的一百四十多名演员参加,张庚、郭汉城先生到会授课。

张庚先生强调演员要养成学习习惯,不断提高鉴别精、粗,美、恶的能力。作为精神文明的建设者,我们首先必须有崇高的思想境界与高尚的职业道德。

1984年在福建召开的历史剧座谈会上,关于历史真实与艺术真实问题,大家展开了讨论。新时期以来,古代生活题材的历史剧创作更加多样化,很难以严格的历史真实加以框范。张庚先生在会上提出了可以用新编古代戏这一概念。这样就囊括了历史的、传奇的、民间的、神话的题材,更有利于创作的发展。

1985年夏秋之交,张庚与郭汉城先生在北京办起了戏曲理论研究班,把全国各地的部分戏曲评论人员和演员召集到北京,做短期培训。受完培训的同志又回到原单位,对戏曲事业的发展推动作用很大。

1987年4月,张庚、郭汉城先生联名发起在北京召开了首届中国戏曲艺术国际学术讨论会,有十三个国家和地区的七十八位代表与会,共同讨论了中国戏曲的艺术价值以及在世界剧坛上的地位,产生了广泛的影响。

关于研究生的培养,张庚兼任中国艺术研究院研究生部主

○○《张庚文录》(七卷本)书影

---

① 张庚:《当前戏曲工作的几个问题》,《戏曲剧目工作座谈会文集》,中国戏剧出版社,1982年,第381页。

任,并亲自为学生授课,指导他们做研究工作。1978年,研究生部收了第一批硕士研究生十六名。之后,张庚又成为中国艺术研究院第一批博士生导师,已指导两名博士研究生毕业。

关于外事活动,1981年5月20日至6月4日,根据中国和罗马尼亚文化交流协定,张庚先生与方绾德应邀访问了罗马尼亚。罗马尼亚方面根据他们的愿望,请他们观看了十二出戏,参观了六个剧场和一所戏剧电影学院,还与戏剧同行座谈六次。1987年,张庚先生与夫人张玮应邀到日本访问。

在七十余年的戏剧研究生涯中,张庚先生戏剧理论建树颇丰。于20世纪50年代至80年代,他与郭汉城先生共同主编了《中国戏曲通史》《中国戏曲通论》,对中国戏曲历史和理论研究及指导戏曲改革,产生了深远而重大的作用,影响遍及海内外。其主编的国家艺术科学重点项目尚有:《中国大百科全书·戏曲曲艺》《中国戏曲志》《当代中国戏曲》等。

个人著作有《张庚文录》,共七卷,约四百万字,包括20世纪三四十年代先后出版的《戏剧概论》《戏剧艺术引论》,50年代出版的《论新歌剧》,80年代出版的《张庚戏剧论文集》(1949—1958)、《张庚戏剧论文集》(1959—1965)、《戏曲艺术论》等。

张庚先生为国务院批准的文化部首批做出突出贡献享受政府特殊津贴的专家。曾多次获得全国性理论著作图书奖。

○○ 郭汉城

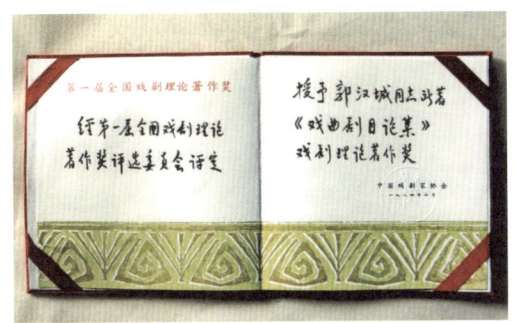

○○ 1984年10月，郭汉城所著《戏曲剧目论集》获中国戏剧家协会第一届全国戏剧理论著作奖

○○ 2005年10月，中国艺术研究院《中国艺术科学大系》编委会聘郭汉城先生为该课题顾问

有关前海学派的另一位奠基人郭汉城先生的生平事迹，散见于全书中，这里不再赘述。

郭汉城先生主要从事戏曲史论研究工作，同时进行戏曲剧本和诗词创作。其学术成就有：20世纪50年代至80年代，与张庚共同主编《中国戏曲通史》《中国戏曲通论》，对中国戏曲历史的理论研究以及指导戏曲改革起了很大的作用，在国内外都具有广泛的影响。其个人著作出版有《郭汉城文集》（四卷），一百余万字（包括20世纪80年代以来陆续出版的《戏曲剧目论集》《当代戏曲发展轨迹》《郭汉城诗文戏曲集》）；收有剧本《海陆缘》《合银牌》《青萍剑》《琵琶记》《卓文君》，尚有《蝶双飞》《烈火情缘》《刘青提》三剧未收入；创作诗词三百余首，计有：《淡渍堂诗抄》《并辔集》等。此后，还参加了《中国大百科全书·戏曲曲艺》《中国戏曲志》等编纂工作。与章诒和合著了《师友集》；主编了《中国十大悲喜剧》、

○○ 2011年12月，郭汉城荣获由中国艺术研究院设立的中华首届艺文奖·终身成就奖

○○ 2012年，中国文联和中国戏剧家协会给郭汉城颁发的中国戏剧奖

○○ 北京外国语大学聘郭汉城先生为艺术研究院荣誉顾问

《中国戏曲经典》（五卷本）、《中国戏曲精品》（五卷本）；与张庚主编了《戏曲史论丛书》（十二本）；与张庚同任顾问并作序有《京剧泰斗传记丛书》（十二本）；与马少波、刘厚生主编《中国京剧百科全书》等。

郭汉城于1991年起享受政府特殊津贴。2010年11月26日，被中国艺术研究院聘为首批终身研究员之一。其学术论著多次获奖：1984年9月10日，张庚、郭汉城主编的《中国戏曲通史》获文化部第一届文化艺术科学优秀成果奖一等奖；1984年10月，郭汉城著《戏曲剧目论集》获中国戏剧家协会第一届全国戏剧理论著作奖；2009年，郭汉城被中国文学艺术界联合会、中国戏剧家协会授予终身成就奖；2011年12月19日，郭汉城成为"中华首届艺文奖·终身成就奖"得主，奖金一百万元；2012年，郭汉城获中国文学艺术界联合会和中国戏剧家协会颁发的中国戏剧奖。

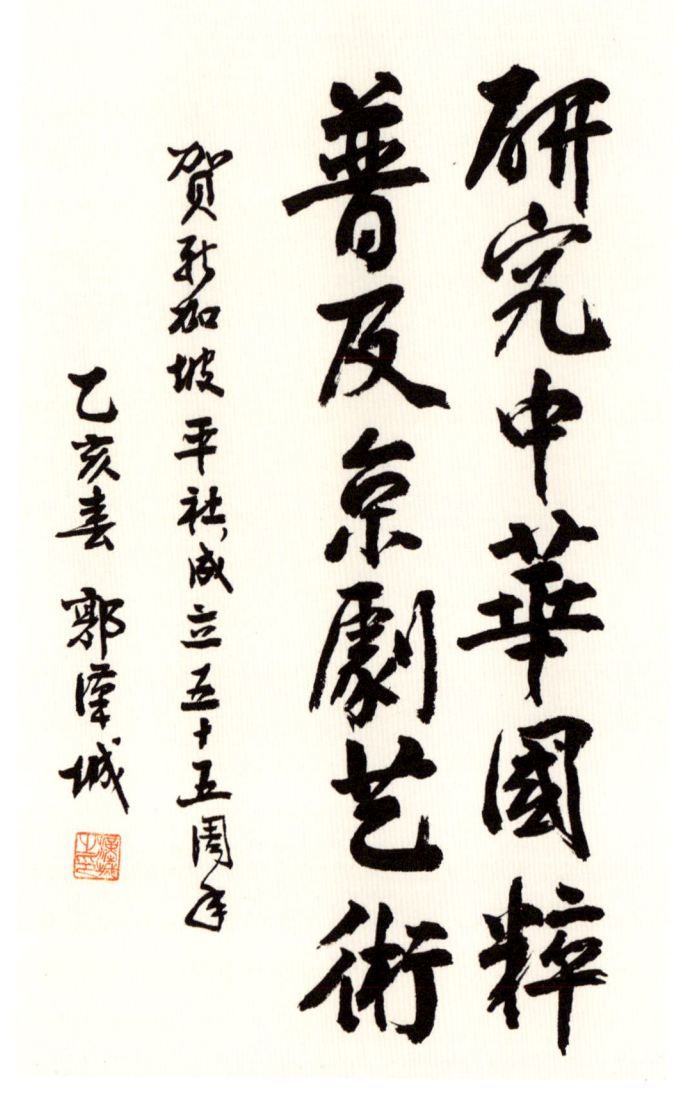

○○ 1995年，郭汉城为新加坡平社（京剧）成立五十五周年题词手迹

另外，北京外国语大学诚聘郭汉城先生为北京外国语大学艺术研究院荣誉顾问；2005年10月，中国艺术研究院《中国艺术科学大系》编委会特聘郭汉城先生为该课题顾问。

○○ 张庚书郭汉城诗《戒台寺牡丹》

○○ 1983年7月，郭汉城在第四届戏曲演员讲习会上讲话

○○ 1987年4月，郭汉城在首届中国戏曲艺术国际研讨会上发言

○○ 1993年，张庚（右二）、郭汉城（右三）在昆剧座谈会上

○○ 郭汉城在"上海京剧发展战略研讨会"上发言

张庚、郭汉城对前海学派的主要贡献

如果在黑暗的旧中国,前海学派是根本不可能出现的。前海学派的形成与发展,得益于一个崭新的时代——中国的GDP于2010年已赶超日本,跃居世界第二位,仅次于美国。再加之新中国成立初期,就已"赋予张、郭二老政、研、教一肩担的环境与空间"。"更为直接的是得益于核心缔造者张郭联盟及其高贵的人格、学识与默契。张庚与郭汉城,各自都是一座高山,两山聚合,巨人相傍,更是稳若泰山,力拔江海"。①

张庚、郭汉城先生也是中国戏曲界的两棵大树。正是这两棵大树,使前海学派的生命之林常青。因为二位奠基人在进入中国戏曲研究院创立前海学派之前,就已在马列主义、毛泽东思想与戏剧理论实践上,都做了较为充分的准备。有如1992年4月10日,张庚先生在"郭汉城学术成就研讨会"上情真意切地述说:"我和汉城同志够得上称为'战友'了,因为我们有近四十年的工作关系……是党把我们凑在一起搞戏改工作的……我和汉城同志有许多见解可以说是很一致的,并且在一起做过很多工作……我们在工作的同时,又受到了很多批评,主要是'忠''孝''节''义'有没有人民性这个问题。如果把这个问题讲得更明确一点,就是说在文化领域里,像这样的东西可不可以继承,我们认为也应该'一分为二'地看……为此我们也曾受批判达一年之久……现在想起来,我认为这种做法也是一种过'左'的行为。那时我们也是这样认识的。所以一直没有屈服。我受批判,汉城同志始终跟我站在一条战线上,所以我说我们两个是战友。""今天,对于戏曲的许多理论、许多看法都是我们在搞戏改工作过程中渐渐形成的,现在看起来基本上还是可靠的。如果同志们称我们为理论家,我认为

---

① 陈先祥:《先生之风山高水长——我心目中的郭汉城先生》,赵化勇主编:《盛世中华脊梁风采——戏剧家风采》,中国广播电视出版社,2010年,第29页。

与其这样说,还不如说我们是实践中对戏改工作摸索出了一条道路。在这条道路上,我和汉城同志完全是共同走过来的。对汉城同志,不论从理性上讲,还是从感性上讲,我们的友谊都是比较深的……这条道路培养了我们,也培养了我们的后代。"①

综上所述,张庚、郭汉城先生成为前海学派的奠基者绝不是偶然的,是有历史的必然性的。半个多世纪以来的戏曲历史证明,张庚、郭汉城先生的名字与前海学派是紧密联系在一起的。完全可以这样说,没有张庚、郭汉城先生,就没有前海学派。

张庚、郭汉城先生对前海学派的贡献是多方面的。在其著书立说与教书育人方面,主要有以下几点。

(1)张庚与郭汉城先生主编、主持完成的《中国戏曲通史》《中国戏曲通论》《中国戏曲志》《中国大百科全书·戏曲曲艺》《当代中国戏曲》等一系列学术成果与课题,在一定程度上完成了"戏曲资料—戏曲志—戏曲史—戏曲理论—戏曲批评"等五个层次的戏曲学科体系的构建,为中国戏曲学的真正建立与繁荣发展奠定了坚实的基础

中国戏剧家协会驻会副主席季国平曾说:"说到戏曲走向世界,这是我们当下非常重要的课题。我们刚刚在厦门举办了国际剧协第三十三届世界代表大会,大家都有这样的感受,即我们对世界戏剧的了解多,外国同行对中国戏剧的了解却很少。如何解决这个问题?除了要多走出去、请进来外,做好戏曲的科学研究和理论总结十分重要。张庚先生举过斯坦尼斯拉夫斯基的例子,斯氏的体系之所以风行全世界,就因为他们不但有演出供人欣赏,而且有理论供人钻研。在斯氏之前,欧洲也出了很多名演员,在表演艺术上也有丰富的经验,那时他们也说不明、道不清,也只让有心人去心领神会,所以无法推广传播。张庚先生认为我们现在也有些像斯氏体系产生之前的情形。说得太好了!中国戏曲走出去,需要通过科学的理论的研究,建立起完整系统的戏曲学体系。"②

---

① 张庚:《谈我的战友郭汉城》,郭汉城:《郭汉城文集》(第4册),中国戏剧出版社,2004年,第277—278页。
② 季国平:《张庚,当代戏剧学人的学术导师》,中国艺术研究院戏曲研究所编:《戏曲学的新发展·张庚先生百年诞辰国际学术研讨会论集》,文化艺术出版社,2012年,第109页。

郭汉城先生也曾大声疾呼："没有理论的指导，戏曲现代化的任务就不能顺利完成。戏曲走向世界也不能顺利实现。"①

总观二位先生的话语，浓缩为一点，就是要搞好中国戏曲，必须牵住戏曲理论这个"牛鼻子"。

（2）张庚先生有《张庚文录》（七卷本）、郭汉城先生有《郭汉城文集》（四卷本）流传后世，不但为戏曲工作者提供了解决当时在戏曲改革过程中提出的种种问题及思想混乱的办法，而且对今后的戏曲现代化不偏离艺术本体也会产生深远的影响

其中，如张庚先生的戏曲表演中心论思想与戏曲表演体系研究，以及"剧诗说"；郭汉城先生的戏曲程式论与程式体系研究，以及"人民性学说"，都是至今戏曲界所津津乐道的。

1.张庚先生对戏曲表演中心论与戏曲表演体系的论述

"戏曲表演中心论"，是张庚先生一再强调的重要的戏曲理论观点之一，他1959年就提出过这一论点。他说："各种艺术手段应当集中到演员身上，把他们的人物形象塑造得鲜明起来……这条道理，从前有人称它为演员中心论，为了避免误解，我们还是称它为表演中心论更好些。"②

1979年，张庚先生又强调："戏曲是拿表演艺术做中心的，但这和平常说的'演员中心论'是两回事。'演员中心论'说通俗一点就是'角儿'制度……戏曲这种综合艺术是以表演为核心的，表演的特点影响到各方面。这是个理论上的问题，也是一个美学上的问题。"③

张庚先生还谈到"戏曲的表演体系问题"，"是一件关系到戏曲艺术如何推陈出新的大问题"。他首先告诉我们，"戏曲是以生活为源泉的，而且是它唯一的源泉。但是在艺术的表现上，是把生活变形了的"。因为"用有限的艺术手段表现无限的生活，它如果不变形，这个生活怎么表现得出来呢"？

---

① 郭汉城：《戏曲现代化要与时俱进——在纪念毛泽东同志〈在延安文艺座谈会上的讲话〉发表60周年暨江泽民总书记为〈中国京剧〉杂志创刊题词10周年座谈会上的发言》，《当代戏曲发展轨迹》，文化艺术出版社，2008年，第277页。

② 张庚：《戏曲的形式》，《张庚戏剧论文集》（1959—1965），文化艺术出版社，1984年，第25页。

③ 张庚：《漫谈戏曲的表演体系问题》，《张庚文录》（第4卷），湖南文艺出版社，2003年，第221页。

○○ 阿甲书赠郭汉城

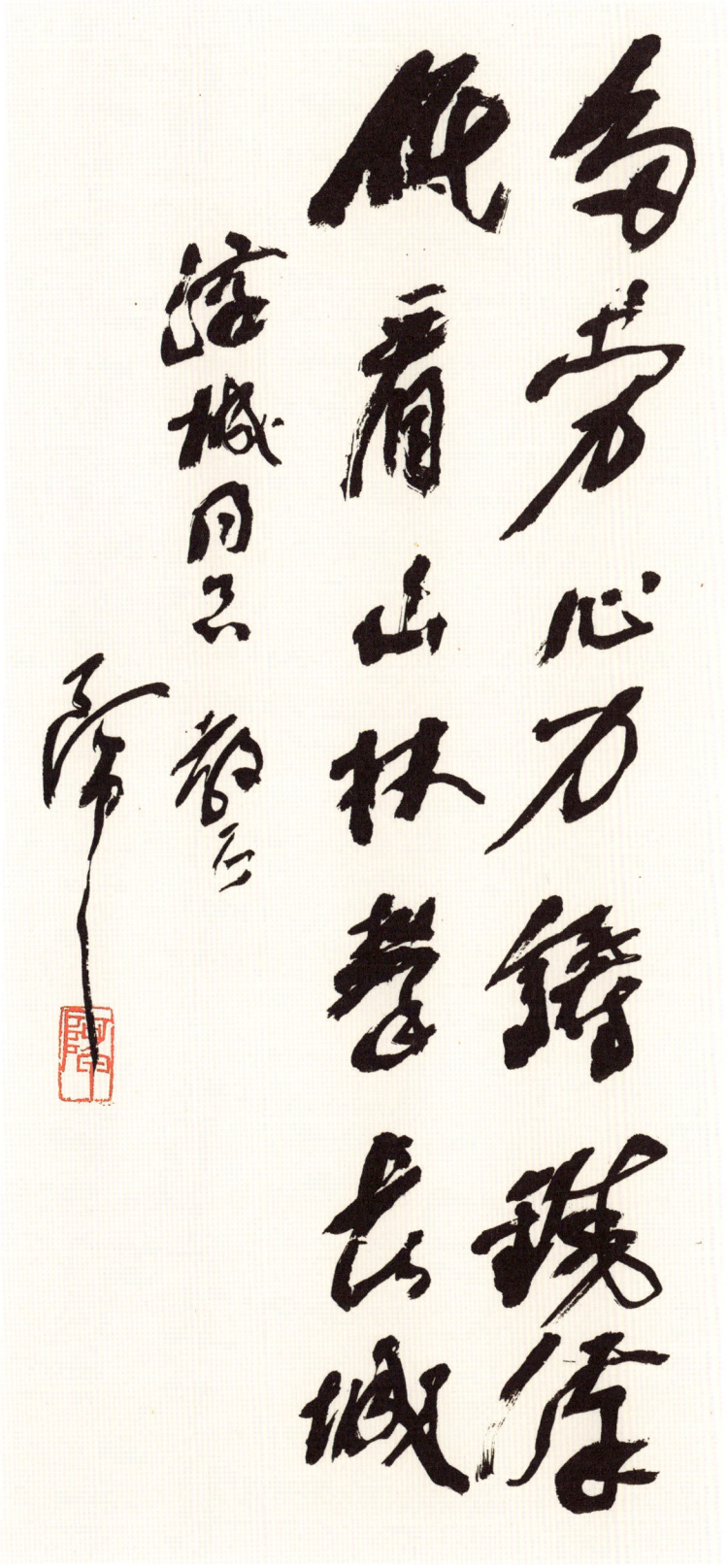

接着,他说,戏曲表演艺术的一个特点,"是戏剧化了的音乐性、节奏性、舞蹈性"。那么,何谓戏剧化的音乐、舞蹈?它必须具备下列两个条件:"第一个条件,这里面有特定的人物,如果这个人物也在抒发一种感情,那也是在抒这个特定人物的情,而不是抒一般的情;第二个条件是在特定的情况下抒情,不是在一个抽象的情况下抒情。因为凡是戏,总是发生在一个特定的情况中间的。不论是舞是唱,有了这两条才能称得上是戏剧化的"。

什么是表演程式?张庚先生说:"我觉得它就是音乐、舞蹈跟戏剧性的矛盾统一。""这是戏曲里面特有的东西。无论是唱腔的结构也好,表演的程式也好,锣鼓经也好,武打也好,或者行当也好,都可以泛称之为程式。凡属程式都有一个两重性……一方面,它是一个或一套规格化了的动作;另一方面,在舞台上一定要灵活运用,不能死搬。""一切都是统一于人物的塑造。"

"什么是行当呢?行当应当说是塑造人物的结果,或是塑造人物的产物。这是塑造各种不同人物时一系列动作的规范。""总体来说,程式和行当都是从戏曲表演的特点中产生出来的,这是一种创造人物的方法。""它既是相对固定的,又不是一成不变的,你不承认它这个相对固定性,就很难在舞台上创造人物。你要是觉得不能再变了,把它弄僵了,那你这个艺术就死掉了。"

"什么叫四功五法?四功即'唱、念、做、打'四种表现方法,或四种基本功。你得把这四种基本功学扎实了,才具备了得心应手地创造人物的条件。但这还只是基本功,还不是表演艺术本身。五法就是手、眼、身、法、步",就是"眼睛如何动,手如何指,步法如何走,身子是怎么样的姿态,把这些连在一起,如何来表现一种内心的情绪、情感和心理活动。手眼身法这些东西都是结合为一体的,每个部分都准确了,也就会得到一个准确的表现"。

戏曲要求"练死了、演活了",这就是说:"既要练很扎实的功,练死了,但不要受它的拘束,又能活用,那样才能够创造出好的艺术来。""初学的时候,一定要遵守规则严格去练,不能随便地瞎来,这叫守法;但是等你练扎实了之后,要进行艺术创作的时候,就不要被程式捆绑住,就要敢于活用它,这就叫作从守法到破法,或者是从有法到无法。""齐白石说,无法之法乃为至法。"

戏曲的表现体系是一种什么样的表演体系呢?戏曲的"表演体系,是用舞蹈化、节奏化、音乐化的一种表演方法来反映生活的,因此有它自己的训练程序和创作程序,这种程序是这个体系所特有的,但最后运用还是要体验和表现相结合。因此一切技术上程式的继承都是不变的,是创造性的继承,不光是程式,行当也是如此"。这样的一种体系"绝不是一种主观主义的产物","这种群众创造的东西是没有框框的，它是从舞台实践的效果中，渐渐地摸到了这里面的规律性，慢慢形成了自己的体系的"。

表现现代生活，中心一环是要创造舞台上新人物的形象，其"关键问题就在于寻求一种新人物的表现方法"。"要发动群众的创造性，把一些表现的方法、经验，一点一滴地集中起来，积少成多，这样就可能在其中逐步地形成新的行当，新的程式。""'行当'是戏曲艺术创造人物的一种方法。而'流派'是演员表演的一种独创风格，特别是唱腔上的风格。这些风格往往带有浓厚的个性色彩，这对于塑造特殊的人物性格是很好的手段……戏曲艺术的特殊规律，就是通过'行当'和'流派'的手段，创造舞台色彩鲜明浓烈的人物形象。"

"在创造舞台上前所未有的新人物时，是根据什么原则设计出他的扮相和整套的唱、念、做、打来呢？当然还是根据生活。但是生活不能按照它的原始形态搬到舞台上去，必须经过节奏化、音乐和舞蹈化。其中主要的是要节奏化，就是要找出这个人物的特殊节奏来。这个特殊节奏从什么地方下手去找？在老教师教戏时有个专门术语叫'取形'。""'形'取对了，这个人物的节奏就被大致形象地概括出来了。演员的心中有了这个尺寸，就能据以设计自己的扮相和动作了。""'取形'是为了寻求一个人物的内心世界的准确外形表现，而这外形表现是落实在抓住一种特殊节奏上的。这是一种以形写神的文明办法。"①

郭汉城先生与张庚先生的见解是一致的。1988年，他说："戏曲作为一种独特的综合艺术，在演出中要以演员的表演为中心，这一条是不会发生变化的。"②这就是说，其他门类的艺术元素都是为演员的表演服务的，只能有一个中心，绝不能另立中心。

改革开放以来，为了推进戏曲艺术的向前发展，郭汉城先生着力研究了有关戏曲程式和程式体系的问题，提出了新的理论命题，为戏曲艺术的推陈出新做出了新的贡献。

2.郭汉城关于程式和程式体系的理论

①关于程式与程式体系

郭汉城先生对程式做了全面的论述。他首先告诉了我们程式的重要性。他

---

① 张庚：《漫谈戏曲的表演体系问题》，《张庚文录》（第4卷），湖南文艺出版社，2003年。

② 郭汉城：《〈风流寡妇〉的现代意义》，《当代戏曲发展轨迹》，文化艺术出版社，2008年，第162页。

说："程式是戏曲艺术的细胞，全部程式构成了戏曲艺术的肌体。可以说，没有程式就没有戏曲这种特殊的综合艺术。"①

接着，说明了什么是程式。他说："戏曲艺术是用高度的、完整的、严格的程式综合起来的。所谓程式，就是把各种原始的生活形态按照美的规律加以变形，提炼成一种统一的表演规格。"②他把程式视为了戏曲艺术特有的重要艺术特征。

之后，他阐述戏曲体系说："戏曲之不同于话剧、歌剧、舞剧，它是一种有一套完整的程式体系的特殊综合艺术。一般地说，凡是进入戏曲中的东西都要提炼成为与整个程式体系相和谐、统一的程式，不允许自然形态东西的存在。大而至于空间、时间，人的形体与内心，小而至于一言一行、一草一木，都要经过改造使之美化，成为艺术表现中的时间、空间、形体动作……而不是它们在自然中的本来面目。比如脚色脱衣换衣，要么化成程式，如不可能下场去换，或者用几个龙套围起来，遮着不让观众看见其自然的、不美的原始形态的东西。从戏曲艺术的这个总特点的基础上，又产生了形似与神似的统一、虚拟与写实的统一、形体与内心的统一、时空的流动与固定相统一、高度的简练与充分的抒发相统一等等一系列特点。这些特点也培养了观众的欣赏习惯，相互之间达成了默契：舞台并不隐瞒是在演戏，观众也不按生活的真实去要求演出，这又是一个特点。"③

根据这种理解，他把程式解释为："所谓程式化，就是彻头彻尾、彻里彻外，都是程式。没有一样自然形态的东西。不仅人物动作、语言、歌唱有一定的表演程式，就连时间、空间也要融合到表演程式的体系中去。"④

前文说，戏曲有一套完整的程式体系，它的内涵是什么呢？郭汉城先生剖析说："在这个体系中包含着不同层次的程式，至少有以下几种：第一种是具体的某个程式，如上山下坡、行船走马等；第二种是某一类程式的共同规范，如包括唱、念、做、打在内的手法、眼法、身法、步法等；所谓'法'就是法规、法则

---

① 郭汉城：《戏曲剧本文学的特征》，《当代戏曲发展轨迹》，文化艺术出版社，2008年，第37页。
② 郭汉城：《戏曲推陈出新的三个问题——在全国戏曲剧目工作座谈会上的发言》，《当代戏曲发展轨迹》，文化艺术出版社，2008年，第207—208页。
③ 郭汉城：《戏曲化与现代化——在"1981年戏曲现代戏汇报演出"座谈会上的发言》，《郭汉城诗文戏曲集》，中国戏剧出版社，1993年，第22—23页。
④ 郭汉城：《戏曲推陈出新的三个问题——在全国戏曲剧目工作座谈会上的发言》，《当代戏曲发展轨迹》，文化艺术出版社，2008年，第208页。

之意。这一类的程式已经比某个具体程式高了一个层次。第三种是行当,这是人物类型的程式,又是演员综合运用程式的规范。这种程式比第二种又高了一个层次。因为它已包含着某些情感、倾向因素。第四种是演员在表演中程式与生活相结合的规律。行当虽然已带有某种意向和性质,但它仍然是行当,还不是一个艺术形象。一幅画在画面上,已经是主客体统一的、一次性地完成了审美过程的艺术作品,而行当只有在流动中与戏剧情景相结合,才能生命活跃、气韵生动,改变冰冷呆板的性质,成为具有鲜明个性特征的艺术形象。"①

② "中介阶段"概念的提出

戏曲程式源于生活,却又不同于生活,对生活如何转化为艺术的过程,郭汉城先生提出了一个"中介阶段"的概念。他说:"话剧直指以生活的本来面貌转化为艺术,而戏曲在生活与艺术之间,却多出一个中介阶段,即先要把生活提炼为程式,然后以程式为手段来表现生活。"②

这个"中介阶段"是如何进行的呢?郭汉城先生以生活语言转化为戏曲舞台语言的过程为例做了说明。他说:"人生喜、怒、哀、乐各种情绪之中,语言都有不同的节奏和音调。根据生活语言中存在的这种节奏的音调,加以规律化,提炼成为具有鲜明节奏和音调,有一定格式的诗的语言。"③"把生活语言提炼为诗的语言,具备了进入整个戏剧综合艺术的基础,但还必须加以戏剧化,即是说要把诗歌的程式,改造成为戏曲的程式,使之与其他各种艺术因素的戏剧程式相统一,并扩大其能够表现一个完整故事的戏曲语言的能力。"④"把诗的语言程式转化为戏曲的语言程式是戏曲语言的一个重要特征,那么把戏曲文学语言转化为戏曲舞台语言,又是戏曲语言的另一个重要特征。"⑤这就明确地告诉我们从生活语言到戏曲舞台语言转化所要经过的具体步骤及每一步所要起的作用。第一步,把生活语言提炼为诗的语言,即变自然形态为诗的程式,这就"具备了进入整个戏

---

① 郭汉城:《戏曲现代戏趋于成熟——本刊陈慧敏访著名戏剧家郭汉城》,《当代戏曲发展轨迹》,文化艺术出版社,2008年,第271页。

② 郭汉城:《"上帝"喜欢你——在京剧〈骆驼祥子〉颁奖会上祝词》,《当代戏曲发展轨迹》,文化艺术出版社,2008年,第169页。

③ 郭汉城:《戏曲剧本文学的民族特征》,《当代戏曲发展轨迹》,文化艺术出版社,2008年,第41—42页。

④ 同上书,第42页。

⑤ 同上。

剧综合艺术的基础";第二步,从诗的语言转化为戏曲语言,即把诗歌的程式,变为戏剧化的诗;第三步,把戏曲语言转化为戏曲舞台语言,即戏剧化了的诗加以舞台化。这个"三步曲"是我们做好戏曲程式化工作必须遵循的程序,无论缺了任何一步都是不行的,是会半途而废的。

③不平衡规律

程式与程式体系是随生活的发展而发展的。它的发展力是从何而来的呢?为说明这个问题,郭汉城先生提出了"不平衡规律"的理论,把生活与艺术间的不平衡、不同艺术之间的不平衡和戏曲内部艺术元素之间的不平衡,看作是推动程式体系发展的原动力。

生活的发展是程式和程式体系发展的动力。郭汉城先生说:"对于现实生活,有些旧表演程式用不上了,必须予以废弃,有的经过改造才能有用;更重要的是,将新的生活形态按照规律提炼成新的表演程式。有的同志担心程式化程度很高的剧种,会与新时代、新生活不能适应而趋于衰落灭亡。我觉得……艺术形式没有绝对的僵化和凝固,但是人们的思想却有僵化和凝固,把它看成是绝对不变的,什么也动不得,就会使它衰落甚至死亡。但这不是艺术僵化的结果,而是人思想僵化的结果。"①

这就说明,程式和程式体系发展的动力不能直接传递到艺术本身而自然生效,需要通过从艺人对艺术的变革,才能达到动力的传递而产生效力。反过来说,如果从艺人不是一个改革者,他跟不上时代发展的脉搏,艺术便会原地踏步而走向衰亡。戏曲艺术的其他姊妹艺术处于同一时代,由于各艺术之间竞争原因所产生的发展不平衡,必然会出现兴盛衰败的不同局面。郭汉城先生指出:"这几年戏曲不太景气。有的地方,有的剧种,有的剧团,上座率下降幅度较大。这种现象引起人们严重的关注。"②他还说:"随着经济的全球化,受全球性的商品经济大潮的冲击,世界上各种古老的民族艺术每天都在消失着,难道唯独戏曲这种古老民族艺术可以'任凭风浪起,稳坐钓鱼船'吗?就要有这种忧患意识。"③

---

① 郭汉城:《戏曲推陈出新的三个问题——在全国戏曲剧目工作座谈会上的发言》,《当代戏曲发展轨迹》,文化艺术出版社,2008年,第208页。

② 郭汉城:《当前戏曲发展的形势——在一个会上的发言》,《当代戏曲发展轨迹》,文化艺术出版社,2008年,第219页。

③ 郭汉城:《戏曲现代化要与时俱进——在纪念毛泽东同志〈在延安文艺座谈会上的讲话〉发表60周年暨江泽民总书记为〈中国京剧〉杂志创刊题词10周年座谈会上的发言》,《当代戏曲发展轨迹》,文化艺术出版社,2008年,第220页。

于是,"有人说,在当今的世界,三颗卫星可以覆盖全球,谁还爱看低级的、粗糙的,只供文盲半文盲看的戏曲呢"!①郭汉城先生的看法与这种悲观论者截然不同,他认为这种现象,对戏曲艺术"不但不意味着死亡,有时还能促进艺术的发展。我们不能把眼光老盯在戏曲独霸舞台的那几个黄金时代的历史阶段上",②而要像"川剧《四姑娘》'三叩门'一场","充分发挥戏曲的优势","改造运用这程式,把人物复杂的思想感情和矛盾的心理状态发挥得淋漓尽致,效果之强烈超过话剧和电影"。③

由此可以看出,郭汉城先生从戏曲与其他艺术的竞争中看出了潜藏在不平衡状态中的机遇和希望。这样,就可变被动为主动,推动戏曲艺术向前发展。

对于戏曲内部艺术元素之间发展不平衡的动力源,郭汉城先生是这样表述的:"对于戏曲这种综合艺术,我以为首先是通过它的不平衡规律来发展的。戏曲艺术综合了文、音、美、舞、武打、杂技各种表演手段和表演因素。这个综合也有一个发展过程,并不是一下子就那么完整。在综合开始阶段,各种表现手段在综合体中的地位和作用,是不平衡的,它们之间的关系,也不是完全和谐统一,因而也是不稳定的。要经过无数次反复实践,表演领域和表演能力的不断扩大提高,艺术的不断积累、丰富,在一个相当长的时间逐渐解决了生活内容与艺术形式的矛盾之后,才能达到平衡与稳定。但是这种平衡与稳定,仍是相对的,是就这一发展阶段而言的。随着生活的变化,综合体中各种表演手段之间相对平衡的关系又要遭到破坏,出现新的不平衡、不稳定。只要生活的发展没有终止,这个过程也永远没有完结。"④

这种不平衡是通过剧种之间、艺术家之间的竞争而表现出来的,假如对于竞争所产生的压力,采取积极的态度,就一定会有所创新,对程式和程式体系的发

---

① 郭汉城:《戏曲现代化要与时俱进——在纪念毛泽东同志〈在延安文艺座谈会上的讲话〉发表60周年暨江泽民总书记为〈中国京剧〉杂志创刊题词10周年座谈会上的发言》,《当代戏曲发展轨迹》,文化艺术出版社,2008年,第220页。

② 郭汉城:《当前戏曲发展的形势——在一个会上的发言》,《当代戏曲发展轨迹》,文化艺术出版社,2008年,第220页。

③ 郭汉城:《现代化与戏曲化——在"1981年戏曲现代戏汇报演出"座谈会上的发言》,《当代戏曲发展轨迹》,文化艺术出版社,2008年,第231页。

④ 郭汉城:《戏曲推陈出新的三个问题——在全国戏曲剧目工作座谈会上的发言》,《当代戏曲发展轨迹》,文化艺术出版社,2008年,第207页。

展起到良好的作用。

"红线女"邝健廉（1924—2013），系粤剧大师，广东省开平县人。自幼在广州、澳门读书。十三岁上，师从粤剧名伶、舅母何芙莲学戏。1942年参加马师曾剧团，在两广演出，逐渐成名。抗战胜利后，定居香港，成为影、剧两栖演员。自己组建了真善美剧团，与丈夫马师曾以及薛觉先合演《蝴蝶夫人》《清宫恨史》等剧，并参加拍摄《家》《春》《秋》等多部电影。演出范围扩大到香港、澳门、越南、新加坡、马来亚、菲律宾一带。在20世纪50年代初，她又组建了红星粤剧团。1955年从香港回广州参加广东粤剧团（今广东粤剧院）工作。她曾被周恩来总理誉为"南国红豆"，2009年10月11日荣获首届"中国戏剧终身成就奖"。

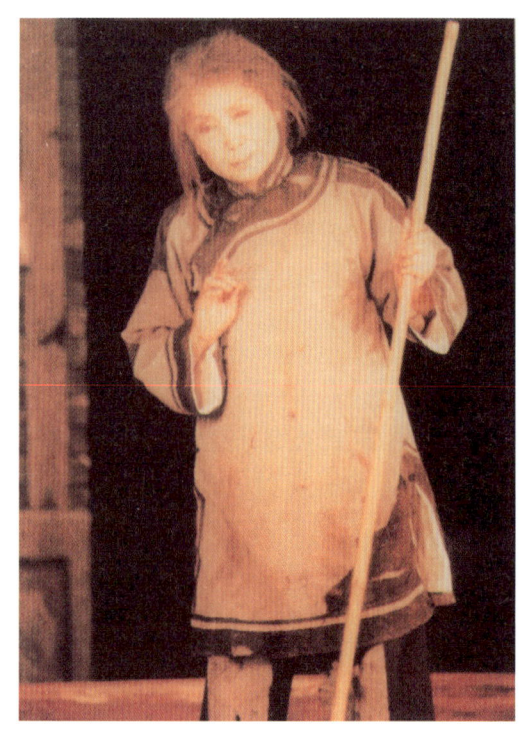

○○ 粤剧《祥林嫂》，红线女饰祥林嫂

从艺几十余年，她演出近百出粤剧，拍了九十多部电影。在艺术上，她勇于革新，在纵向继承粤剧传统的基础上，横向吸收、借鉴京剧、昆剧、话剧、歌剧、电影以及西洋歌唱技巧，加以融合创造，于1952年演出《一代天骄》《王昭君》时，在传统旦角的基础上，融入京腔、昆腔及西洋美声唱法，创造了令海内外观众倾倒的"红腔"；她一生主演过《搜书院》《关汉卿》《昭君出塞》《李香君》《祥林嫂》《山乡风云》《白燕迎春》等剧目及享誉海内外的《荔枝颂》，塑造了翠莲、朱帘秀、王昭君、李香君、祥林嫂、刘琴、沈洁等感情充沛、性格鲜明的人物形象，形成独具特色的"红派"表演艺术。

晚年，她为推动粤剧的传承和培养年轻演员，不遗余力。不幸在八十九岁时突发急性心肌梗塞于广州逝世。其遗体告别挽联是："她的生命属于艺术，她的艺术属于人民"，横批是"深切怀念"。

郭汉城先生说："红线女所以能够自创流派，其中有一点就是对极不易把握的创作分寸她把握得极好。创新需要学习、借鉴、吸收。学习、借鉴并不十分困难，难就难在一个吸收，也就是'化'的功夫，化作自身肌肤，全然不见焊接的疤痕，达到和谐统一的高度。"①

写到这里，有一段有关"红线女"与郭汉城先生的小插曲需要记述。一次，郭汉城先生在北京观看"红线女"演出的粤剧《昭君出塞》，感觉其演得有独到之处，当夜便为她写了一首诗《赠红线女唱昭君公主》。次日送予她时，她说："请你给我写成条幅，我好回去悬挂家中。"郭汉城先生说："可以。"结果，他因事繁忙，便把这件事给忘记了。直到"红线女"向郭汉城先生索要他写的诗时，他才猛然想起，赶紧写成条幅，送予对方。事后，郭汉城先生谦虚地对同事们说："这事我应该做检讨，现在将诗写成条幅，算是我来补过吧。"

3. 张庚先生的"物感说"与"剧诗说"

○○ 郭汉城手书《赠红线女唱昭君公主》

张庚先生的"物感说"与"剧诗说"，是对中国戏曲美学特点的论述。物感说。张庚先生以为，中国戏曲美学与西方美学的根本不同，在于中国春秋末期《乐记》的"物感说"与西方亚里士多德《诗学》的"模仿说"的不同。

《乐记》说："凡音之起，由人心生也。人心之动，物使之然也。感于物而动，故形于声。声相应，故生变；变成方，谓之音；比音而乐之，及干戚羽旄，谓之乐。"这就是说，戏曲和音乐、诗歌一样，是"感于物而动"的产物，既要有物，也要有感，二者缺一不可，它为"剧诗说"提供了理论基础。对此，张庚先生说："中国也有自己的美学体系，我们给它起了个名字，叫作'物感说'。"②他还说："我认为《乐记》比《诗学》要完善一些。亚里士多德只讲了

---

① 郭汉城：《红线曲、红派、红腔》，《郭汉城文集》（第一册），中国戏剧出版社，2004年，第415页。
② 张庚：《中国戏曲的未来——在戏剧理论讨论会上的发言》，《张庚文录》（第5卷），湖南文艺出版社，2003年，第79页。

个模仿,怎么把事物描写得和真的一样。而中国认为艺术的产生有两个因素:一个主观因素,一个客观因素。主观因素受了客观因素的影响,就产生了艺术。这个理论无疑要比亚里士多德的高明些。"①

剧诗说。张庚先生的剧诗说是于20世纪40年代搞秧歌剧时提出的。1944年他谈到要向群众语言学习时,说:"不但是新的语言、新的感情,而且是动作性丰富宜于表演的。我们应当锻炼出一种新的剧诗,不是旧剧的老一套,也不是知识分子的抒情调。"②

1948年,他说:"'剧本应是剧诗':剧诗的特点是从特定的人物的感情出发,而非如抒情诗的从诗人感情出发。剧诗的作者应当从角色的感情去看一切事物。作者应当客观,抛开自己的感情,又应当主观,充沛着人物的感情……剧诗的主要任务,还是写出人物们不同的内心感情来,这乃是从主要的、大的方面描写人物,与某些话剧的细致刻画一个人的语汇语气不同……歌剧既是感情集中的强烈的表现,而且又用歌唱表现出来,在表演上也就不能用日常生活的动作去表现,而必须用舞蹈。舞蹈也可以说是动作的诗,因为它也是感情集中和浓厚的表现……舞是非常需要感情的基础的,没有一定浓厚的感情也就很难在剧中间舞起来。因此,在编剧上应当给予舞以地盘,以机会。"③

1950年,他从剧诗应包括的方面来阐述:"把这种表现了我们古代生活的诗歌、音乐、舞蹈相结合的戏剧、歌舞剧的形式拿来现代化,使它来表现现代的、我们人民最光辉的生活。"

这些说明为"剧诗说"的确立做了充分的准备。经过进一步研究、完善,到20世纪60年代初,"剧诗说"便形成了。

张庚先生说:"'诗言志'。虽然只有三个字,其中却存在着真理。'志'是什么呢?'在心为志,发言为诗'。'志'是在心里的,它是一种愿望、感想、感慨、情绪,以至于意见,以至于对人物是非的评论等等。总之,其中包括

---

① 张庚:《中国戏曲的未来——在戏剧理论讨论会上的发言》,《张庚文录》(第5卷),湖南文艺出版社,2003年,第1页。

② 张庚:《鲁迅工作团对于秧歌剧的一些经验》,《张庚文录》(第1卷),湖南文艺出版社,2003年,第356页。

③ 张庚:《秧歌与新歌剧——技术上的若干问题》,《张庚文录》(第1卷),湖南文艺出版社,2003年,第394—395页。

了情和理，也就是感情和思想。"①"所谓'道'者，无非就是真理的意思。"

诗分三种：抒情诗、叙事诗、剧诗。三者比较而言，剧诗与抒情诗、叙事诗一样，都要言志载道，但其方法是不同的。抒情诗、叙事诗的诗人"可以直抒胸臆，无所隐讳，甚至可以对于触发自己感慨的客观景象都不去理睬"。②剧诗却不然，戏剧诗人是"通过人物的行为和他们相互之间的关系来说明自己的看法的"。"作为它（剧诗）的最独特的东西，还是人物性格语言的诗化。"

抒情诗的故事是作者描述出来的，而戏曲的基本特征就是"歌舞演故事"（王国维语），所以剧诗的故事是通过剧中人的歌（包括念白）、舞等表现出来的。

剧诗与叙事诗的不同是，叙事诗是以第三人称来描述故事的，剧诗是以"代言体"的第一人称来表现故事的；叙事诗是在叙述故事中刻画人物的，而剧诗是通过脚色行当的表演——唱念做打来塑造人物的。

再者，张庚先生说："诗，一要有物，二要有感。一首小小的抒情诗，也必须有生活的根据，和作者对那种生活独到的感受。戏剧也同样需要这样。但'有物''有感'，在诗中有时容易办到，在戏中就难。因为'有物'，所以作者必须认识很多生活；而拿到舞台上的只有一点点，那么选择哪一点好呢？这就必须对生活有深刻的认识才行。再则，在戏剧创作里发感慨很不容易，发不好，就变成强迫人物说作者想说的话。"③还有，"诗，他人对某一点有感情，就可以写这一点。但一个剧本的诗意，就不能如此。剧本的诗意，是产生于作者对所描写的人物的了解，这种了解又不是一见钟情的了解，必须是作者亲身参加了社会斗争，对生活有了透彻观察才可能产生的对人物的深刻而独到的了解。或者是对人物的极大的敬仰、佩服，或者是极大的憎恨，或者是既爱他又恨他"。

他进一步深入地说："有了'物'而无'感'，恐怕也写不出富有诗意的剧本……必须把责任感变成自动的、非写不可的感情才行。仅仅出于'任务'观点写出的剧本，可能在政治上挑不出什么毛病，但就是缺乏感人的力量。虽然各

---

① 张庚：《关于剧诗》，《张庚戏剧论文集》（1959—1965），文化艺术出版社，1984年，第166页、第168页。

② 张庚：《关于剧诗》，《张庚戏剧论文集》（1959—1965），文化艺术出版社，1984年，第170页、第171页、第177页。

③ 张庚：《再谈剧诗——在中国剧协举办的第一期话剧作者学习、创作研究会上的发言》，《张庚戏剧论文集》（1959—1965），文化艺术出版社，1984年，第244页、245页、249页。

个方面都写到了，一切都考虑到了，像算算术一样，都很科学，但一定也都是冰冷的。过去所说的概念化还容易发现，我说的这种也可以说是高级的概念化，因为整个创作过程是概念的，不过用许多形象装饰起来了。这不是说写剧本不要做许多科学的工作，而是说除此之外，作者不能对人物没感情。有些剧本，作者对人物也歌颂，也批判，但只是觉得应该歌颂，应该批判；不是自己要歌颂，要批判；只是从'理所当然'而来，不是从'情不可遏'而来。简单地说，就是作者不激动。这样的戏，也可以取得剧场效果，但不能在观众的心里待多久，走出剧场就会忘掉，这就谈不到什么诗意。"

这就要求剧诗作者必须有诗人的气质，既有"物"又有"感"，而且"情不可遏"，并以"人物性格语言的诗化"，才能写出好的剧诗来。

关于剧诗，张庚先生强调过两种极端现象。他说："理不是诗，如果把理做成诗就是'坠入理障'，理就成了障碍，成了不能帮助发挥诗情的东西，那也就入了歧途了。现在诗应当是帮助更深入地感受和认识事物底蕴的东西才成。"[1]这也就是说，"诗不仅仅要有普遍的真理，也同样需要特殊的具体事物……要表现具体的真实，写真人真事，一点也不能变动，一点也不能集中；写历史，一点也不能虚构，一定要按照历史书上的一点一滴去写"，[2]则"又容易坠入另重魔障，那就是'事障'"。

这两种极端都是要不得的，"'诗言志'，其中应当有情、有理。情理交融，情境相生，这才是诗的上乘"。

综上所述，张庚先生的"剧诗说"包含两方面：一个是他认为戏曲剧本是诗，如他在1979年创作的《戏曲艺术论》的第二章就叫"戏曲剧本——剧诗"。戏曲的舞台艺术也要有诗意，剧作者要像写诗一样来写剧本；另一个他认为剧诗是戏曲美学，剧作者要能体现出诗的赋、比、兴的精神，体现出情境、意境、意象等美学观念来。

4. 郭汉城先生的"人民性学说"

在《中国戏曲通论》一书中，郭汉城先生亲自执笔与章诒和撰写了第二章，以《中国戏曲的人民性》为题，以对戏曲遗产的总体认识，人民性的涵义，人民性的审美性质，古代戏曲的人民性——历史特征、审美特征，有关传统剧目人民

---

[1] 张庚：《关于剧诗》，《张庚戏剧论文集》（1959—1965），文化艺术出版社，1984年，第168页。

[2] 同上书。

性的几个问题——封建道德、历史真实与艺术真实、民族问题,当代戏曲的人民性——当代戏曲与人民的联系、当代戏曲人民性的发展为小标题,对戏曲界长期以来都争论不休的这些问题,进行了比较公允的、科学的论述,为传统戏曲进入社会主义新时代铺平了道路,令人折服。下面分而述之。

①人民性的涵义

郭汉城先生告诉我们,戏曲遗产思想内容具有精华与糟粕的两重性:"中国戏曲也与其他国家、民族的文化遗产一样,既有人民性的精华,又有封建性的糟粕。"①

那么,什么是它的人民性呢?他说:"文学艺术的人民性,就是指文学艺术与人民的精神联系……凡是反映了人民群众的思想、感情、愿望和要求的作品……就都具有人民性。"

他指出:"文学艺术作品中的人民性并不等于阶级性……凡是推动历史前进和革命变革的阶级、阶层、集团、个人,这种共同的历史要求和共同利益使它们都属于人民的范围。所以反映在文学艺术中的人民所属各阶级、阶层的思想、感情、愿望,只要符合上述要求,就代表着一种共同的思想倾向,都具有人民性。"即使"戏曲传统剧目的社会功能的变化,并没有泯灭精华、糟粕的界限,也不能否定人民性这个衡量剧目的标准"。

②人民性的审美性质

新中国成立以来的戏曲评论中,存在着一种带有普遍性的偏颇,郭汉城先生说:"那就是忽视剧目思想内容的审美性质,把人民性当作某种纯粹的思想倾向、道德观念、政治要求、社会学原则。"

关于这个问题,他给我们讲了审美评价的方法。他说:"艺术之所以是艺术,就是因为它是按照美的规律去反映世界,它对世界的认识,就是对生活做出审美的判断。人们也正是在'美的享受'中接受思想、情操、品质、修养等多种陶冶。艺术正是通过'美的桥梁'发生社会效能。换句话说,艺术的教育作用、认识作用都是通过美感作用的中介环节实现的。这条艺术的根本规律明白无误地宣告:没有审美价值的艺术绝不是真正的艺术,也不能真正地发挥它的艺术功能。"

---

① 张庚、郭汉城主编:《中国戏曲通论》,上海文艺出版社,1989年,第53页。后面引文在出现新的出处前,均引自该书。

很显然，如前所述，那种"忽视剧目思想内容的审美性质，把人民性当作纯粹的思想倾向……"的做法，"是用某种社会学原理、阶级斗争公式，越过审美这个中介环节，直接地套在艺术作品的身上，因而方枘圆凿，处处显得格格不入"。而"作品的思想是水乳交融地溶入形象之中"的，"如果用审美的眼光去看待它们（指作品），那么在它们的形象中，融合着时代、阶级的局限，不是具体地、可感地存在着对理想、生活、爱情、道德、智慧等美的事物的肯定和对形形色色的封建丑恶的批判吗？正是这些东西，影响我们的感情和理智，起着潜移默化的作用。总之，从事戏剧活动，无论是创作演出，还是欣赏评论，都是一种审美活动，都需要具有一种审美的感受能力，或者说是一种诗意的感觉"。

③关于古代戏曲的人民性

关于古代戏曲人民性的历史特征。郭汉城先生讲："每一时代新创的剧目，到下一时代又成为被改编的旧剧目；每一时代被改编的剧目，到下下一时代还要被再改编，这样循环往复，构成了戏曲人民性延续发展的特点。"他"从爱情戏、清官戏和农民起义戏三方面阐述了随着时代生活的变化，戏曲思想内容人民性延续发展的特征。"

中国戏曲人民性发展的特点之一，是它的扩展性和层次性。从《中国戏曲志》统计，中国戏曲有三百九十四个剧种。郭汉城先生说："作为戏曲艺术的整体，它代表了中华民族的共同爱好；作为一个剧种它又适应着不同地区人民的不同需求。所以戏曲的人民性，是民族性和多样性的综合体。与戏曲的扩展趋势紧密相连的，还有一个层次性特征……中国戏曲在本质上是民间戏剧……这是戏曲与人民最广泛、最普及、最基础层次上的联系。戏曲既受到平民百姓的喜爱，也得到文人士大夫的青睐，这就产生了在高层次上与社会的联系……戏曲在'低层次-高层次'的双向联系过程中，剧目的思想内容和表现形式相应经历了'由普及到提高，由提高到普及'的发展过程。这种循环往复、由低到高的发展过程，是戏曲发展史上的一种规律性的现象。"

"我们从戏曲这种层次流变方式中取得人民性的发展提高的事实中，可以看出文人在戏曲发展中的重要作用。而文人与人民群众相结合，又是在作品中反映人民的思想、感情、愿望的必要条件。""中华民族作为一个整体，总是保持着共同的文化与心理素质……中国文化传统的这种稳定性的凝聚力，即对外来文化也有着极大的融涵力……这样，中国的戏剧文化能历经千年而不见枯竭、不致中断，就不难理解了。"

关于古代戏曲人民性的审美特征。郭汉城先生说："中国戏曲中所体现的人民对善、恶、美、丑的看法和态度,也在它的延续性、层次性中不断地发展,共同融合在人民性中。戏曲人民性主要的审美特征有二:一是鲜明的倾向性;二是积极、浓郁的乐观主义精神。"

我们从艺术与人民的联系这个最深的根源上,探讨戏曲的人民性倾向这一鲜明特点的时候,需要认识到人民的基本审美观点有一系列的规范要求,即如郭汉城先生所言:"人物的升沉黜陟、生死存亡,命运的作用微乎其微,道德力量的比重很大,无绝对的悲、喜之分,而是常常把悲、喜因素结合起来,形成善与恶、是与非的强烈对比,并展示出光明的结局。"还需要进一步从戏曲人民性鲜明倾向与民族文化背景的联系上来理解,使我们认识到,"在中国美学思想里关于真、善、美的关系中便着重美与善的统一,道德成为衡量艺术的重要标尺和最终追求。美学思想上的这种特殊性,也是千百年来在我国特殊的文化背景上形成的,很自然地与人民的鲜明爱憎倾向结合起来"。但也要注意,"用道德观念去评价历史、评价人物,绝不是所有情况下都能得出正确的看法"。还有,要注意"社会实践对创作思想的反作用","社会实践并不遵循人的主观的意念,严酷的现实常常违背头脑中的臆想,冲破了脆弱的理念,迫使他们把眼光转向现实。当鲜明的倾向性与生活的真实性结合的时候,中国美学思想才真正显露出光彩"。

"中国戏曲人民性的第二个特征,是积极的、浓郁的乐观主义精神。在我国大量的戏曲剧目中,很少能够看到那种绝望、灰暗、听任命运摆布的思想,而是强调希望,强调抗争,正义终于要战胜邪恶,光明终于要战胜黑暗。这种精神,不仅在神话题材中得到曲折的反映,也在现实生活题材中得到直接的反映。"这种积极乐观主义精神,"是一种深植于我们民族素质和具有传袭力量的审美传统"。"其主要的特征,是悲剧主人公最终在幻想形式或现实世界中得到一个理想的结局",这种结局,"往往是以团圆和复仇的方式实现的"。"传统剧目的理想结局,其精神实质是相通的。梁祝死后化成双飞的蝴蝶;牛郎织女被王母拆散,天河上搭起鹊桥;唐明皇叩开天门与杨玉环重温旧情;青蛇烈火毁塔救出被镇压的白蛇;孟姜女哭倒长城;窦娥、李慧娘鬼魂复仇;包公铡死权豪势要;薛刚兵围长安诛除仇人,等等。这种理想的、美丽的、富有诗意的结局,是悲剧主人公的美好意志和强烈情感的升华……是中国人民生活意志的坚强和审美意识的活跃的表现。从审美角度讲,有理想结局的悲剧和没有理想结局的悲剧,其悲剧精神是一致的,都是以美好事物的毁灭在观众的审美感受上获得肯定。悲剧主人公在悲剧里是失败者,在观众心灵上却是胜利者"。

郭汉城先生批驳了否定悲剧的理想结局的"看了戏会把艺术和生活简单等同起来"的观点。他说:"悲剧中描写的理想结局,如果它符合人民意愿,顺应历史发展趋向,体现着积极乐观主义精神,可以帮助人们更正确、更深刻地认识生活,鼓舞人们对生活的信心和勇气,不至于在严酷的现实面前产生悲观和气馁……绝不会使艺术成为生活。"

他又批驳了否定悲剧的理想结局是"虚伪的"的观点。他说:"这种看法,一方面抹煞艺术的本质,把哲学的认识论混同于艺术的反映论;一方面又以实用主义的功利目的代替艺术的审美功能。"

他告诫我们:"肯定悲剧的理想结局,并不是说凡是这类结局都体现了积极的乐观主义精神,都应予以肯定。对具体剧目要做具体的分析……在分析这种结局的倾向时……主要的一点,要看它在作品整体中起了什么作用。"

他最后总结说:"总之,作为民族审美理想的积极乐观主义精神,它追求客观内容真实性与主观倾向性的统一,追求现实力量与理想精神的统一,追求面向人生的严肃态度与健康向上的乐观气质的统一,从而达到中和之美。"

④有关传统剧目人民性的几个问题

关于封建道德。郭汉城先生认为,人们"关于道德、人民性问题的争论"的原因,在于"把道德、人民性脱离具体历史条件,当做抽象的东西去看待"。①因此"既分不清封建统治阶级的道德和人民群众的道德之间真正的内容上的区别,也看不到古代人民的道德思想的局限性……必然容易走到两个极端"。②他指出:"道德观念属于意识形态范围,一定社会的道德观念,产生于一定社会的经济基础之上,在有阶级的社会里,道德也是有阶级性的……一定社会的人民的道德,是由人民在当时的社会经济关系中所处的地位决定的。"③因此,"我们讲文学艺术人民性的时候,就必须坚持历史唯物主义的观点和阶级分析的方法。否则就不可能正确地把握它的丰富内涵"。④他进而指出:"我们今天来研究他们,必须站

---

① 郭汉城:《关于道德·人民性问题的争论》,《当代戏曲发展轨迹》,文化艺术出版社,2008年,第54页、56页。
② 同上书,第54页。
③ 同上书,第56页。
④ 郭汉城:《关于人民性问题》,《当代戏曲发展轨迹》,文化艺术出版社,2008年,第60页。

○○ 高占祥书赠郭汉城

在无产阶级的立场上，用辩证唯物论和历史唯物论的观点，进行阶级分析，考察各种历史和社会情况，才能得出科学的结论。"①

郭汉城先生站在唯物的、历史的制高点上，用马列主义的辩证方法告诉我们，对于传统剧目中不同的道德观念的鉴别，如"忠孝节义"之类，既要看作者的立场观点（思想），也要看作品的形象，即"不但要看剧本，更要看在剧本中看不到或看不完全的舞台艺术形象"。②他举例说：著名的《雷峰塔传奇》，"从全局来看，作者认为白娘子是一个异端妖孽，法海对她镇压是应该的；但人们在形象的感受中，白娘子是一个深情、美丽、勇敢，执着追求美好生活、不屈服周围压力的女子，而法海却是一个冷酷、残忍、无情的和尚。作者在作品中主观上赋予人物正反的地位，在读者、观众的审美感受中却易了位。如果我们只凭作者的意图去判断，就必然会达到否定这部名著的结果"。所以，必须"对具体剧目做具体分析"，才能分清何者属于封建道德，何者属于劳动人民的道德。

关于历史真实与艺术真实。郭汉城先生说："这是一个有关传统剧目人民性至为重要的问题。"由于"一大批历史题材的传统剧目，基本上都是以经过民间演义化、说唱化的方式形成的"，这种史料演义化的过程，要受"时代意识和群体意识（包括阶级意识）这两方面的作用"。"民间对史料采取了'不正确理解的形式'（马克思语）……他们是按照人物典型化与题材戏剧化的基本准则，进行着合乎戏曲创作规律的增删取舍……由历史人物向戏剧人物的演化，其实质就是人物远离了历史的原型，而取得了戏剧的属性"，人民又是"依循着这样一种鲜明的是非观念和爱憎情感，对历史人物进行着美学倾向上的艺术处理和戏剧加工"。"艺术真实就其实质而言，也就是一种历史的个别形态与历史的普通形态的关系。"故历史剧所塑造的典型人物，"由于基本上符合人民的褒贬倾向而深入到妇孺；由于带有整个封建时代的普遍性而世代流传；也由于它极其深刻和典型地概括了封建社会历史的本质特征而更符合于历史事实。鲁迅曾指出：'真实并不等于事实。'这个见解是十分精辟的，因为它以极为简洁的语言说明了艺术真实、生活真实、历史真实的区别"。

这就十分清楚地告诉了我们，"对于历史题材的戏曲剧目所反映的社会内

---

① 郭汉城：《关于道德·人民性问题的争论》，《当代戏曲发展轨迹》，文化艺术出版社，2008年，第57页。

② 张庚、郭汉城主编：《中国戏曲通论》，上海文艺出版社，1989年，第95页。此后引文在出现新的出处前均引自该书。

容,我们必须从典型所体现、概括的社会普遍意义上去评估它们的真实性。"而"评价这类剧目中的某一剧目是否具有人民性,仍然要看它是否反映人民的思想、感情、意志、愿望,是否起推动历史前进的作用,而不是看它是否与具体历史事实相一致"。

关于民族问题。一开始,郭汉城先生就明确地告诉我们:"什么是民族?在人类社会发展的长期过程中,逐渐形成了有共同语言、共同地域、共同经济生活以及表现在共同文化上的共同心理素质的稳定共同体,即为人们通常所说的民族。"

为便于探讨戏曲剧目中所反映的民族问题,他把问题分为民族的同化和民族的融合两类来论述。他说:"把通过政治、暴力的强制手段使一个民族人为地合于另一个民族的,叫民族的同化;把通过经济、文化的交流,使一个民族自然地融合于另一个民族的,称为民族的融合。由于这种区分能比较真实地反映客观存在的两种情况,所以已为学术界所承认……如果经济、文化发达的民族征服低于它的民族,那么,被征服民族自然接受征服民族的文化;反之,其结果也仍然是征服者接受被征服者的文化,乃至融合于被征服民族。这条被马克思主义称之为'永恒的历史规律',无情地证明着经济、文化的强大作用。它雄辩地告诉人们:经济、文化的发展与推进是民族融合、同化的动力,而民族的融合、同化又是历史发展的必然趋势。这是进步的社会历史现象。但是,民族同化所采取的暴力手段和野蛮行为,又是应该谴责和反对的。在一个民族形成的过程中,我们承认民族战争在宏观上起着进步作用的同时,又必须明确以征服为目的的战争的非正义性,两者必须予以分别。"

"对于戏曲剧目所反映的民族关系,值得提出来的,是对民族的融合重视不够,往往多侧重于揭示民族矛盾,从这方面来表达爱国主义思想。因此,写民族战争的作品就占多数。""我们对于反映民族战争题材的剧目,首先就需要区分所反映战争的性质……应如何区分呢?列宁说:'要弄清战争的性质,首先必须确定这次战争的客观条件和具体环境是怎样的。必须把这次战争和产生的历史环境联系起来,只有这样才能确定自己对它的态度。'我们判断我国民族战争性质的时候,应当把握列宁所阐述的这一原则。既要分析战争产生的阶级根源和所推行战争政策的目的,还要把握当时社会发展的总趋势及后果。即使某一民族征服战争在客观上产生了民族同化的结果,对侵略者、压迫者的一方,仍当予以指斥;对被侵略者、被压迫者的一方,还应给予支持及同情。在被侵略的一方,哪些人是民族的抵抗主义者,哪些人又是民族的投降主义者,又须做具体的分析。"

"爱国主义精神是一种观念，是'千百年来固定下来的对自己祖国的一种最深厚的感情'。（列宁语）它是属于中华民族的共同精神财富……对各族人民同样的热爱，才是真正的中华民族的爱国主义。"因而，在剧目中弘扬爱国主义思想的同时，要避讳大汉族主义。"为了通过戏曲舞台对我国各族人民进行爱国主义的教育，达到增进中华民族大团结的目的，我们应该多写一点对中华民族做出杰出贡献的少数民族先进人物，在舞台上也要树立起少数民族的英雄形象。"但"对于历史上属于这类统治阶级人物所建立的业绩，不论哪一个民族的，也应该做历史的评价，不能从无条件的否定又倒向无条件的颂扬。他们代表历史融合、同化的必然趋向，是值得肯定的；但是，他们又常常是以非常残酷的手段和野蛮的方式实行的。对于这一点也不应混淆"。

⑤当代戏曲的人民性

关于当代戏曲与人民的联系。郭汉城先生说："古代戏曲的人民性，因受历史条件的局限，不可能超越朴素的民主思想和爱国思想的高度，是整个封建时代文化体系的一个组成部分……不可能得到充分的发挥。"

在近代，"戏曲艺术的中心成分——表演，却得到了发展……大大加强了戏曲艺术的形式美和观赏性"。

"当历史跨入了社会主义阶段……它在最大程度上、最长远地符合人民的利益……人民的范围空前扩大……包括戏曲在内的文学艺术创作者，本身就是人民的一员。党的文艺方针鼓励作家、艺术家深入生活，接近人民，反映人民的思想、感情、意志、愿望，做人民忠实的代言人……在这样的社会条件下，必然为社会主义时代戏曲人民性的高度发展，提供了可能。在社会主义时期，发展戏曲人民性的一个首要条件，是必须坚持为人民、为社会主义服务的方向，反映人民群众在当今时代最普遍的情绪和对现实生活最关切的问题。"

"在社会主义时期，使戏曲这种古老的民族戏剧艺术，得以和人民保持密切的、深刻的联系而不致中断，还必须保持它的民族特点，并且尽可能地用各种现代文化、技术条件，不断地发展它、完善它。随着社会主义物质文明和精神文明建设的发展，人民的文化水平、审美趣味的提高，在戏曲'现代化'的进程中，人民将会更深刻地认识它的民族特征与美学价值……如果我们不重视戏曲的民族特点，甚至抛弃戏曲的民族特点，就会真正失去与今天人民的联系。"

"几千年的历史告诉我们，自从有民族、民族文化以来，世界上还存在一个可容纳一切民族文化的'全人类文化'。这全人类文化就是由每一民族的各自的特点所做的贡献构筑而成的……无数的实践证明，艺术上的民族个性愈是鲜明、独特，它就愈加能够代表这个民族，也愈能超越时空的界限取得广泛的世界意义。"

"随着我国四个现代化建设进程的发展，戏曲的革新事业也进入了一个新的阶段。'纵向继承'和'横向借鉴'两个口号之争，就是随着戏曲改革的新形势而产生的，实质上是'推陈出新'方针在新形势下的阐释或补充，它要求加速戏曲'现代化'的进程，更重视对其他艺术品类的吸收和借鉴。""戏曲在今天越是要吸收外来艺术，就越是要融化于自己的主体特征之中，高度突出自己的民族特色个性色彩……评判各种革新探索的权威也是有的，那就是实践的检验。你的探索是否成功，是否符合真理，归根到底要受人民的审美要求的检验。戏曲也和任何艺术的生存、发展一样，都不能超越与人民精神联系的这条铁的规律。"

关于当代戏曲人民性的发展。郭汉城先生说："社会主义时代的戏曲，是一个多层次的剧目系统。在这个系统里，包括整理改编的传统戏、新编历史戏和现代戏。但无论属于哪一方面的剧目，都为现代先进思想所照亮，都以人民和社会主义的利益为审视点，在不同程度、不同侧面符合着今天的时代精神。"

他先论述现代戏。"在各类戏曲剧目中，现代戏出现最晚，历史最短，遇到的内容与形式的矛盾也最多。但作为一种新生事物，它的强大的生命力和广阔的前途，也逐渐显示出来。由于它具有直接反映现实的优越性，能够及时反映社会主义革命建设的发展及人民心理意向的变化，因此更能感受到生活前进的活力和时代跳动的脉搏。"

继之论述历史剧。他说："用人类最先进的思想——辩证唯物主义和历史唯物主义的观点观察古代生活，并用审美的方式予以体现，则在历史剧方面更广泛、更深刻地加强了与人民的精神联系。在新中国成立以来，创作过许多历史剧，其中也不乏佳作，但由于极'左'思想的干扰，不尊重历史，不尊重古人，把'古为今用'理解为实用主义，用影射、比附的手法追求某种功利目的，大大影响了历史剧创作的成就。当前，广大观众已经厌弃这种做法，要求尊重历史，从纷繁复杂的历史现象中得出历史前进运动的规律性的认识，在具体的历史现象中溶进思辨的力量，从而达到生动形象与深刻思想的统一，给今天创造着新的历史的人民以历史的启示和借鉴。"目前，由于解放思想和现实斗争的鼓舞，历史剧题材范围已扩大化。

最后论述经整理改编的传统戏。他说：由于传统戏属于"民主主义思想体系"，所以"虽然经过当代人推陈出新的处理，发扬了人民性的精华，剔除了封建性的糟粕，但仍不能超越民主主义思想体系的范围"。然而，毕竟"经过整

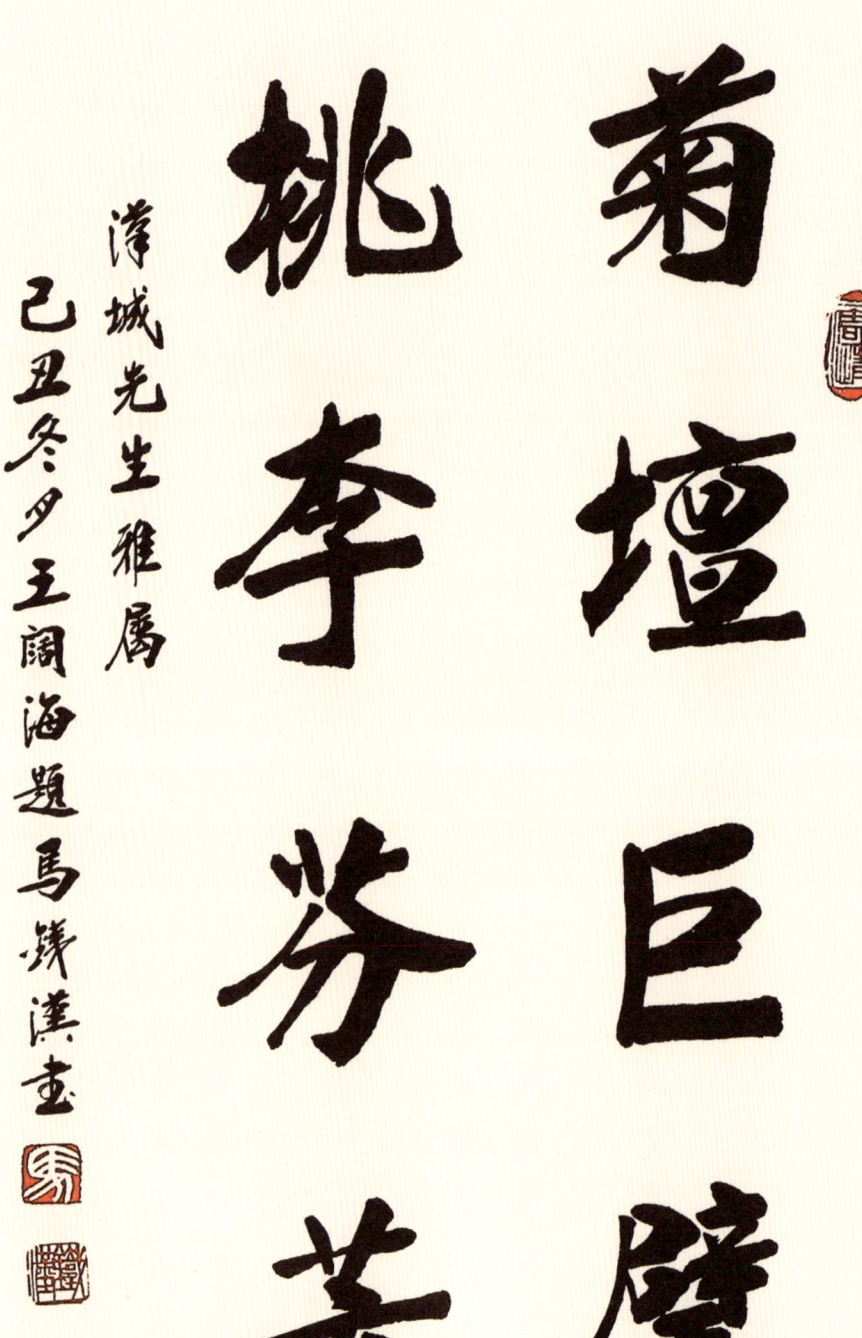

马钱汉书,王阔海题赠郭汉城

理、改编的传统剧目与今天社会主义时代的人民还有着密切的精神联系，对社会主义起着有益的作用。它作为社会主义经济基础的上层建筑中的积极部分"，还是社会主义时代的新戏曲之一。因此，我们"在从事这件工作时，必须采取既慎重又大胆的态度……不能只停留在剧本上，必须把舞台表演艺术作为更为重要的一环加以重视……在这些古代作品之中，渗入现代人的思想感情和审美要求，包括作家现实感受的融入"。批判地继承、接受传统剧目中古代人民的优秀思想和道德品质，"这就必须大力发展文艺批评，最终还在于提高国民的文化水平、艺术素养的审美能力"。

总而言之，从戏曲的人民性出发，郭汉城先生认为，世界上三大古老戏剧文化——古希腊的戏剧、古印度的梵剧、中国的戏曲——唯有中国戏曲尚存活于舞台上，究其根本的原因，是由于它深深地扎根于人民之中。因此，郭汉城先生的"人民性"理论，就是呼吁戏曲要"还戏于民"。他与戏曲界长期以来存在的"消亡论""振兴戏曲不现实论"等说法，一直坚决进行着义正词严的不懈斗争。他坚定而乐观地指出，人民性是戏曲生命力的源泉，"直到共产主义社会也会有戏曲的地位"。①中国戏曲，今后仍应发扬人民性这一优良传统，在人民之中永葆其艺术青春。

（3）戏曲必须坚持继承、发展的方向，在继承传统戏曲的基础上推陈出新

国家级昆曲艺术传承人、一级导演丛肇桓说："二老（指张庚、郭汉城先生）谆谆教诲后辈，要认真分析研究人类传统文化，必须要有个科学的标准、正确的尺度，渗透着辩证唯物主义与历史唯物主义精神。他们引用列宁的话：'马克思主义这一革命的无产阶级思想体系，赢得了世界历史性胜利意义，是因为它并没有抛弃资本主义时代最宝贵的成就，相反，却吸收和改造了两千年来人类思想和文化发展中一切有价值的东西。'"②

在前文我们已经谈过张庚先生关于戏曲继承地发展的辩证法，在此不赘。郭汉城先生也说："任何一种新的艺术的产生，都不能脱离原来的传统，不然的

---

① 郭汉城：《戏曲推陈出新的三个问题——在全国戏曲剧目工作座谈会上的发言》，《戏曲剧目论集》，上海文艺出版社，1981年，第97页。
② 丛肇桓：《张庚老与汉城老是我们的师表》，赵化勇主编：《盛世中华脊梁风采·戏剧家风采》，中国广播电视出版社，2010年，第44页。

话，人类的文化艺术好像两点打起的水泡，随生随灭，没有继承，没有积累，没有发展，永远处于幼稚和贫乏的原始状态中了。"①

郭汉城先生还指出，对待戏曲遗产，必须"采取科学的分析态度，正确区分精华与糟粕。我们既反对全盘肯定的国粹主义思想，也反对全盘否定的民族虚无主义的态度。要按照马克思主义对待文化遗产的原则，进行批判继承，推陈出新"。②

他又指出："所谓继承传统，是继承它的规律性，继承它的原则。而不是死死地继承它的一点一滴的东西，一点都不改动，决不能这样。"③关于这点，郭汉城先生的办法是：欲知山中路，需问过来人。他在文中引用京剧泰斗王瑶卿的话说："关于戏曲到底要不要改、能不能改以及如何改的问题，从五四说到新中国，从新中国又说到现在，依然是争议纷纭，莫衷一是。人们东问东圣，西问西哲，却很少想到要问问艺人。……常有人说什么戏不能改动。简直就不通，死戏活人唱。……为什么不能改？……四大名旦成名就因为创造性强……"④

（4）新中国成立以来，培养了20世纪80年代后出成果的前海学派的主体戏曲研究中坚力量，及社会上一大批（几代）戏曲工作者，并提高了演员的素质

张庚、郭汉城先生是如何培养这些人才的呢？如中国艺术研究院戏曲研究所研究员龚和德在2005年6月7日召开的《郭汉城文集》专家研讨会上说："我要谈谈作为后代是如何受到培养的。张（庚）、郭（汉城）二老对我们的培养，经常用的办法就是平等讨论，用他们的真知灼见来教育、丰富提高我们，不但是看他们的文章，而且是听他们的发言和分析，这对我们的提高很大。"

在同一座谈会上，中国艺术研究院戏曲研究所研究员谭志湘说："在《郭汉城文集》中我看到郭老把我称为合作者，我觉得自己其实是个受益者、沾光者。

---

① 郭汉城：《现代化与戏曲化——在"1981年戏曲现代戏汇报演出"座谈会上的发言》，《当代戏曲发展轨迹》，文化艺术出版社，2008年，第229—230页。

② 郭汉城：《戏曲推陈出新的三个问题——在全国戏曲剧目工作座谈会上的发言》，《戏曲剧目论集》，上海文艺出版社，1981年，第77页。

③ 朱颖辉：《张庚的戏曲发展观》，中国戏剧出版社编辑部编：《张庚阿甲学术讨论文集》，中国戏剧出版社，1992年，第56页。

④ 郭汉城：《戏曲大师的真知——〈老两口谈戏——京昆之二〉序》，《当代戏曲发展轨迹》，文化艺术出版社，2008年，第260页。

比如在《琵琶记》的创作过程中，我从郭老那里学到的是从研究古典名著入手，如何对待名著，同时看到名著的局限性，争辩名著的精华和糟粕，站在时代高度审视历史、重视前人的研究成果，重视地方戏的改编成果，这些都在《琵琶记》的改编过程中体现出来了。郭老还教导我要根据这些剧种的特色，比如我们改编了昆剧《琵琶记》、越剧《琵琶记》，重视演员、重视剧目、重视舞台要求，这种合作事实上是先生传带的过程，我从这里学到了治学和创作的精神和方法，郭老无私的给予和帮助是细致入微和实实在在的。"

不仅如此，张庚、郭汉城先生也特别注重对戏曲演员的素质教育。张庚先生谆谆告诫演员说："如果一个演员把自己在舞台上的成功全算在个人账上，看不见别人的劳动，那他或她就非骄傲不可，非个人膨胀不可了，就不知道把自己往哪儿搁才好了。一个演员到了这种地步，他或她也就到头了，不会再有多大的发展了，就是往下坡路走的开始了。"[①]

郭汉城先生就遇到过张庚先生所说的类似的情况，据蔡瑶铣在《郭汉城先生》一文中称："听说有一个地方剧种的演员，获得了首届梅花奖，从此被捧为青年艺术家，这一下被捧坏了，从此一蹶不振。汉城老知道以后，给这位演员写了一封信，鼓励他从头来起，挽回了一个有才华的青年演员。"这是郭汉城先生对于培育年轻人嘴边常挂的两句话——"国家需要，不拘一格选人才"；"有教无类，是人才就不能放过"——的真实写照。

张庚、郭汉城先生是前海学派的象征符号、领军人物，在他俩身后，尚有前海学派各具鲜明戏曲研究个性的群体专家学者，正是张庚、郭汉城二位奠基人率领着这一"国家队"，在共同支撑着前海学派这一坚固恢宏的戏曲大厦，在20世纪中国戏曲理论领域创造出了一片空前辉煌的新天地。

作为两位前海学派的奠基者与领军人物，张庚先生已于2003年为创立这一学派鞠躬尽瘁，死而后已；郭汉城先生尚健在，老骥伏枥壮心不已，于垂暮之年仍在只争朝夕寸阴是竞，殷切地为中国戏曲、为前海学派的发展发挥着余热，做着积极的奉献。

郭汉城先生说："中国戏曲理论学派的全面建立，是一项长期而艰巨的系

---

① 张庚：《戏曲界要注重职业道德》，《张庚文录》（第4卷），湖南文艺出版社，2003年，第382页。

统工程。也许需要两代、三代人的持续努力，或者更长的时间，才能逐步完成的。"①

而今，郭汉城先生正在以身作则，身体力行，以《前海戏曲研究丛书》专家委员会及编辑委员会主任的身份编辑了该套丛书。此丛书共十五种十八册，其中除《戏曲声乐·音乐研究文集》一册即将付梓外，其余十七册已于2014年1月及2016年1月由文化艺术出版社出版发行。计有：

《中国戏曲通史》（上中下），张庚、郭汉城主编
《中国戏曲通论》（上下），张庚、郭汉城主编
《张庚戏曲论著选辑》（增订本），张庚著
《当代戏曲发展轨迹》（增订本），郭汉城著
《阿甲论戏曲表导演艺术》，阿甲著
《汤显祖编年评传》，黄芝冈著
《戏曲意象论》，沈达人著
《戏曲音乐思考》，何为著
《戏曲声乐·音乐研究文集》，肖晴著
《戏曲表演研究》，黄克保著
《关注戏曲的现代建设》，龚和德著
《戏曲史志论集》，余从著
《南戏新证》，刘念兹著
《古代戏曲理论探索》，傅晓航著
《纵横谈戏录》，颜长珂著
《戏曲音乐思考》，何为著

丛书由郭汉城先生写《总序》。在《总序》中，他谈到了"前海学派"。他说："我认为它已具备了成为一个学派的学术条件和特点。……我们这个学术群体，经过长长六十多年的时间，曲曲折折的道路，之所以能够取得不少学术成就，对戏曲改革做出了贡献，在社会上、学术界产生了一定的影响，其缘由概括起来有以下四个方面：

---

① 郭汉城：《序》，《戏曲史论丛书》，文化艺术出版社，1995年，第1页。

"一是以马克思主义为指导,力求运用辩证唯物主义和历史唯物主义的观点,来研究戏曲的历史、戏曲的现状。……二是理论密切联系实际。从大的方面讲,联系国家的命运、民族的尊严,使学术群体有远大的眼光、崇高的抱负、实事求是的精神和经受挫折的勇气;从具体方面讲,我们这个学术群体与'坐在书斋中研究'不同,经常参加各种学术研讨、观摩汇演、调查研究等活动。……三是发扬学术民主,尊重不同的学术观点,不搞'一言堂',不搞'领导说了算',充分发挥研究人员自由、自主的研究精神。……四是重视学习,不断提高队伍的素质。"①

他指出:"我们编辑《前海戏曲研究丛书》,主要也是为了总结经验。"② 他期望"全国各地的戏曲研究部门都来参加总结,相互参照,相互补充……必将大大推动中国特色的社会主义戏剧理论的发展,促进社会主义文化强国梦早日实

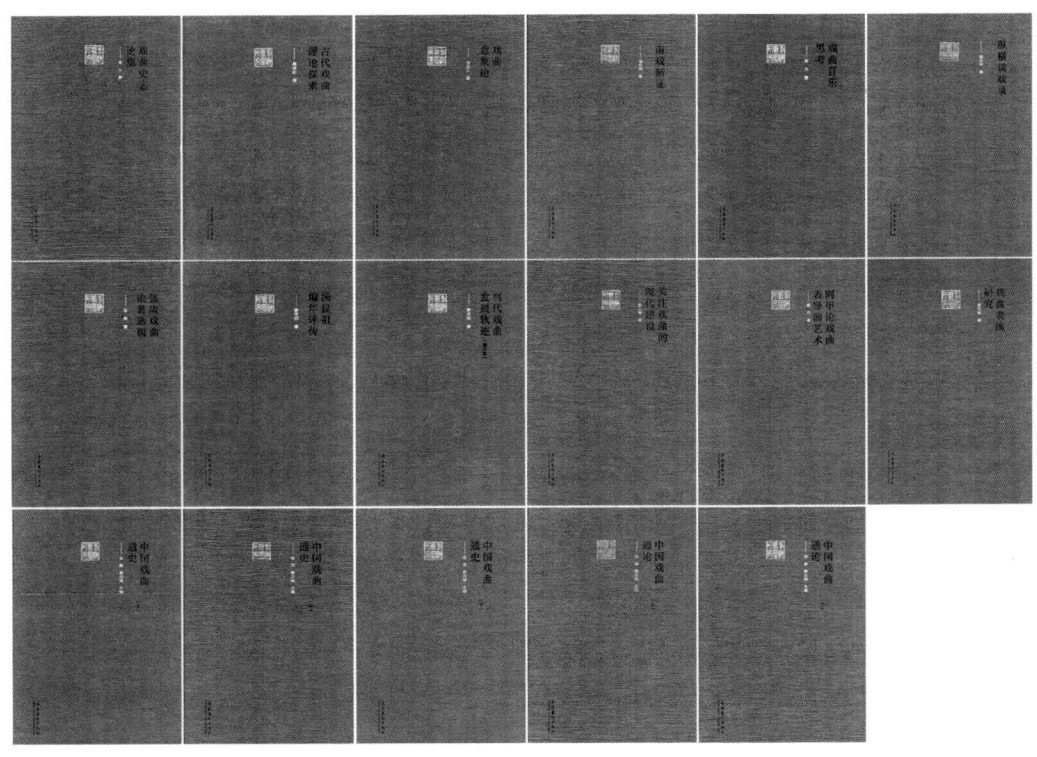

○○《前海戏曲研究丛书》书影

---

① 郭汉城:《总序》,黄芝冈:《汤显祖编年评传》,文化艺术出版社,2014年,第4、5页。
② 同上书,第6页。

现。"

张庚先生生前亦说:"坚信后一代必定超过前一代。"①是的,我们相信达尔文的进化论,坚信长江后浪推前浪,一代更比一代强,愿前海学派以及全国的戏剧工作者,站在这二位巨人的肩膀上,继续向戏曲的高峰坚持不懈地攀登,为中国戏曲以至世界戏剧做出更大的贡献。

2014年8月5日初稿

同年10月31日改稿

2015年5月2日完稿于并州桃源斋

---

① 张庚:《我和戏剧》,《张庚文录》(第7卷),湖南文艺出版社,2003年,第572页。

附一、郭汉城年谱简编

1917年9月8日，郭汉城生于浙江省萧山县（区）张家弄村。

1924年 郭汉城入戴村镇私塾读书。

1926年 郭汉城因私塾废除，转到戴村初级小学就读。

1928年 郭汉城考入戴村高级小学上学。

1930年 郭汉城高小毕业。考入浙江大学农学院代办的杭州农业职业学校读书。

1937年7月7日，卢沟桥事变爆发，全面抗日战争由此发端。由于局势不稳，杭州农业职业学校内迁至严州，随后解散，郭汉城辍学。

同年12月13日，郭汉城到浙江省教育厅在衢州碧湖开办的战时青年训练团学习了三个月。

1938年 春，郭汉城毕业后，被分配到衢州浙江省卷烟公卖处当印花税票保管。

1938年4月初，郭汉城听说浙江省在贵州成立了贵州中学，便离开衢州，欲往读书。后因听说贵州中学名额已满，不招了，他只好作罢。恰从报纸上的广告看到，陕北正在招生，便决定到那里去。他先到长沙的八路军办事处去报到，待同意后，又去往共产党的办事机构西安第十八集团军八路军办事处。报到后，由人带领徒步去往延安陕北公学的栒邑县看花宫分校学习。

1939年6月，中央决定，将陕北公学、鲁迅艺术学院、安吴堡战时青年培训班、延安工人学校四座学校合并成华北联合大学，开赴华北敌后抗日前线办学。7月7日，成仿吾校长宣布华北联合大学正式成立。同月12日，华北联合大学和抗日军政大学合编为一个纵队，从延安出发，途中参加了冀西的陈庄战斗，于10月中旬，到达晋察冀边区，华北联合大学开始上课，郭汉城入社会科学院学习。

同年底，郭汉城从华北联合大学毕业，被分配到河北省平山县南庄驻扎的西柏坡第五分区第五中学，从事抗战教育工作，一直到抗战结束。

1943年 郭汉城由冯纪汉、王毅介绍，加入中国共产党。

1945年 郭汉城与韩建民自由恋爱，在河北宣化结为伉俪。

1948年 郭汉城随部队进驻张家口。

1950年 郭汉城任察哈尔省人民政府教育厅文化处副处长。

1951年 文教分开，郭汉城任察哈尔省人民政府文化局副局长兼察哈尔省文学艺术界联合会主任。

1953年 察哈尔省建制撤销，郭汉城调华北行政委员会文化局，任文艺处副处长。

1954年 华北大区撤销，郭汉城调中国戏曲研究院，任剧目研究室主任。

1957年 《戏曲研究》创刊，郭汉城任编辑委员之一。

1958年 中国戏曲研究院改为中国戏曲学院，郭汉城任学院附属戏曲研究所所长。

1963年 恢复中国戏曲研究院，郭汉城仍任剧目研究室主任。

1965年 郭汉城到江苏省扬州瓜东大队范家庄，参加中国农村社会主义教育运动。

1966年 "文化大革命"开始，郭汉城被审查。

1969年 郭汉城下放中央文化部"五七"干校。任三连指导员。

1973年 郭汉城调回北京，任"艺术研究机构（即中国艺术研究院前身）筹备组"领导小组负责人，分管业务。

1980年 中国艺术研究院成立，郭汉城任副院长兼党委副书记。

1982年 5月，郭汉城赴南斯拉夫诺维萨德参加国际戏剧评论会。

1984年 郭汉城任中国戏剧梅花奖评委会委员、副主任，后为主任。

1984年 10月，郭汉城著《戏曲剧目论集》，获中国戏剧家协会第一届全国戏剧理论著作奖。

1985年 4月24日，郭汉城被中国戏剧家协会理事会选举为中国戏剧家协会副主席。

1985年 夏秋之交，郭汉城与张庚办起戏曲理论研究班。

1987年 4月，郭汉城任中国戏曲学会副会长。

同年同月郭汉城与张庚联名发起召开了中国戏曲艺术国际研讨会。有十三个国家和地区的七十八位代表与会，大家共同讨论了中国戏曲的艺术价值及在全世界剧坛的地位。

1987年 冬，文化部在北京举行昆剧抢救继承剧目的汇报演出，郭汉城带病去观看第五届中国戏剧梅花奖和文化部第五届文华奖得主、国家一级演员石小梅演出的《桃花扇·题画》，并将观感赋诗二首赠予演员。

1993年 郭汉城任文化部振兴京昆艺术指导委员会副主任。

1994—2002年 郭汉城任《中国戏剧》主编。

1988年 郭汉城任国务院学位委员会学科评议组成员。同年离休，仍任中国艺术研究院研究员、博士研究生导师。

1991年 郭汉城赴扬州参加现代戏会演。

同年12月，郭汉城参加由中国戏剧家协会与国际戏剧协会中国中心在北京举办的亚洲传统戏剧国际研讨会，其论文《论中国戏曲的改革与创新》（提纲），发表于1993年5月中国戏剧出版社出版的《亚洲传统戏剧国际研讨会论文集》。

1992年4月，中国艺术研究院、中国艺术研究院戏曲研究所、中国戏剧家协会、中国戏曲学会、《中国京剧》编辑部联合举办的"郭汉城学术成就研讨会"在北京举行。

1994年中国戏剧家协会组织代表团赴台湾访问，郭汉城任副团长之一。

1996年中国艺术研究院和中国戏剧家协会，在北京主办"郭汉城从事文艺戏剧活动五十年座谈会"，同时也对郭老八十华诞表示祝贺。

1998年北京外国语大学诚聘郭汉城为北京外国语大学艺术研究院荣誉顾问。

1999年9月10日，张庚、郭汉城主编的《中国戏曲通史》，获文化部首届文化艺术科学优秀成果一等奖。

2005年6月7日，中国艺术研究院主办的《郭汉城文集》（四卷本）座谈会在北京隆重举行。

同年10月，郭汉城被聘为中国艺术研究院《中国艺术科学大系》课题顾问。该课题为全国艺术科学"十一五"规划项目，是由国家新闻出版总署批准的选题。

2009年郭汉城被中国文学艺术界联合会、中国戏剧家协会授予终身成就奖。

2010年3月30日，中国戏剧家协会在北京举行"郭汉城戏曲理论研讨会"，有"前海学派"之称的全国理论家、专家学者群体济济一堂，共同探讨了郭汉城戏曲理论的成就与特征。

同年11月26日，郭汉城被中国艺术研究院聘为终身研究员。

2011年1月，中国文学艺术界联合会第九届主席团第一次会议决定，聘请郭汉城为中国文联第九届荣誉委员。

2011年12月19日，郭汉城被评为中华首届艺文奖·终身成就奖得主。奖金一百万元。

2012年2月16日，郭汉城与马少波、刘厚生任编辑委员会主任的大型工具书《中国京剧百科全书》由中国大百科全书出版社出版后，郭汉城的签名本由中国版本图书馆作为重要版本收藏。

2016年7月13日至14日，由中国艺术研究院主办，中国艺术研究院戏曲研究所、张家口市文化广播新闻出版局、张家口市文联承办的"前海学派与中国戏曲：郭汉城先生对中国戏曲的贡献"学术研讨会在中国艺术研究院举行。

附二、郭汉城著作书目

1. 《中国戏曲通史》（3卷本），张庚、郭汉城主编，1980年4月中国戏剧出版社出版
2. 《戏曲剧目论集》，郭汉城著，1981年7月上海文艺出版社出版
3. 《中国大百科全书·戏曲曲艺》，戏曲编辑委员会主任张庚，副主任赵景深、王季思、马彦祥、郭汉城，1983年8月中国大百科全书出版社出版
4. 《中国戏曲通论》，张庚、郭汉城主编，1989年9月上海文艺出版社出版
5. 《中国十大悲喜剧集》，郭汉城主编，1989年12月上海文艺出版社出版
6. 《淡渍堂诗抄》，郭汉城著，1991年12月文化艺术出版社出版
7. 《戏曲史论丛书》（12部），张庚、郭汉城主编，1993年—1999年文化艺术出版社出版
8. 《郭汉城诗文戏曲集》，1993年11月中国戏剧出版社出版
9. 《师友集》，郭汉城、章诒和著，1994年10月中国戏剧出版社出版
10. 《中国戏曲志》，主任委员张庚（兼主编），副主任委员马彦祥、郭汉城、刘厚生，副主编余从（常务）、薛若琳。1992年中国戏曲出版社出版
11. 《中国戏曲精品》（5卷本），郭汉城总主编，2002年12月山东教育出版社出版
12. 《郭汉城文集》（4卷本），2004年10月中国戏剧出版社出版
13. 《中国戏曲经典》（5卷本），郭汉城总主编，2005年2月山东教育出版社出版
14. 《当代戏曲发展轨迹》，郭汉城著，2008年2月文化艺术出版社出版
15. 《淡渍诗词抄》，郭汉城著，2009年7月文化艺术出版社出版
16. 《并辔集》，郭汉城著，2012年4月文化艺术出版社出版
17. 《中国京剧百科全书》，编辑委员会主任马少波、刘厚生、郭汉城，2011年6月中国大百科全书出版社出版
18. 《前海戏曲研究丛书》（15种18本），编辑委员会主任郭汉城，2016年文化艺术出版社已出版17本
19. 《淡渍堂三种》，郭汉城著，2015年3月北京时代华文书局出版

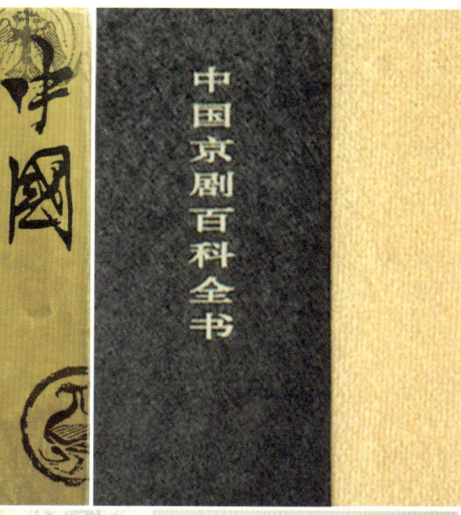
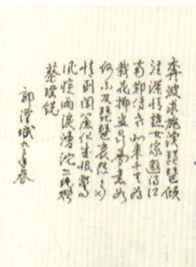

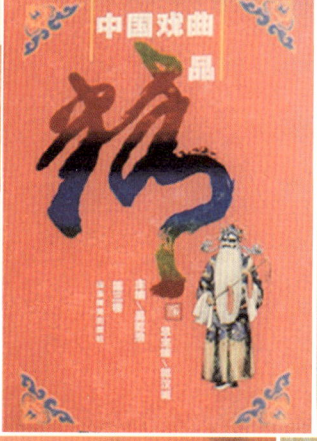

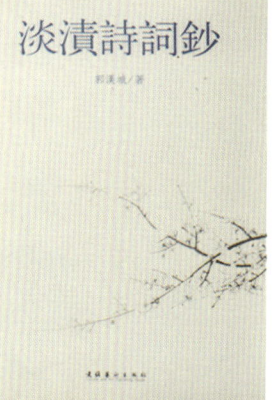
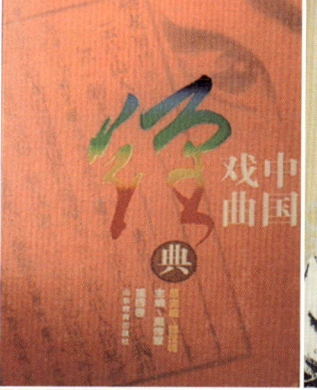

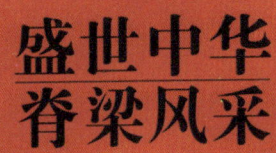

附三、部分师友书画

○○ 林继凡赠郭汉城《芬郁绝尘》画作

○○ 冯其庸赠郭汉城画作

○○ 冯其庸赠郭汉城画作

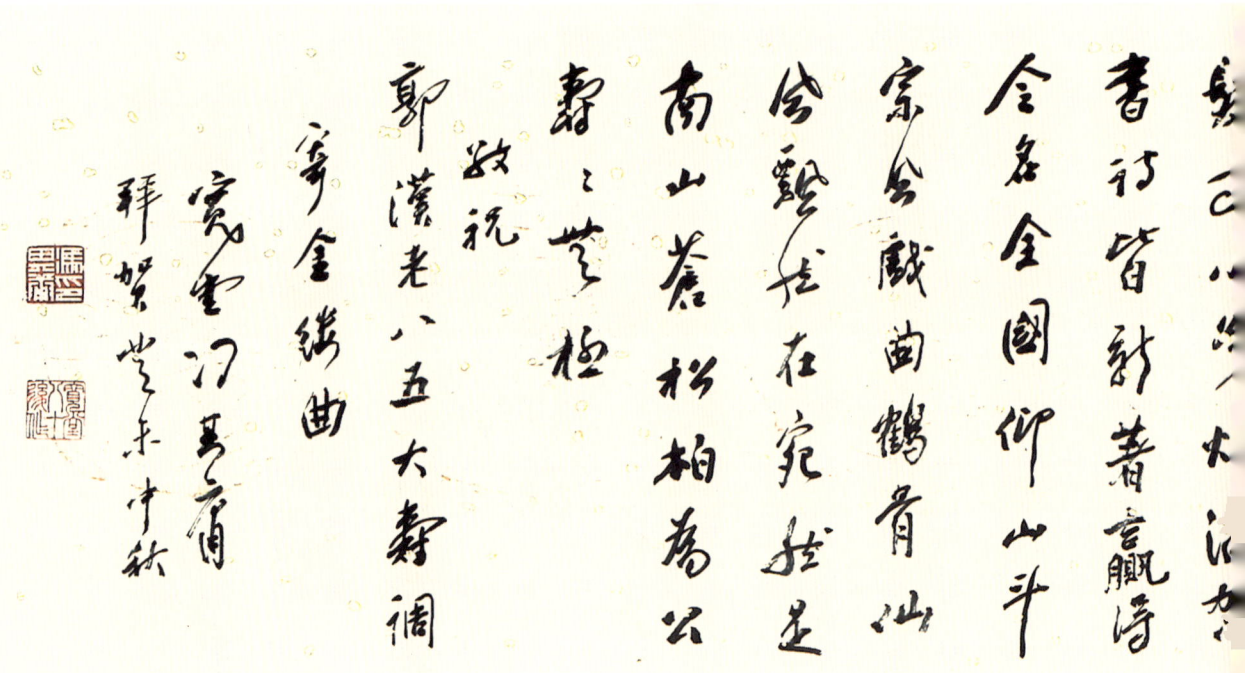

○○ 冯其庸书赠郭汉城《金缕曲》，祝郭汉城八五大寿

烽火连天赤焰腾，伤心国破家亡山河注血百万男儿。回敌忾誓把强虏消灭算尽有红旗马到最憔当年悲歌烈烈，从戎投笔闯山越。终须志与铁丈夫许国心潮急

○○ 湖南戏剧家协会赠郭汉城《献寿图》画作

○○ 刘吉典赠郭汉城画作

○○ 张君秋赠郭汉城画作

○○ 宋宝罗赠郭汉城《松龄鹤寿》画作

○○ 郭汉城先生像（张建军 绘）

后记

写不完的郭汉城

本书稿校对完毕,我通读一遍,掩卷沉思,有些话还是要一吐为快。

我对郭汉城先生的认识越深,就越觉得以自己的现有水平,能表达出郭老精神的万一,便非常欣慰了。因为这是个写不完的课题。本书仅为抛砖引玉的"急就章",但愿金声玉振恢宏继起。

回首前尘,白驹过隙,不知不觉我已年逾古稀,所幸身体尚佳。记得在最后汇报本书的脱稿情况时,我曾向恩师郭汉城先生表示:"在本书的写作过程中,我深深感觉到先生的为人治学——年方弱冠,接受革命文化的洗礼,投入抗战洪流;新中国成立之初,立志从事戏曲学术;特殊年代的坚持不懈;硕果累累,著作等身,终于成为前海学派的奠基人之一——黾勉躬耕学术奉献人民的一生,正是为我现身说法,给我上了一堂极好的身教课:只有深入生活,扎根人民,通过诚实劳动,既埋头钻研业务,又抬头看路,辨清前行的方向,具有甘于为人民奉献的老黄牛精神,才能成就一番事业,铸就人生的辉煌。这正如先生的一首七律所言:

"小试东风渐涨塘,春雷滚滚动村庄。
老蹄放跡来时路,新汗滋泥别样香。
已道夺鞭惊黑手,何甘嚼草卧斜阳。
昂头翘角豪情在,风雨纵横看两洋。

"我当砥砺奋进,继续将这个课题进行下去,以不负恩师的厚望!我想,本书面世,也一定会启迪后学,蹈厉来者。"

先生说:"谢谢你的美意,如此甚好,我心甚慰。"

我将在恩师的谆谆教诲下,继续在戏剧的学术园地里拼搏,运用调查研究的法宝,理论联系实际,实事求是,以静心、素心(心如枯井,波澜不生,富贵亦不睹,饥寒亦不知,利害亦不计——清代大儒纪晓岚《阅微草堂笔记》)、精心的治学精神,全身心地投入学术研创,力争为人们提供与时俱进的、既可供品味又有实际功效的精神食粮。

我在这里要感谢我的恩师郭汉城先生和我的挚友顾棣先生为此书提供了大量珍贵的照片,要感谢原路芳、张志强、陈媛蓉、张志永、张箭等为本书专程摄影。

我更要感谢北岳文艺出版社社长、总编辑续小强同志对本书给予的大力支持。

需要提及的是,一直十分关注我的学术事业,为我操劳一生的贤妻邢召川于2016年5月7日仙逝了。生前她非常关心本书的写作进度,在病入膏肓之际还叮嘱我一定尽最大努力出版此书。本书稿也浸润着她的心血啊!就让我以今后奋力拼搏的学术成果来寄托对她的哀思吧。

张林雨

2018年1月